变化的头脑

延缓衰老　语言如何

Changing Minds

How Aging Affects Language and
How Language Affects Aging

[美] 罗杰·克鲁兹 ————著

[美] 理查德·罗伯茨

黄立鹤————译

上海教育出版社
SHANGHAI EDUCATIONAL
PUBLISHING HOUSE

图书在版编目（CIP）数据

变化的头脑：语言如何延缓衰老 / (美) 罗杰·克
鲁兹，(美) 理查德·罗伯茨著；黄立鹤译. — 上海：
上海教育出版社，2021.11
ISBN 978-7-5720-0763-7

Ⅰ. ①变… Ⅱ. ①罗… ②理… ③黄… Ⅲ. ①老年人
－语用学－研究 Ⅳ. ①H03

中国版本图书馆CIP数据核字(2021)第195903号

责任编辑　廖宏艳

书籍设计　陆　弦

上海市版权局著作权合同登记号 图字09-2020-495号

变化的头脑：语言如何延缓衰老

[美] 罗杰·克鲁兹　　著

[美] 理查德·罗伯茨

黄立鹤　译

出版发行　**上海教育出版社有限公司**
官　　网　www.seph.com.cn
地　　址　上海市闵行区号景路159弄C座
邮　　编　201101
印　　刷　启东市人民印刷有限公司
开　　本　890×1240　1/32　印张 9.875
字　　数　174 千字
版　　次　2021年11月第1版
印　　次　2021年11月第1次印刷
书　　号　ISBN 978-7-5720-0763-7/H·0024
定　　价　65.00 元

如发现质量问题，读者可向本社调换　电话：021-64373213

中译本序

你今年多大了？等一下！在回答之前，你需要考虑几个因素。例如，在你出生当日，你是已经一岁大了，还是只有一天大？随着时间流逝，你是什么时候大了一岁的？是从一月的第一天算起，还是从农历新年的第一天算起？当你出生那个月份的那一天又来到的时候，或许你是把这一天算作自己长了一岁。

无论你用哪种计算标准，这都不是你思考自己年龄的唯一方式。而你出生、成长和生活的社会环境也会发挥它们的影响。换句话说，25岁、45岁、65岁或80岁，在今天的中国，较之历史上1820年、1920年或1980年的中国，同样的年龄所意味的是不一样的。在美国、印度、巴西、德国和世界上其他国家也都是如此。

一个人的年龄还会受到生活方式的影响。一个从不抽烟喝酒且经常锻炼的72岁老年人，可能比抽烟喝酒、从不锻炼的同辈在生理上更显年轻。社会环境因素也会起作用，同样是 40 岁未婚，女性可能会被认为比男性"更老"。最后，心理因素也会产生影响，面对一个生理年龄只有 18 岁却历经苦难的女孩，我们会说她"少年老成"，即她的心理年龄比生理年龄成熟。

实际上，当我们进入老年阶段，并不意味着生理上日积月累的单向衰老。准确地说，衰老是一个双向的过程。时间确实起到了决定性作用，但人为主动的干预也很重要。这一点在衰老如何影响语言能力，语言能力又如何影响衰老的这一过程中体现得淋漓尽致。确切地说，语言与衰老应该是互相影响的。

我们十分高兴本书能够在中国翻译出版。中国的读者可以基于丰富的历史文化资源和广袤土地上多样化的语言，找到诸多利用语言实现成功老龄（successful aging）的有效途径。

当然，我们也知道，本书在论述语言与衰老之间的关系时，主要引用的是英美人士的例子，对生活在中华大地上说着汉语普通话、闽方言、吴方言或粤方言等的中国朋友们而言，情况可能有所不同。我们很乐意了解其中更多的差异。如果读者有自己独特的看法，欢迎与我们取得联系。

最后，我们由衷地感谢同济大学的黄立鹤博士将全书翻译成了中文；我们还要感谢上海教育出版社从美国麻省理工学院出版社购买了本书的版权，并发行了本书的中文简体字版。

罗杰·克鲁兹（Roger Kreuz）

理查德·罗伯茨（Richard Roberts）

兄弟姐妹是真正与你同行的亲属，也可能是真正了解你的人，他们陪伴你走完一生。

——杰弗里·克鲁格（Jeffrey Kluger）《沙龙》（*SaLon*），2011 年

此书献给我们的兄弟姐妹和像他们一样陪伴我们的语言

目　录

i　　致　谢

001　导　言

第一章　一些基础知识的准备

002　语言研究的设计

005　拿橙子和苹果做比较?

010　认知的组成

016　语言的补偿

第二章　"所见所闻"的语言

026　你"听"见我"看"到的东西了吗?

031　关于听觉

034　耳鸣

039　音质

043　关于视觉

048　老花眼

052　跟着感觉走

第三章　关于言语的那些事

064　　找词

068　　词汇的命名

072　　言语不流畅

076　　口吃

082　　失语症

088　　阅读障碍

094　　外国口音综合征

第四章　词汇决定一切

108　　重音现象

112　　拼写能力

118　　词汇量

122　　言语流畅性测验

126　　语法复杂度

131　　偏题赘言

136　　讲故事

第五章　语言的使用

148　　语用能力

151　非字面语言

156　老头学不了新把戏

161　老年语

166　以多种语言生活

170　学习双语是有益的吗?

第六章　关于写作的那些事

182　语言治愈

185　回忆

192　大器晚成

197　写作障碍

203　头脑的毁灭

208　修女的启示

212　小说胜于事实

223　**尾　声**

226　**参考文献**

261　**索　引**

273　可塑性、学习与衰老（中译本代跋）

294　译后记

致　谢

本书第一作者罗杰·克鲁兹要感谢托里·塔杜尼奥（Tori Tardugno）在本书出版过程中展现了卓越的工作效率和专业精神，还要感谢汤姆·尼农（Tom Nenon）的支持和鼓励。

本书第二作者理查德·罗伯茨要感谢詹妮弗·伯恩（Jennifer Berne）。詹妮弗指出衰老与语言之间具有双向的影响，这一见解让本书在话题讨论的层次上提高到了一个新的水平，这一点也体现在了本书英文版书名上；杰夫·纽伯恩（Jeff Newbern）和马克·西曼（Mark Seaman）也慷慨地敞开了他们的心灵和思想，并在家中招待了作者；理查德非常钦佩格雷格·摩根（Greg Morgan）用平实的语言来阐释复杂概念的能力。我们还要感谢乔伊斯·本德尔（Joyce Bender）和玛丽·布劳赫（Mary Brougher），他们无论在哪儿都能给作者带来希望和快乐！

理查德·罗伯茨要对日本冲绳的乔尔·埃伦德里奇

（Joel Ehrendreich）、田里真纪子（Makiko Tasato）和宫城志奈（Shina Miyagi）以及美国孟菲斯市的阿纳普·帕特尔（Anup Patel）、福格尔曼行政中心团队表示衷心感谢，他们的热情招待和服务为本书写作创造了良好条件，让写作过程充满了享受。

我们感谢菲尔·劳克林（Phil Laughlin）一直以来对本项目的信任和支持，感谢麻省理工学院出版社每位员工的辛勤付出，包括朱迪·费尔德曼（Judy Feldmann）、莫莉·西曼（Molly Seamans）、苏珊·克拉克（Susan Clark）和斯蒂芬妮·科恩（Stephanie Cohen），同时感谢编辑比尔·亨利（Bill Henry）。我们要特别感谢本杰明·L.胡克斯社会变革研究所（the Benjamin L.Hooks Institute for Social Change）为我们提供了工作空间。三位匿名评审专家在本项目开始时就提供了不少宝贵意见，在此特别感谢苏珊·菲茨杰拉德（Susan Fitzgerald）、吉娜·考奇（Gina Caucci）和亚历克斯·约翰逊（Alex Johnson），他们敏锐地纠正了本书初稿中的一些瑕疵。

最后，由于本书第二作者理查德·罗伯茨在美国国务院工作，因此作者特别声明，本书内容均是其个人观点，并不代表美国政府立场。

导　言

人们常将人生比作一场旅途，[1] 其同行者之一就是我们的母语。在婴幼儿时期，我们习得母语似乎不费吹灰之力，从某种意义上来说，母语的进一步学习，是指接受正规教育时的读写学习。在往后数年的学校教育中，我们大致掌握了语言的整体，继续丰富它的骨架和组织——学习语法和修辞，同时，我们的词汇量也与日俱增，并在欣赏母语散文、诗歌和戏剧时发现：语言之美可以如此登峰造极。

接着呢？大多数人会停下脚步。我们也许还会学习其他语言，但是采用的方法通常和母语学习存在本质区别。在我们离开学校后，母语就好似已经完工的产品。随着时间的推移，我们虽然会掌握更多的词汇，会努力提升写作能力，但通常不会深入思考与母语本身相关的问题。对大多数人而言，语言只是必备技能之一，学习语言就像玩杂技、弹钢琴一般。绝大多数的杂技演员不会继续研究杂技

1 中蕴含的"牛顿运动定律",钢琴家也不是非得学习复调技法或钢琴制作史。对大多数人而言,玩杂技、演奏音乐和学习语言都只是一种达到目的的手段,而不是目的本身。

与大众的认知不同,研究认知老化的科学家们一致认为:"语言系统在整个生命周期中基本是保持稳定的。"[2]但这是否意味着人类的语言能力不受年龄增长的影响呢?语言是一种复杂的现象,它还依赖于其他的认知过程,比如感知与记忆。当我们费力回忆某人姓名时,就会意识到语言其实依赖记忆;身处嘈杂的餐厅,要尽力听清同伴说话或是阅读菜单时,就会明白语言依赖我们的感知。

我们可以举个例子来说明语言的这种稳定状态。想象一下,在海滩上搭了一座精致的沙堡,模样虽是精致夺目,但是否坚固,还是取决于沙堡的基座。潮水涌入时,基座自会受到威胁。冲击不息的波浪会逐渐挖空基座,过不了多久,那精致的塔楼和拱门就摇摇欲坠地悬留于被侵蚀的基座之上。但即便这样,沙堡仍然不会倒塌。

那么,当岁月的浪潮侵蚀着作为语言基座的感知力和记忆力时,语言要如何维持?大脑的变化是否预示着语言能力的衰退?事实证明,语言就像精心搭建的沙堡,即便被认知障碍"侵蚀",也能显示出惊人的修复力(resilience)。成年时期语言能力变化的全貌是:衰退、适应、修复甚至增强。

如果我们把语言能力视为由一系列相互影响的因素组成的综合体，而非单一整体，那么前述看似矛盾的现象就容易理解多了。大体来看，语言主要由四个维度组成：听、说、读、写。每个维度都只是语言这个多元整体系统的一部分。对个体而言，某个维度能力的不足并不意味着整体语言能力的衰退。比如说，世界上有许多人从未学过读写，但我们不能说他们缺乏语言能力。实际上，在漫长的进化历程中，人类一直都是"文盲"，直到相对现代的时候才会读写。盲人和低视力的人也可以"体验"文字，不过是通过其他感官去体验，比如触觉和听觉；手语同样富有表现力和丰富性，并不逊色于口语。

一直以来，科学家们尝试从不同的角度研究语言与年龄的关系。以公认且简化的方式来说，我们可以将研究方法分为四种视角：发展的、生理的、社会的和认知的。这些研究方法不相互排斥，还能为我们讨论诸多问题提供综合性、跨专业的视角。

从发展的视角看，科学家关注人是如何获得四种维度的语言能力的，以及这些能力随着时间推移会如何改变。比如说，当我们是新生儿时，会倾向识别母语的发音，出生次年就能掌握说话的基本知识了；到了幼儿园和学前班，开始正式学习读写；等到初高中结束，就基本掌握了阅读的技能。当然，很少有人会宣称自己完全精通写作。

从生理的视角来看，科学家通过研究大脑和语言发现，四个维度的功能是可以相对独立运转的，尤其是在大脑受到损伤时表现得最为明显。中风或头部外伤所引起的语言功能损害，竟然是有选择性的，这让人十分意外。比如，中风患者可能会丧失阅读能力，但其理解语言和说话的能力不一定受到损伤，甚至还可以继续书写。

从社会的视角来看，科学家在研究语言使用时也关注社会文化因素。比如，他们研究了刻板印象对衰老的影响，以及年龄歧视带来的社会影响。他们还研究了世界范围内人口老龄化给社会带来的变化。

从认知的视角，科学家可能会专注研究语言加工的特定方面，比如找词（word-finding）。另外，科学家也在探究整个认知过程中多个认知域是如何在更广泛的领域协同运作的，如对精神创伤的相关研究。我们是认知研究领域的学者，因此本书的主要内容是基于认知领域来展开讨论的。

本书前面的章节探讨了衰老如何影响语言的四个维度（听、说、读、写）。首先讨论的是，基于生命历程视角的认知研究所涉及的方法论问题；接着讨论的是语言能力背后涉及的认知因素。我们发现，六七十岁的人最害怕的事就是记忆力下降，[3] 所以我们对记忆在听、说、读、写中的作用展开了探讨。比如，许多老人抱怨的找词困难是记忆的问题，语言的问题，还是两者某种组合的问题呢？

在后面的章节中，我们探讨了语言对衰老的深远影响。更细微且富有洞察力的交流方式，可以让个人实现自我意识的提升，也可以提高我们的理解能力，包括对自身 4 和他人经历及动机的理解。作为一种平衡，某些语言能力的维持乃至提高可以补偿感知及记忆等认知能力的衰退。

通过提升语言能力来改善生活质量，这种做法潜力无限。在各种相关方法中，我们强调阅读、反思性回忆和交谈带来的诸多好处。最重要的是，我们所有人应该利用语 5 言为健康的老龄化服务。

注 释

1. Thomas R. Cole, *The Journey of Life*: *A Cultural History of Aging in America* (Cambridge: Cambridge University Press, 1992).
2. e.g., Meredith A. Shafto and Lorraine K. Tyler, "Language in the Aging Brain: The Network Dynamics of Cognitive Decline and Preservation," *Science* 346, no. 6209 (2014): 583.
3. David Sterrett et al., "Perceptions of Aging during Each Decade of Life after 30," West Health Institute/NORC Survey on Aging in America, 2017.

第一章

一些基础知识的准备

Setting the Stage

美国历史上最动人心魄的一场探险是由梅里韦瑟·刘易斯（Meriwether Lewis）和威廉·克拉克（William Clark）带领"发现军团"（the Corps of Discovery）完成的。在开始这场太平洋西北地区的探险之前，他们必须做大量的准备工作。物资供应要充足，食物、帐篷、衣物和药品都不能少，以便随时满足各种需要。除此之外，作为探险队的领头人，刘易斯还必须掌握诸多学科知识，比如天文学、植物学、航海学和测量学等，这有助于应对未知情况，确保探险成功。

同样，在本书第一章，我们先回顾一下语言与成人发展相关的各种话题。话题各异，但都很重要，这是为了给下文探讨语言和衰老的相互作用奠定基础。

语言研究的设计

心理学家似乎对区分各种"阶段"有着强烈的兴趣，人类发展的阶段性理论早已渗透到日常文化中，以至于我们似乎很自然地相信人在年龄增长的过程中必然会经历不同的阶段。但这种评估准确与否，和我们如何研究人的整个生命周期的变化有很大的关系。

阶段性理论认为，人从一个阶段发展到另一阶段，会表现出某些显著的特点。先来看一下发展心理学家让·皮亚杰（Jean Piaget）的观点，他特别关注儿童的思维变化与成长过程的关系。皮亚杰认为，对处于认知第一阶段（即感知运动阶段）的幼儿而言，如果物体离开视线，他们就以为该物体不再存在了。①

　　这里举个例子来说明如何观测幼儿是否具有客体永久性。先让幼儿坐在环形火车前，火车在轨道上行驶，其中一节车厢里塞着一只大塑料恐龙。火车驶进了隧道，当火车驶出隧道时，恐龙不见了，取而代之的是一只泰迪熊。具有客体永久性的成人肯定会惊讶，毕竟进去时是恐龙，出来时也应该是恐龙。因此，如果幼儿对这个变化感到惊讶，就可以说明幼儿的认知获得了客体永久性。

　　如果我们对处在认知发展第一阶段的小年龄段幼儿与大年龄段幼儿进行比较，就会发现，小年龄段幼儿并不总会为恐龙变成泰迪熊而惊讶，而大年龄段幼儿通常都有惊讶的表现。在研究中，我们把这种比较方法称为横断面研究（cross-sectional studies），这是指让不同年龄组的受试者去完成同样的特定任务，然后比较各组表现。当这些受试者的表现出现差异时，可以推断这些差异所反映的是人

---

① 皮亚杰认为，婴儿出生六个月以后才逐渐发展出客体永久性（object permanence）的概念，即知道某人或某物虽然看不见，但仍是存在的。——译注

在不同年龄阶段的发展特点。比较不同年龄阶段特点的许
多研究都是采用这种横断面研究方法。

使用这种研究方法虽然能够凸显各阶段之间的对比特
征，但对各阶段特征变化的连续性考察不够，容易得出各
阶段特征突变的结论。换言之，横断面研究的结论往往符
合不同发展阶段的特征具有离散性这样的观点。

因此，我们需要换一种研究方法。这种方法不是招募
不同年龄阶段的人进行分组研究，而是对个体进行长期的
纵向研究（longitudinal studies）。这种纵向研究有利于呈现
不同阶段特征变化的连续性和渐变性。但开展这类研究的
难度很大。一方面是因为纵向研究需要受试者长期参与，
一旦受试者决定不参与，此项研究就无法继续进行；另一
方面是因为这种研究的经济成本和时间成本都很高，通常

需要花几年甚至几十年的投入才能完成。这就是为什么纵向研究远比横断面研究开展得少。

这里再举个例子说明为何这一点很重要。如果我们去学校测量从幼儿园到五年级孩子的身高，显然会发现不同年级的孩子平均身高不一样。这些身高数据形成的图表看起来就像台阶一样。如果在连续六年中，我们每隔几个月就去测量一次孩子们的身高，就会发现这些身高数据呈现渐进性变化，相应的图表看起来可能更像是一条缓缓向上的斜线。

当然，研究者可以开展融合上述两种方法的研究，即交叉序列设计（cross-sequential design），这是一种横断面研究和纵向研究相结合的研究设计。在交叉序列设计研究中，研究者既对不同年龄段受试者的特征进行测量（横断面研究），也会对相同受试者在短时间内进行追踪研究（纵向研究）。虽然这种交叉序列设计研究并不像纵向研究和横断面研究那样常见，但这种研究既呈现了不同阶段的特征变化，也让研究者关注到这些阶段特征变化是一种渐进的过程。

拿橙子和苹果做比较？

按照上节所述，研究者可以采用横断面研究来比较老年人和年轻人的不同。乍一看，这个研究设计并不复杂，只要招募两组年龄不同的受试者，在受控实验条件下进行一系列测试；然后再对两组受试者的表现进行对比，看看在认知能力上是否存在统计意义上的显著差异。整个过程看起来简单，但实际情况要复杂得多。这是因为年轻人和老年人的差异是多维度、多层面的，而年龄只是其中一个维度。因此，要确定是哪些因素导致两类人群的表现差异，其实并不容易。

让我们来看一下 2015 年美国开展的一项认知老化研究。研究人员招募了一批受试者，分为两组：一组是 25 岁左右的年轻人（年轻组），另一组则是 75 岁左右的老年人（老年组）。这两组人有 50 岁的年龄差，但他们在其他方面是否也存在系统性的差异呢？

首先，两组受试者在接受正规教育的年限上可能有所不同。年轻组中，大部分人因为时代原因都接受过高等教育；老年组受试者该上大学的年纪正处于 20 世纪 60 年代初，而那时很少有人能进入大学接受教育。2015 年，25 ～ 34 岁的成年人中，有 65% 的人上过大学，而 65 岁及以上的老年人中，只有 50% 的人受过高等教育。[1] 因此，在选取的老年人和年轻人典型样本中，除了年龄差异，其受教育程度也各不相同。

其次，两组受试者接受的教育类型也很不同。年轻组在 20 世纪 90 年代中期开始读小学，那时互联网热潮正席卷整个世界，这部分人都是"数字原生代"，互联网一直与他们的生活息息相关；对老年组来说，网络世界直到他们 55 岁左右才出现，他们只是"网络移民"，他们会去使用网络，但不会觉得互联网是他们生活中不可或缺的一部分。[2]

此外，年轻人只是比年长者更"机灵"一些罢了——如果我们将智力和 IQ 测试结果画上等号的话。其实，智力只是一个相对属性，我们并没有衡量智力的绝对标准，认识到这一点十分重要。我们说一个人的智商"一般"，指的是他的 IQ 测试分数在 100 左右。IQ 测试是经过精心设计和标准化的，只要是中等的测试表现，就会配得一个还不错的平均分数。可问题在于，随着时代发展，人的测试表现也越来越好了。比如，韦克斯勒儿童智力量表（Wechsler Intelligence Scale for Children，简称 WISC）自 1949 年制定以来，已经重新标准化了四次。儿童测试的平均成绩在不断提高，在美国，每过十年，平均成绩就会提高大约 3 分。[3] 因此，就要不断重新设计，提高测试难度，将平均分保持在 100 分。

这种现象被称为"弗林效应"（the Flynn effect），它以学者詹姆斯·弗林（James Flynn）的名字命名，他发现美国人的平均智商在 45 年间大幅提高，[4] 这种现象也出现

11

在其他十几个国家中。[5]虽然"弗林效应"似乎真实存在，研究人员还是提供了可以解释这种现象的多种原因。除了前文所说的不同年代出生的人所受教育程度不同这一原因外，研究还发现，父母文化素养的提升、家庭结构的改变以及营养和健康情况的改善等，都可能发挥了作用。[6]有趣的是，研究人员还就"弗林效应"是正在继续[7]还是在逆转[8]发生了争论。对我们来说，只需知道该现象说明年轻人和老年人除了实际年龄不同外，还存在其他方面的差异。

老年人还有一点与年轻人不同：他们的确更加"年长"！年龄增长这个单一因素并不意味着癌症或心血管疾病的必然发生，但伴随年龄增长而来的身体健康状况的下降，会造成其认知能力的衰退。当然，造成这种结果的原因并不一定是年龄增长本身，也可能是潜在的疾病状态。如果研究人员想招募没有任何认知障碍的老年人作为研究受试，如何能百分百确定呢？虽然绝大多数人都没有患过老年痴呆症，但一个人活得越久，患上痴呆的可能性就越大，相应的认知损害在疾病确诊前几年就会表现出来，不过研究人员用以筛查痴呆症的方法可能不够有效，无法发现这些老年人的早期认知下降现象。因此即便是由无认知障碍受试者组成的老年组，实际上也很有可能包含了处于认知衰退早期的老年个体。[9]

这里还有另外一个问题。如果你是一位正在实验室接受一系列认知测试的老年人，对自己的表现感到担心，害怕成绩根本无法与年轻人相提并论；心里老惦记着"老年人记忆力不好"这一负面刻板印象；你还想起来很多时候在脑海中努力搜索一个词，却怎么也想不起来；接着你越发担心，觉得这个测试会客观证明自己的认知能力的确衰退了……这些忧虑使你越发不安，从而影响了你的发挥。而对年轻人来说，完成这些记忆和感知任务更像是一种电子游戏，他们并不会产生焦虑。

这个情景其实是一种叫"刻板印象威胁"（stereotype threat）的普遍现象，由社会心理学家克劳德·斯蒂尔（Claude Steele）和约书亚·阿伦森（Joshua Aronson）最先发现。他们对黑人和白人参与者进行了一种难度较高的语言能力测试。测试的一种情况是强调测试结果会反映智力；其他的情况下，或者不强调测试对能力的判断，或者只是将测试说成是一次具有挑战的练习。斯蒂尔和阿伦森预测，在知道测试的目的是测量智力后，黑人受试者会产生负面刻板印象效应，而白人不会。测试结果与他们的预测一致：黑人受试者在刻板印象威胁性条件下的测试表现逊于白人，而黑人在非刻板印象威胁性条件下的表现，与白人受试者相差无几。[10]

13

研究人员在老年人身上也发现了刻板印象威胁。如果告知受试者某项测试任务涉及记忆能力，老年人会比年轻人表现出更强的刻板印象威胁，[11] 但老年人的这种刻板印象威胁也可能因多种因素而改变。托马斯·赫斯（Thomas Hess）和他的同事们发现，60 多岁的老年受试者比 70 多岁的老年受试者更容易受到刻板印象威胁的影响；此外，受过更多教育的受试者面临的刻板印象威胁也会更强。[12] 可能的原因是：人到了 60 多岁才刚刚开始面对记忆衰退的问题，而且由于学业成就取决于记忆力，因此任何可感知到的记忆力衰退都更加令（受过更多教育的）人担忧。

因此，教育、智力和"刻板印象威胁"，是年轻人和老年人除实际年龄以外三个不同的方面。这些都提醒我们，在进行语言与年龄增长之间关系的横断面研究时，不能忘了这些因素的影响。

认知的组成

进入人生某一阶段后，我们都会感受到自己身体上的各种衰老现象。随着年纪渐长，关节不灵活了，肌肉僵硬了，新陈代谢变慢了，耐力也下降了，这些都很常见。此外，大脑也会产生变化，认知系统会受到影响。我们就从一些受到衰老影响的认知过程开始讲起吧。

总的来说，有证据表明随着年龄的增长，大脑的认知加工速度在减缓，这叫加工速度下降。[13] 这种加工速度的减缓会对许多认知任务的功能产生不利影响，比如：视觉匹配（识别相似的物体）、视觉搜索（比较两张图片的差异）能力，等等。[14]

14

记忆也会随着年龄的增长而发生变化，但不同类型的记忆变化不尽相同。比如说，短期记忆和工作记忆，两者虽有相似，但实则不同。短期记忆是有意识地去记住东西，比如一串电话号码、一组单词或者一系列方向位置，它不会随着年龄的增长而产生大幅度变化；工作记忆却不一样，人依靠它来转换信息，比如说倒着背诵一个词汇表。随着年龄的增长，工作记忆发生衰退，执行此类转换的能力也会下降。[15]

认知加工的另一面被称为"执行功能"，它负责协调一系列认知活动，如记忆、感知、注意力、决策和语言。如果把认知过程比作乐队中的各类成员，那么执行功能相当于乐队指挥。研究人员在对执行功能的诸多方面进行研究后发现，在整个成年期，这些认知功能通常呈下降趋势。

例如，执行功能的一个重要作用是抑制控制，是指将有限的认知资源用于专注一件事而忽略另一件事的能力。

比如，开车时何事需要注意，何事可以忽略，任何一个开车的人都知道：要关注到路旁玩球的孩子，这需要立即切换注意力；而不用去特别注意路边的谷仓。有一个评估抑制控制能力的实验室测试叫作"叫色测验"（the Stroop task），它要求受试者说出单词在打印纸上的墨水颜色，不过单词本身也是某个颜色的名称。比如，用蓝色墨水在纸上打印"red"（红色）这个词。受试者大脑会自动识别单词"red"，这会干扰受试者快速作出正确回应的能力（在本例中为"蓝色"）。如果抑制控制能力受年龄影响，那么老年人应该会在"叫色测验"中表现更差，测试结果也确实如此。[16]

执行功能的另一个作用是在两个不同的任务之间进行快速切换，比如一边写备忘录，一边快速阅读电脑屏幕上出现的电子邮件。大多数人会觉得自己挺擅长多任务处理的，但实际上，每一次注意力的转换都会产生更多的加工成本。想必你也能猜到，老年人在进行任务切换时要比年轻人更加费力。[17]

说到这里，你若为认知能力下降而感到担忧，也是情有可原的。但我们也要搞清楚一些事情，以免对老年人的认知能力太过悲观。其一就是，不同的人对自己认知老化的敏感度并不相同。研究人员曾对一组老年人进行了长达六年的跟踪调查，结果发现他们的个体差异相当明显：一部分老年人表现出明显的认知能力下降，而另一部分人则几乎没有变化。[18] 尽管很多 60 多岁或 70 岁出头的老年人觉得自己的认知能力正在明显下滑，但研究表明，直到 75 岁以后，具有显著影响的认知退化才会普遍发生在老年人身上。[19]

还有一点也需要注意，就是我们对语言能力在中年阶段经历何种变化知之甚少。从某种程度来说，这是由采用常规的研究方法造成的。因为相关研究需要参与者进行一定程度的学习，所以语言研究通常采用所谓的"便利样本"，即邀请大中小学生来完成相关测验；同时，研究人员也会请退休的大学校友或疗养院里的老年人来参与实验；而中间年龄段的人则较少参与相关研究。问题是，假如平均寿命是 80 岁，那么我们一半的人生是在正规教育结束之后到退休之前度过的，而我们目前对成年中期（25 ~ 65 岁）阶段语言能力的变化不甚了解。这种"中段缺失"让我们更难弄清楚"语言能力在人的一生中是如何变化的"这一问题。

最后提醒一点，年龄增长导致的认知衰老可以通过多种方式来弥补，包括认知活动、体育活动、社会事务的参与，以及适当的营养摄入等。[20] 一些针对老年人的训练，如工作记忆练习，似乎也有一些益处。[21]

至此，我们只讨论了身体健康的情况下认知老化的结果，而其他情况下产生的结果可能带来更为负面的影响。比如统称为痴呆症的各种脑疾病和神经认知障碍，会对老

16

年人的思考、推理和记忆能力产生灾难性的影响。阿尔茨海默病是最常见的痴呆症，还有许多其他痴呆亚型，包括血管性痴呆、路易体痴呆等。这种认知障碍的残酷之处在于它们不仅会损害患者的认知能力，还会影响其人格和自我意识。

痴呆症的恶化通常不是突发性的。许多人会经历一个过渡阶段，在早期阶段可能会被确诊为轻度认知障碍（mild cognitive impairment，简称MCI）。临床上，医生将不影响日常生活能力和记忆力等的认知功能减退诊断为轻度认知障碍，各种评估该病症的工具也早已研发出来。其中有一种常用的评估工具是简易精神状态检查量表（Mini-mental State Examination，简称MMSE），用来评测是普通的健忘或偶尔的判断失误，还是认知障碍疾病。[22] 轻度认知障碍后期可能会发展为老年痴呆症，也可能不会。除此之外，其他一些疾病的症状也和痴呆症类似，比如抑郁、脑卒中、尿路感染、脑瘤、头部外伤和酗酒等，也需要加以注意。

目前在临床上还无法完全在患者生前明确判断阿尔茨海默病，而需要在其去世之后对大脑进行解剖，通过确定淀粉样斑块和神经纤维缠结等病症，最终明确诊断。但即便是大脑出现斑块和缠结，也不代表患者活着的时候就一定有阿尔茨海默病的相关症状。在某些情况下，大脑中的

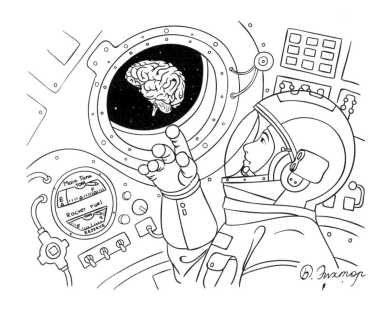

某些保护因素似乎会阻止其产生生理变化，避免丧失认知功能。研究人员将这种认知能力的保留称为**"认知储备"**（cognitive reserve）。

举个例子，假如你要驾驶火箭飞船去月球，那就要储备很多额外的燃料，这样即使你偏离了航线，也可以有足够的燃料驶向月球。认知储备就是这样发挥作用的。一些人可能拥有额外的认知储备，即使大脑出现神经元退化，认知系统也依旧能够运转。

要增加认知储备有很多途径，比如接受更多的教育，获得较高的职业成就以及广泛参与休闲活动等。[23] 这些保护因素对其他可能导致痴呆的疾病也有所作用，如帕金森病等。[24]

最后，需要强调的是，痴呆症并不是年龄增长的必然结果。大多数人都会经历正常衰老，即便有认知衰退也是在正常范围内，并不会患上痴呆症，认知能力也不会受到灾难性损害。实际上，随着教育水平的提高和脑卒中发病率的降低，痴呆症的发病率也可能会有所下降。[25]

语言的补偿

当那果子熟落
它的香甜渗入了土地的经脉

当颇有成就的人们瞑目
那些人生最珍贵的经历
渗入了他们的生命之地
让每个微粒都闪闪发亮
照耀在永恒的混沌之中

生命之地是灵动活跃的

就像天鹅扇动翅膀

闪耀夺目的羽翼

伴随那些人生经验中萃出的精华

如丝绸般柔滑

——戴维·赫伯特·劳伦斯《当那果子熟落》

（D. H. Lawrence，"When the Ripe Fruit Falls"）

人要怎样变老才算最好？这个问题不好说，因为在回答这个问题前，还有一件事需要思考：人在变老过程中的目标是什么？可能的答案是：活得越长越好。但是，比朋友和家人长寿就真的好吗？

据专长于老年学和舒缓治疗的医生玛丽亚·卡尼（Maria Carney）估算，美国人中有 20% 是孤寡老人。[26] 随着"婴儿潮"出生的那一代人逐渐老去，这一数字很可能会继续增长。卡尼及其同事将孤寡老人定义为"独自居住在社区的老年人，通常处于社会或生理隔离状态，没有可以依靠的家庭成员，也没有指定的代理人或照护人员"。[27] 可悲的是，这些独居老人 [28] 患上不治之症、产生心理障碍甚至遭受虐待的风险很高。[29] 虽然该群体的需求开始得到逐步解决，寿命也有所延长，但很显然，我们不能仅仅以生存时长来判断老年阶段的生活质量。

保罗·巴尔特斯（Paul Baltes）和玛格丽特·巴尔特斯

（Margret Baltes）提出了衡量成功老龄（age successfully）的另一种维度，即老年人是否能够成功地适应年龄增长带来的各种变化，这体现了"注重个体心智与社会结合，以超越老年阶段生理限制"的思想。[30]

他们认为，成功老龄是一种带有补偿的选择性优化过程（selective optimization with compensation，简称 SOC），将年龄增长带来的获得感最大化、损失最小化。换句话说，实现成功老龄的人能够选择适合自己的目标，找到优化个人能力的办法，然后用外在的补偿机制协助自己达到目标。将成功老龄定义为个体成功适应衰老的过程，可以让老年人自己制定成功标准，通过带有补偿的选择性优化过程，让老年人"即使衰老或失去部分能力，也同样可以达到自定的目标"。[31]

我们用本书插画作者的例子来说明"带有补偿的选择性优化过程"是如何起作用的吧。恩赫图尔·巴亚尔赛汗（Enkhtur Bayarsaikhan）居住在乌兰巴托，在蒙古国的乡野间长大。上学时，他没有学过英语。后来他意识到，不会英语限制了他成为一名成功的艺术家，因为他无法与其他国家的客户进行交流。但对于成年人来说，一边工作一边学英语并不容易。后来，在不知道什么是"带有补偿的选择性优化过程"的情况下，他却用这一概念实现了自己的目标。

首先，他认真地选择了适合自己的教学层次，找到了一所都是初学者的成人英语学校，他可以根据自己的工作情况来安排课程。其次，除了上课，他还抓住课外练习的机会提高自己的英语水平，包括参加美国大使馆的"美语角"，阅读英文书籍，聆听母语者的演讲等。为了弥补口语的不流利，他随身携带记事本和笔，如果与人进行英语交谈时卡了壳，他就用笔把想说的画出来。这些图画后来成为他记忆新单词的触发器。

　　当成年人意识到自己的某些能力开始衰退时，"带有补偿的选择性优化"可以指引他改善这些问题。例如，当大脑加工速度变慢之后，个体要耗费更多时间来

完成填字游戏等认知任务。但由于词汇量随着年龄增长而显著增加，所以个体很可能会选择更高难度的填字游戏。权衡一番就会发现，这种选择很值得，因为慢慢解决一个难度高的谜题比快速完成一个简单的谜题更让人有成就感。想把填字游戏玩得更好，需要多加练习，《纽约时报》还为此提供了教程，帮助人们提升此项技能水平。[32] 如果爱好者实在找不到解题的线索，还可以查阅手边的填字游戏词典。所以说，不管完成什么任务，"带有补偿的选择性优化"都是保持成就感的一种好方法。

在讨论个体老龄化时，也有人质疑"成功"这个词的恰当性，[33] 因为使用这个词会让人误解影响个体老龄化的因素都能人为地掌控，但事实并非如此。宣扬"成功老龄"可能会让没有达到该目标的老年人受到指责，大家会认为是因为他们自己不够努力才没有成功。另外，研究人员对"成功"的定义标准可能各不相同，[34] 这就让"怎样才算成功老龄"这一问题变得更加模糊不清。当然，在探讨衰老与语言的相互影响时，我们会举例说明语言是如何帮助个体进行选择、优化以及补偿认知能力及感官系统的退化的。下面的章节我们将先介绍视觉和听觉的变化，以及这些变化是如何削弱个体的语言理解和产出的。

注 释

1. Camille L. Ryan and Kurt Bauman, "Educational Attainment in the United States," United States Census, March 2016, https://www.census.gov/content/dam/Census/library/publications/2016/demo/p20-578.pdf.
2. Marc Prensky, "Digital Natives, Digital Immigrants, Part 1," *On the Horizon* 9, no. 2 (2001): 1–6.
3. Lisa H. Trahan et al., "The Flynn Effect: A Meta-analysis," *Psychological Bulletin* 140, no. 5 (2014): 1332–1360.
4. James R. Flynn, "The Mean IQ of Americans: Massive Gains 1932 to 1978," *Psychological Bulletin* 95, no. 1 (1984): 29–51.
5. James R. Flynn, "Massive IQ Gains in 14 Nations: What IQ Tests Really Measure," *Psychological Bulletin* 101, no. 2 (1987): 171–191.
6. Tamara C. Daley et al., "IQ on the Rise: The Flynn Effect in Rural Kenyan Children," *Psychological Science* 14, no. 3 (2003): 215–219.
7. Jon Martin Sundet, Dag G. Barlaug, and Tore M. Torjussen, "The End of the Flynn Effect? A Study of Secular Trends in Mean Intelligence Test Scores of Norwegian Conscripts during Half a Century," *Intelligence* 32, no. 4 (2004): 349–362.
8. Thomas W. Teasdale and David R. Owen, "Secular Declines in Cognitive Test Scores: A Reversal of the Flynn Effect," *Intelligence* 36, no. 2 (2008): 121–126.
9. Wendy Johnson, Matt McGue, and Ian J. Deary, "Normative Cognitive Aging," in *Behavior Genetics of Cognition across the Lifespan*, ed. Deborah Finkel and Chandra A. Reynolds (New York: Springer, 2014), 135–167.
10. Claude M. Steele and Joshua Aronson, "Stereotype Threat and the Intellectual Test Performance of African Americans," *Journal of Personality and Social Psychology* 69, no. 5 (1995): 797–811.
11. Alison L. Chasteen et al., "How Feelings of Stereotype Threat Influence Older Adults' Memory Performance," *Experimental Aging Research* 31, no. 3 (2005): 235–260.
12. Thomas M. Hess, Joey T. Hinson, and Elizabeth A. Hodges, "Moderators of and Mechanisms Underlying Stereotype Threat Effects on Older Adults' Memory Performance," *Experimental Aging Research* 35, no. 2 (2009):

153–177.

13. Timothy A. Salthouse, "The Processing-Speed Theory of Adult Age Differences in Cognition," *Psychological Review* 103, no. 3（1996）: 403–428.

14. Lori L. Veiel, Martha Storandt, and Richard A. Abrams, "Visual Search for Change in Older Adults," *Psychology and Aging* 21, no. 4（2006）: 754–762.

15. Kara L. Bopp and Paul Verhaeghen, "Aging and Verbal Memory Span: A Meta-analysis," *Journals of Gerontology Series B: Psychological Sciences and Social Sciences* 60, no. 5（2005）: P223–P233.

16. Robert West and Claude Alain, "Age-Related Decline in Inhibitory Control Contributes to the Increased Stroop Effect Observed in Older Adults," *Psychophysiology* 37, no. 2（2000）: 179–189.

17. Jutta Kray and Ulman Lindenberger, "Adult Age Differences in Task Switching," *Psychology and Aging* 15, no. 1（2000）: 126–147.

18. David F. Hultsch et al., *Memory Change in the Aged*（Cambridge: Cambridge University Press, 1998）.

19. Brent J. Small, Roger A. Dixon, and John J. McArdle, "Tracking Cognition-Health Changes from 55 to 95 Years of Age," *Journals of Gerontology Series B: Psychological Sciences and Social Sciences* 66, suppl. 1（2011）: i153–i161.

20. Kristine N. Williams and Susan Kemper, "Interventions to Reduce Cognitive Decline in Aging," *Journal of Psychosocial Nursing and Mental Health Services* 48, no. 5（2010）: 42–51; Pamela Greenwood and Raja Parasuraman, *Nurturing the Older Brain and Mind*（Cambridge, MA: MIT Press, 2012）.

21. Barbara Carretti et al., "Gains in Language Comprehension Relating to Working Memory Training in Healthy Older Adults," *International Journal of Geriatric Psychiatry* 28, no. 5（2013）: 539–546.

22. Rónán O'Caoimh, Suzanne Timmons, and D. William Molloy, "Screening for Mild Cognitive Impairment: Comparison of 'MCI Specific' Screening Instruments," *Journal of Alzheimer's Disease* 51, no. 2（2016）: 619–629.

23. Yaakov Stern, "Cognitive Reserve in Ageing and Alzheimer's Disease," *Lancet Neurology* 11, no. 11（2012）: 1006–1012.

24. John V. Hindle et al., "The Effects of Cognitive Reserve and Lifestyle on Cognition and Dementia in Parkinson's Disease—a Longitudinal Cohort

Study,” *International Journal of Geriatric Psychiatry* 31, no. 1（2016）: 13–23.

25. Eric B. Larson, Kristine Yaffe, and Kenneth M. Langa, “New Insights into the Dementia Epidemic,” *New England Journal of Medicine* 369, no. 24（2013）: 2275–2277.

26. Christina Ianzito, “Elder Orphans: How to Plan for Aging without a Family Caregiver,” AARP, 2017, https://www.aarp.org/caregiving/basics/info-2017/tips-aging-alone.html.

27. Maria T. Carney et al., “Elder Orphans Hiding in Plain Sight: A Growing Vulnerable Population,” *Current Gerontology and Geriatrics Research*, article ID 4723250（2016）: 1; italics in original.

28. Sara Z. Geber, “Are You Ready for Solo Agers and Elder Orphans?” American Society on Aging, December 27, 2017, http://www.asaging.org/blog/are-you-ready-solo-agers-and-elder-orphans.

29. Jed Montayre, Jasmine Montayre, and Sandra Thaggard, “The Elder Orphan in Healthcare Settings: An Integrative Review,” *Journal of Population Ageing*（2018）, https://doi.org/10.1007/s12062-018-9222-x.

30. Paul B. Baltes and Margret M. Baltes, “Psychological Perspectives on Successful Aging: The Model of Selective Optimization with Compensation,” in *Successful Aging: Perspectives from the Behavioral Sciences*, ed. Paul Baltes and Margret Baltes（Cambridge: Cambridge University Press, 1990）, 27.

31. Margret M. Baltes and Laura L. Carstensen, “The Process of Successful Ageing,” *Ageing and Society* 16, no. 4（1996）: 405.

32. Deb Amlen, “How to Solve the *New York Times* Crossword,” https://www.nytimes.com/guides/crosswords/how-to-solve-a-cross word-puzzle.

33. Stephen Katz and Toni Calasanti, “Critical Perspectives on Successful Aging: Does It ‘Appeal More Than It Illuminates’?” *Gerontologist* 55, no. 1（2014）: 26–33.

34. Theodore D. Cosco et al., “Operational Definitions of Successful Aging: A Systematic Review,” *International Psychogeriatrics* 26, no. 3（2014）: 373–381.

第二章

"所见所闻"的语言

The Language of
Sight and Sound

当身体开始衰老时，最明显的表现是视觉和听觉功能减退。本章将讨论衰老给老年人的感觉与知觉等带来的变化，这些变化直接影响着人们对口语和书面语的理解能力。

你"听"见我"看"到的东西了吗？

我们经常将**感觉**（sensation）和**知觉**（perception）这两个词混着用，但它们不是一个意思。感觉是指身体的某处受到环境中的某些刺激（比如光线和声音）而产生电脉冲（即神经脉冲），而知觉指的是大脑对这些神经脉冲的识解和分析。

将环境刺激转化为神经脉冲的过程叫作传导。人体中只有某些高度特化的细胞才能完成这个过程，这些细胞被称作受体。比方说，人眼中的受体是视网膜上的视杆和视锥，作用于听觉的受体是耳蜗上的毛细胞。

虽然我们讨论的只是视觉和听觉上的增龄性变化，但其实传导发生在人的所有感官之中。如果研究人员想要研究超感官知觉（extrasensory perception，简称 ESP）①，就要

① 超感官知觉（ESP）是指不凭借感官信息而对外界事物获得知觉经验的现象。——译注

搞清楚两个问题：第一，什么是环境刺激？第二，这种刺激是如何转化为神经脉冲的？

　　显然，就算对着耳朵照射光线，耳朵也并不能"听"到光。但如果通过传导将环境刺激转化为神经脉冲，那可就说不准了。比如，有一种现象叫作"联觉"（synesthesia），在这种情况下，对一个感官进行刺激，除了这种感官，至少还会有另一种感官也能感知到刺激。如果要举例说明这种不同感官之间的混合、融入和联系的话，就好像你在"看"一段音乐，或者品尝一块鸡肉时感觉它的味道是"三角形"的。最近，一篇研究"嗅觉—视觉联觉"的文章标题就很好地阐释了这个概念，题目是《巧克力闻起来是粉红条纹状的》（Chocolate Smells Pink and Stripy）。[1]

　　研究人员已确认的联觉类型至少有 61 种，[2]并发现有超过 4% 的人可能具有联觉能力。[3]在研究中最常出现的是"字形—颜色联觉"，指的是一个人将特定的颜色与数字或者字母联系起来。作家弗拉基米尔·纳博科夫（Vladimir Nabokov）曾写道，他看到了字母表中字母的不同颜色。如对他而言，字母"t"是淡草绿色，字母"u"是带有橄榄色光泽的黄铜色。[4]

　　虽然联觉从定义上来说是感知现象，但是心理学家朱莉娅·西姆纳（Julia Simner）认为，它可能也是一种语言现象，[5]因为大约有 88% 的联觉是由语音、单词、字母或数字触发的。[6] 另外，使用手语的联觉者也说，盲文、手语数字是与各种颜色之间存在联系的。更有意思的是，手语及颜色之间的关联与该手语对应文字及颜色之间的关联是一致的。[7]

虽然联觉一般出现在家族遗传中（例如，纳博科夫和他的母亲都是联觉者），但这种能力也可以通过后天发展。目前普遍认为，联觉可以作为一种策略来帮助人学习。这种观点是有证据支撑的，即在童年时期较晚学习第二语言的人更可能出现联觉。此外，这跟我们学习的语言种类也有关系。比如英语的发音和拼写并不完全对应（"yacht"这个词就不是所有字母都发音），英语学习者中就呈现出较高的联觉率，这也反映了他们对认知加工的需求，[8] 而联觉可以增强对各种学习任务的记忆。[9] 另外，"字形—颜色联觉"能力似乎会随着年龄的增长而减弱，并与视觉感官系统中的其他增龄性变化是分开的。[10]这说明，联觉作为一种学习工具，似乎在儿童期更有作用。

联觉作为学习策略是否对成人有效呢？答案是：很有可能。马库斯·沃森（Marcus Watson）及其同事进行了一项研究，目的是教授成年人联觉。他们认为："经过培训之后，许多非联觉者的感知与真正的联觉者相差无几。虽然成人短期训练后的联觉效果和联觉者长期使用联觉所达到的效果差异很大，但这些差异尚不能说明两者在性质上是不同的。"[11]

感觉系统可以和知觉系统交相作用，这一发现无疑让人感到兴奋，因为这对人们补偿感官的逐渐衰退很重要。但需要注意的是，感觉系统的问题比知觉系统的问题要更好矫正。比如，镜片可以调节光线在视网膜上的聚焦，从而提升视力。但如果发生了中风且损害到大脑视觉皮层，则患者会直接失明，即便眼睛并没有器质性病变。近年来出现了许多新型设备，它们可以绕过受损的感觉系统，为患者直接创造知觉刺激供大脑解读，从而补偿相关损害。

将声波传送到听觉皮层的过程，包括一系列的鲁布·戈德堡式（Rube Goldberg-like）①步骤。声波沿着耳道传播，在耳膜处转化为振动，从而使中耳的三块小骨头②协调运动，然后将振动波放大并传送到耳蜗的淋巴液中，并进一步使得毛细胞发生移动，再将神经脉冲沿着听神经传送至大脑。

这个系统如果损坏，会对听力产生直接影响。比如，正常衰老导致的中耳骨骨化会让听力下降。为了改善这一

---

① 鲁布·戈德堡式步骤在这里是指，人听到声音似乎是件很简单的事情，却包含着一系列复杂的过程和步骤。鲁布·戈德堡是美国漫画家，他的漫画中经常出现设计复杂的机械组合完成简单动作的场景，故得此名。——译注
② 左右耳各有三块听小骨，均由锤骨、砧骨及镫骨组成。——译注

问题，在声波从外耳传到耳蜗的中途，我们可以使用助听器来放大声波。但人工耳蜗的发明可以完全绕过这条路，直接刺激听神经，并且人工耳蜗的植入不受年龄限制。一般而言，老年人在早期听觉正常时已经学习语言，因此在植入人工耳蜗后，完全可以根据相关经验来适应植入人工耳蜗之后的言语交际。

人工耳蜗的设计是通过将声波转化为神经脉冲来对人耳进行模仿。但还有别的设备可以利用一种感觉模态去刺激另外一种知觉。例如，美国科学家研制了一种叫BrainPort 的人工视觉设备（artificial vision device，简称AVD），通过安装在眼镜上的小型摄像头收集图像信息，将这些图像信息转换为电信号，并将信号发送到舌头上。之所以选择舌头而不是视神经来接受电信号，是因为目前尚无人工视觉设备能直接刺激视神经，而舌头上有着密密麻麻的受体（咬过自己舌头的人都应该知道舌头有多么敏感）。这项新的技术成果令人倍感鼓舞，它可以让盲人或低视力人群识别物体及单词。[12]

上述这些为了补偿感觉输入受损而设计的设备，或是帮助受体将刺激转换为可感知信号，或是提升了信号传导效率。但是中风或痴呆症对脑细胞的损害是无法通过这种方式得到补偿的。在接下来的几节中，我们将探讨不同类型的损害对老年人听觉和视觉的影响。

关于听觉

丈夫想知道妻子的听力是否有问题。一天晚上，妻子正坐着看书，丈夫站在她身后。

"亲爱的，你能听见我说话吗？"妻子没有应答，于是他走近了一点。

"亲爱的，能听见我说话吗？"妻子还是没有反应，于是他移到了她的正后方。

"亲爱的！能听见我说话吗？"他喊道。

"能！我已经说了三遍了。"

听不见别人讲话是老年人最常见的感知问题。更正式一点来说，这种症状被称为"老年性耳聋"（presbycusis，希腊语中是"老"和"听"的意思）。出现这种症状后，老年人听任何声音都会出现问题，但我们这里讨论的仅限于老年性耳聋是怎么影响老人对口语的理解的。在讨论导致老年性耳聋的原因之前，先简单说明一下语音信号的物理特性。

儿童可以听见每秒振动 20000 次声波（缩写为 20 kHz）的声音。随着年龄的增长，我们听高频声音的能力会有所下降，到了 75 岁之后，很多人只能听见 13 kHz 的声音了。因为听力下降从高频声音开始，而语言由各种声音构成，因此我们听不同语音时会受到不同程度的影响。大部分元音都处在比较低的频率，低于 3 kHz，因此

29

我们对这些声音的感知不会因为听力下降而受太大影响，而且这不决定不同单词的听感区别。显著区分单词语音的艰巨任务落在了辅音上。一些辅音在较高的声域（4 kHz 以上）中含有大量的声能，尤其是发音时会有"嘶嘶"声的辅音，比如 /s/、/f/、/sh/ 和 /th/，还有 /k/ 和 /t/ 这类的辅音。因此，对于听力下降严重的人来说，shake the sack（摇晃麻袋）、face the facts（面对事实）以及 take the cat（把猫带上）这类英文短语听起来可能会非常相似。[13]

除了环境中的噪声，还有许多其他因素会导致或加速听力下降，这些因素包括疾病易感性①，吸烟和高血压等会对血液循环系统造成损害，以及糖尿病、心脏病等疾病。[14]体重偏高也可能会危害流向听觉系统的血液，这已证实是造成听力下降的危险因素之一。另外，做运动是有好处的，哪怕只是简单的运动，也可以降低听力受损的风险。[15]即使将暴露于噪声的职业差异因素考虑进去，男性也比女性更容易受到听力下降的影响。[16]

增龄性耳聋也可能是多种因素造成的，长期暴露于嘈杂环境只是其中一个原因，这样的暴露确实会损害并致死耳蜗中的毛细胞。有研究发现，即使在完全安静的环境中饲养动物，这些动物也会患上增龄性耳聋，所以，一定还

---

① 疾病易感性是指由遗传决定的易于患某些疾病的倾向性。具有疾病易感性的人一定具有特定的遗传特征，在一定条件下容易发病。——译注

有别的因素在起作用。罪魁祸首可能就是衰老引起的新陈代谢变化。具体而言，人类年龄的增长伴随着线粒体效率的降低，而线粒体是细胞的动力源。线粒体效率的降低会使毛细胞很难产生可以送达大脑的神经脉冲。[17]

听力下降也可能是因为大脑本身的知觉出了问题。在现实生活中，也许你能听懂的他人话语比自己预期的少，远不如在听力测试中的表现。在这种情况下，利用传统助听器对声波进行放大来解决这一问题的作用就很有限，[18]而学习**聋人唇读法**等一些培训项目则可以帮助老人提升现有的听力。[19]

另外，一些语言环境本身比其他环境更不利于聆听。想象一下，当你想与交谈对象说话时，却身处嘈杂的环境之中。比如在一家生意红火的餐厅里，地板和墙壁上没有什么隔音装饰，此起彼伏的说话声产生很多回音。这时候老年人会想利用情景线索来弥补听力的不足，比如根据上下文内容去猜测没听清的词。但和年轻人相比，老年人记忆力比较不好，较难记住自己想要理解的词，因为他们的注意力都用来进行对话了，负责记忆的认知资源就所剩无几了。[20]

矛盾的是，虽然有的人很难跟上对话，但问题并不是谈话对象的说话声音太轻。很多患有增龄性耳聋的人都说，那种嘈杂环境中的吵闹声实在是太大了，比如上文说到的餐馆。这种情况可能是这些老年人对环境中声音大小的感知程度过于夸张。之所以会这样，是因为受损的毛细胞会进行"招募"，即调动周围的细胞一起帮忙，结果却是"听觉过敏"：能听到的最轻声音范围缩小了，同时对噪声的耐受程度也降低了。这两种情况无疑都很糟糕。[21]

本节开头的小笑话告诉我们，增龄性耳聋让人们意识到一个重要的道理：有问题的人往往最不愿意承认自己有问题。许多开始与听力下降抗争的人都会经历一段否认听力问题的时期，毕竟，说服自己是别人讲话的声音太小，要比承认自己的感觉系统出了问题容易得多。[22] 但如果不加以治疗，增龄性耳聋所导致的社会孤立状态，会让老年人的生活质量受到负面影响。[23]

在"婴儿潮"时期出生的那代人，也就是接触扩音器音乐的第一代人，可能比他们父母一代听力更好，这一点让人惊讶。[24] 这可能是因为吸烟率下降，嘈杂工厂环境岗位数下降，以及对听力保护意识的加强。但是，这代人的孩子就没那么幸运了，因为这些青少年总喜欢在听音乐时将耳机的音量调得很高。[25]

耳鸣

财政部特工布拉斯·班克罗夫特（Brass Bancroft）与

搭档从树木的掩护下走出，举起 0.38 口径警用手枪射击。刹那间班克罗夫特中尉感到疼痛难忍，他向后倒下并捂住自己头的一侧。他受伤倒下不是因为被击中，而是因为他搭档的枪声——那枪开火时离他的右耳仅有 6 英寸。[26]

32

这是 1939 年华纳兄弟（Warner Brothers）发行的电影《特勤代码》（*Code of The Secret Service*）中的一幕，虽然那把手枪发射的是空弹，但对演员造成的伤害却是真实存在的。这只是一部乏善可陈的电影，围绕一个造假团伙和失窃的财政部国库券雕版之间的故事展开。影片中，班克罗夫特特工由罗纳德·里根（Ronald Reagan）主演。[27] 里根在他近 30 年的演艺生涯中共出演了 60 多部电影。但这部影片的角色让他记忆深刻，因为枪击这一剧情对他的听力造成了永久性损害。

耳鸣（tinnitus）是听觉创伤（acoustic trauma）带来的常见损害之一，关于耳鸣的描述通常是，耳朵里有响声。从定义上说，这种响声是虚幻的，不存在于环境中。耳鸣有很多种表现形式，比如咆哮声、滴答声、口哨声、哼唱、啁啾声、嘶嘶声、咝咝声、嗡嗡声，或是持续不断的电话铃声。[28]

耳鸣和上一节讨论的老年性耳聋有所不同，这种由听觉创伤导致的疾病与年龄无关，可能发生在任何人身上（里根在主演《特勤代码》时年仅 28 岁）。但随着年龄的增长，个体经历听觉创伤的可能性会越来越大。原因很简单，活得越久，遇到意外的概率越高，比如遭遇车祸、被盗取身份，或者经受听觉创伤。因为大多数老年人患有老年性耳聋，所以很多人误以为耳鸣也属于增龄性耳聋的一个方面。还有一点值得注意，除了听觉创伤，导致耳鸣的因素还有很多，包括各种疾病、病毒感染，甚至有可能是因为服用了大剂量的消炎药，比如阿司匹林。[29]

听觉创伤与老年性耳聋所致的耳鸣有一个共同点就是耳蜗毛细胞受损。尽管医学界提出了各种理论来解释对这些虚幻声音的感知，但许多研究人员认为，这是大脑中的听觉通路为了补偿受损的毛细胞无法接收信号而变得过度活跃。当然，意识到这一事实，并不能减轻人们对嘶嘶声、啁啾声和咆哮声不请自来和不受欢迎的感觉。

不幸的是，和里根有相同遭遇的人绝非罕见。相对较好的情况是，许多人只会遭遇持续几小时或几天的耳鸣，一只或两只耳朵的情况都有。但美国仍然有大约5%到10%的成年人患有慢性耳鸣，程度上可以是轻微恼人，也可能相当严重，甚至会令人神经衰弱。[30] 从某种程度上来说，长期暴露于较大声响的环境是一种职业危害，比如军人、音乐家和机器操作工罹患耳鸣的风险，就比会计或图书管理员高得多。[31] 曾在伊拉克和阿富汗当过兵的退伍美国军人普遍听力有所下降或患上耳鸣，因为他们经常暴露在武器的开火声中以及简易爆炸装置的爆炸声中。[32] 在众多的音乐表演艺术家中，只有一小部分人如皮特·汤森德（Pete Townshend）、尼尔·杨（Neil Young）、埃里克·克莱普顿（Eric Clapton）和奥兹·奥斯本（Ozzy Osbourne）患有耳鸣，导致他们患病的原因可能是放大的工业级噪声。[33] 2013年丽莎·明奈利（Liza Minnelli）声称，她得了耳鸣是因为1973年她因《歌厅》（Cabaret）获得奥斯卡最佳女主角奖时，她父亲在她耳边兴奋大叫所致，那时她刚好27岁。[34]

耳鸣也可能是由相对罕见的梅尼埃病（Ménière's disease）引起的，这种病令人虚弱无力，主要特征是患者会感觉眩晕、天旋地转。虽然任何年龄都可能患上梅尼埃病，但典型发病年龄是40多岁或50多岁。有研究人员推测，画家文森特·梵·高（Vincent van Gogh）就患有这种疾病，所以他万般绝望地割下了耳朵，想让自己不再幻听。[35] 宇航员艾伦·谢泼德（Alan Shepard）也患有此病，他因此而中断了训练。但他要比梵·高幸运得多，在接受外科手术后，47 岁的谢泼德得以继续指挥"阿波罗 14 号"登月，并成为在月球上行走过的人中最年长的。[36]

除了里根，还有不少演员也因为电影和电视剧拍摄中使用的空弹和爆炸而患上了耳鸣。比如史蒂夫·马丁（Steve Martin）在 1986 年拍摄《神勇三蛟龙》（*¡Three Amigos!*）时，就因枪声而遭受听觉创伤，并患上了持续性耳鸣。20 世纪 60 年代，威廉·夏特纳（William Shatner）和伦纳德·尼莫伊（Leonard Nimoy）在拍摄电视剧《星际旅行》第一季时，因为烟火爆炸而造成听力下降和耳鸣。[37] 后来，夏特纳还成为美国耳鸣协会的代言人。

与增龄性耳聋一样，听觉创伤带来的后遗症也会使生活陷入困境。想象一下，如果听别人讲话时，说话声被虚幻的铃声或口哨声掩盖，这无疑会让人产生挫败感和社会孤立感。无奈的是，患者不得不习惯与耳鸣为伴，正如史蒂夫·马丁（Steve Martin）所说："习惯就好，要不你就疯了。"[38] 一项针对耳鸣患者的大规模研究表明，耳鸣对生活质量产生了很大的影响，其中就包括放大了身体对疼痛的感觉。[39] 虽然耳鸣目前仍无法治愈，但研究人员也发现了一些具有保护作用的因素。比如说，摄入更多咖啡因的女性似乎相对不太容易患上耳鸣，这很有趣。[40]

在某些情况下，佩戴助听器可以减轻耳鸣的影响，因为放大环境的声音可以掩盖耳鸣。在这方面，里根的行为一定程度上消除了对佩戴助听器的社会歧视。在第一个任期内，他开始在右耳佩戴助听器，成为第一位在公共场合佩戴助听器的美国总统。[41] 可以说，扮演财政部特工班克罗夫特这个角色是里根的人生转折点，因为自那之后的 45 年间，他都生活在听力下降的痛苦中，幸好助听器可以让他获得一些缓解。

音质

当我们听一个看不见脸也不熟悉的人讲话时，比如在打语音电话时，我们可能需要猜测此人的年龄和性别。尤其是在猜测性别的时候，通常要根据讲话人的语音语调来判断。比如，女人和小孩的音调一般要比男人高，因为他们的声道较短；睾酮会让成年男性的声音变低沉。[42] 但这种猜测也会有不准的时候。一些读者可能还记得电视剧《宋飞正传》（*Seinfeld episode*）里那个"调门高"

36

（high talker）的丹（Dan）①，由男演员布莱恩·雷迪（Brian Reddy）饰演。有时我们可能更擅长判断他们的大致年龄。为什么会这样呢？这一节我们来讨论老年人声音的声学特征。

当我们说话的时候，肺部的空气被挤压，空气穿过气管顶部的声带，让声带产生振动。接着，声道里的各个部分会对这些振动产生影响，使声音发生变化，这些部分叫作发音器官。我们熟悉的发音器官有：舌头、牙齿、牙龈以及嘴唇；还有一些不太熟悉的，比如腭部，它位于口腔顶端；又如鼻腔，也会参与发音。实际上有一些声音，比如 /m/ 和 /n/，是完全通过鼻腔释放声能产生的，并非通过嘴巴。所以当你感冒的时候，一部分鼻腔堵住了，声音就会听起来不一样。

随着年龄的增长，老年人的声道会发生一些生理老化，从而导致音质的变化。结果之一就是，老年男性和老年女性的声音听起来更加类似：男性的声音音调变高，而女性的声音变得低沉。衰老还会导致控制能力的下降，因为声带肌肉产生萎缩，使得老年人的声音颤抖、嘶哑。[43] 声带肌肉问题还会导致声门（声带之间的开口）无法正确地闭合，这就是所谓的声门功能不全（glottic

---

① 据 IMDB 显示，丹出现在《宋飞正传》第六季第三集。——译注

incompetence）。这种情况会让声音不稳，从而形成老年人特有的气息声。[44]另外，类风湿性关节炎（rheumatoid arthritis）也可能使声带上形成结节，导致声音沙哑。总的来说，上述这些以及声音上其他一些变化被统称为老年性语音障碍（presbyphonia，也译作"老嗓音"），或者增龄性发音困难（age-related dysphonia，也译作"讲话困难"）。

老年性语音障碍的患病率不是很好确定，因为人们总是等到问题变得很严重后才会寻求医疗干预。此外，音质的判断本质上是主观的，很难进行量化。但是一项针对韩国成年人（平均年龄72岁）的大规模随机抽样研究可以大致说明问题。研究人员用喉镜检查了参与者的声道，并通过影像分析其是否存在异常或结节，此外还收集了人口统计学、医学和行为学方面的信息，最后发现约9%的参与者可以诊断为发音困难患者。音质问题和体重指数高、哮喘、慢性阻塞性肺病、甲状腺疾病等因素相关；城市居民比郊区居民面临更大的患病风险。[45]

值得注意的是，造成音质改变的原因并不只是年龄的增长。[46]许多人认为会引起音质变化的行为也并不是罪魁祸首，比如吸烟、饮酒或喝咖啡等。对男性而言，吸烟可能会使声音变得更低沉或者沙哑，但这些影响是可逆的。研究发现，戒烟一段时间以后，老年男性的声音会恢复到正常音质。[47]严重的音质问题在老年人群中并不常见，而

第二章 "所见所闻"的语言　041

且通常它是由其他潜在的疾病引起的，比如肺气肿。[48]当然，对一些人而言，音质改变带来的影响相对较大。比如，歌唱家发声的音域会随着年龄的增长而变窄，这让他们很是烦恼。[49]

那么，是什么原因让人们推断出说话人是老年人呢？想一想如果是你，通常会如何描述老年人的声音？你可能会想到"沙哑""虚弱""尖锐"或"发颤"等特点。在描述老年人的声音时，不管是年轻人还是年纪大的人，都很容易想到这样的词，这表明刻板印象确实是存在的。值得注意的是，相关描述性词汇中约有三分之二是负面的，比如上面列出的那些，而只有大约六分之一的词汇是正面的，比如"温和"和"体贴"等。这再次反映出各个年龄段的人甚至是老年人自己，都存在年龄歧视。[50]

我们也不能忽视音质变化带来的心理影响。在一项研究中，研究人员对一组老年男性进行了为期五年的跟踪调查，以评估其声音变化。结果发现，尽管没有患上老年性语音障碍，他们的声音还是发生了变化，变得更加粗糙和虚弱。这些老年人可能会因此而避免参加社交活动，比如大型聚会等。[51]这种回避社交的情况在患有语音障碍的人群中较为常见。[52]患者提及的首要问题是因长时间交谈而产生的嗓子疲劳，另外还担心因为语音障碍而给人留下负面印象。

解决这些问题十分重要，因为社会孤立会给老年人的健康带来许多不良后果。[53] 参考前文提到的"带有补偿的选择性优化过程"，老年人可以有选择地参加一些不是十分费力或不需要特地提高音量来交流的社交活动，而不是完全回避。比如，与朋友约在咖啡店或者相对安静的餐馆。除此之外，也可以参加时长较短的活动，或者去不怎么需要讲话的地方，比如剧院或者音乐会。交流的时候也可以不打电话，而是通过短信来弥补语音受损的问题。

在手术治疗上，可以向声带注射"铁氟龙"（Teflon 的音译，即聚四氟乙烯）等，以解决声带弯曲等情况导致的声门功能不全。如果要长久地解决问题，也可以植入声带支撑物。[54] 另外，患者也可以接受具有针对性的非侵入性治疗，比如声音功能练习，这对优化声音质量也十分有效。研究发现，与选择不接受治疗的人相比，在五个月的疗程内仅接受四次声音治疗后，患者生活质量就会有所提高。[55]

关于视觉

人的眼睛很奇妙、很复杂，但并不完美。简单来说，它是一台将光能转化为视觉的组装机。整个转化的过程我们不做讨论，但我们必须意识到，其中某些阶段如果产生问题，可能会导致失明，尤其是进入中老年之后。

　　光线通过瞳孔进入眼睛后，会遇到晶状体（crystalline lens），这是一种透明结构，中间较厚，边缘较薄，其边缘围绕着附着在肌肉上的悬韧带，这些悬韧带可以通过收紧或放松来改变晶状体的形状，让我们能清晰地看见近处和远处的东西。肌肉放松时，晶状体的中心会变厚，我们就能看到近处的物体。反之，肌肉收紧时，晶状体的中心就会相应变薄，远处的物体就能清晰地呈现了。在这两种情况下，晶状体的工作是将光线引至视网膜的中心部分，我们将这个部分称作中央凹（fovea）。这个小坑里布满了光敏感受器细胞，能让视觉尽可能地保持清晰。

　　为了让晶状体能一直正常工作，它必须是透明的。大多数时候，它确实是透明的，但一些因素会导致晶状体变浑浊。通常来说，晶状体会在几十年的时间里慢慢变浑浊，因为晶状体中的蛋白质会慢慢分解并聚集在一起，使某只眼睛患上白内障（cataract）。还有一些人生下来就患有白内障。无论是哪种情况，都可能导致我们的视线模糊甚至完全失明。事实上，白内障是目前世界上最常见的致盲原因。[56]

　　那么，是什么导致白内障的形成呢？有的人可能是有天生的缺陷，但白内障也可能由许多其他因素引起，如糖尿病、高血压、肥胖、吸烟、眼部手术以及长期使用类固醇和他汀类药物。此外，白内障还可能是由不可见的紫外线引起的，其波长与可致严重晒伤的波长相同。[57] 这些因素加在一起，就是白内障发病率随年龄增长而升高的原因。在美国，超过半数的成年人在 75 岁前患上白内障。

幸运的是，通过摘除晶状体并植入人工晶状体可以消除白内障引起的视力衰弱问题。过去是通过手术将晶状体从眼睛中取出，现在更常见的方法是用超声波粉碎原有晶状体，然后从切口中将碎片吸除，再植入一个透明的硅胶来代替。[58] 这个手术可以让视力完全恢复，如果植入的是多焦点晶状体，还可以矫正其他问题，比如远视和散光。

虽然晶状体问题可以通过这种方式解决，但眼睛其他部位还有很多地方也可能出现问题。比如视网膜的神经上皮层可能会与色素上皮层分离，就好像墙纸从墙壁上脱落一样。视网膜脱落也可以通过手术修复，但是严重的话，患者可能会丧失一部分视力。

另一种增龄性眼部疾病原因未知，通常表现为中央凹周围有黄色沉积物的堆积，它被称为"玻璃膜疣"（drusen）。这种黄斑变性（macular degeneration）不会导致人完全失明，但它确实使许多活动变得更加困难，比如阅读。它在 60 岁以下的人群中较为少见，只有不到 1% 的人患这种疾病；但在 80 岁以上的人群中，它的发病率上升到了近 12%。[59]

视力受损的另一种情况是青光眼（glaucoma）。患上这种疾病，眼睛里积聚的液体会导致眼压升高，最终损

41

害视神经。在 60 岁以上的人群中，青光眼是导致失明的主要原因。对糖尿病患者来说，其患糖尿病视网膜病变（diabetic retinopathy）的风险较高。这种病的起因是眼中的小血管和神经细胞受损，导致眼中的血流量减少。糖尿病视网膜病变是导致中年人失明的主要原因，但如果在视网膜严重受损前得到治疗，效果就会很好。相关治疗措施包括用激光烧灼血管、药物治疗和手术等。[60]

解决这些视力问题对我们来说很重要，因为它们会导致严重的阅读和写作障碍。晚年丧失阅读能力的老人会感到被剥夺了了解世界的重要信息来源，也失去了阅读带来的乐趣。由于电子邮件和短信在很大程度上取代了电话，所以失去写作能力也会给老年人带来社会孤立感。我们可以看看下面几位知名作家是如何应对视力下降给写作造成的负面影响的，这颇具启示意义。

英国诗人约翰·弥尔顿（John Milton，1608—1674）在职业生涯中饱受眼疾困扰，许多人认为他患有视网膜脱落或青光眼。尽管如此，他还是通过口述的方式创作了伟大的作品，其中包括《失乐园》(Paradise Lost)；爱尔兰作家詹姆斯·乔伊斯（James Joyce，1882—1941）与虹膜炎（iritis，一种令人痛苦的虹膜炎症）导致的视力下降和一系列多舛的眼科手术抗争了许久。为了创作《芬尼根的守灵夜》（*Finnegans Wake*），他用蜡笔写字，好让颜色足够深，以便自己能够阅读；阿根廷作家豪尔赫·路易斯·博尔赫斯（Jorge Luis Borges，1899—1986）由于家族遗传，在 55 岁时完全失明，所以他将大部分的创作从短篇小说转向诗歌创作，这样他就能记住自己的整部作品了。

现代医学治疗手段的发展大大降低了失明率，比如白内障手术。为盲人或低视力人士设计的触觉阅读系统也已经开发出来。这些触觉阅读产品中最著名的是由法国教育家路易斯·布莱叶（Louis Braille，1809—1852）开发的。他早年失明，于 19 世纪二三十年代时设计并完善了自己的阅读系统。他用 2×3 网格中凸起的圆点组成图案代表视觉书写系统中的字母、数字和标点符号。到 20 世纪中叶，美国超过一半的盲人和低视力学童都能够阅读布莱叶设计的盲文。在那之后，随着视障儿童进入公立学校读书成为主流，盲文不再那么流行。到了 2009 年，美国只有不到 10% 的法定盲人 ① 能读懂布莱叶盲文了。[61]   43

---

① 法定盲：是指法律上对视觉障碍的界定。美国的法定标准是，正常视力的人在 200 英尺（60 多米）外能看到的物体，法定盲人即使在佩戴矫正镜片或隐形眼镜的情况下，也需要在 20 英尺（6 米多）内的距离才能看清，即具有 20/200 的视力；或者每只眼睛的视角不大于 20 度，视野异常狭小。另，下文出现的"20/20"指正常视力，相当于我国视力检查中的正常视力"1.0"和"5.0"。——译注

人们对盲文的依赖程度也因为新技术的出现而减弱，比如20世纪70年代发明的库兹韦尔阅读机（Kurzweil Reading Machine）。这种设备通过光学字符识别和文本语音转换软件来播放印刷文本。后来还有一些发明也产生了巨大的积极影响，比如针对微软用户的JAWS屏幕阅读器，可以让视力不好的人甚至是盲人在任何办公环境中工作。[62] 将电子书录制到盒式录音带中，以及后来出现的CD和MP3等数字化文件格式，也为视力受损者提供了许多接触书面材料的途径。毫无疑问的是，这些技术对视力有问题的老年人同样有帮助。

老花眼

大多数人一辈子都不会患上青光眼和黄斑变性，白内障虽然很常见，但可以通过手术治愈。而有一种视力问题几乎会影响所有的中老年人：看不清近在咫尺的东西。这就是老花眼（presbyopia，是希腊语中"老"和"眼睛"的意思）。

要搞清楚为什么会得老花眼，就要再说明一下眼睛的生理机能。上一节说到，肌肉通过拉扯晶状体使之改变形状，这个过程叫作眼的调节（accommodation）。但是几乎所有靠机械运作的系统都会老化，同样，眼睛的部件也可能会磨损，时间长了，调节就不那么管用了。虽然对导致老花眼的具体原因仍存在争议，但有些过程是确定的。比如说，随着时间的推移，晶状体越变越硬，越来越难改变形状。此外，由于晶状体是不断生长的，它的厚度也会增加。[63] 时间久了，晶状体也会产生细胞变化和化学变化。[64] 最终导致进入眼睛的光线在中央凹处无法聚焦，看近处的物体就会模糊不清。

44

不幸的是，我们的视觉世界中很重要的一部分就是距离眼睛几米内的区域，这个距离是我们拿着东西检查或者阅读的范围。得了老花眼后，看东西时只能把东西拿得更远，这样晶状体才能进行一部分调节。但如果是看字的话，拿远会

让字变得更小，更难阅读。这时我们的本能是把它们拿近，结果发现又变模糊了，简直陷入了两难。老花眼的过程是循序渐进的，得老花眼的年龄也各有不同，很多人在 45 岁左右就有了兆头，而所有人到了 50 岁都会患上老花眼。也就是说，很多人都会花上半辈子与老花眼作斗争。[65]

就像哈勃太空望远镜可以用矫正镜片修复缺陷一样，中老年人也可以用眼镜来弥补晶状体调节的不足。但是，为看近处物体专门设计的眼镜却无法纠正其他类型的视力问题，一个人要解决的视力问题可能是多重的。解决这一难题的方法之一就是配不同光学倍数的镜片。由于人们在查看近处物体时习惯向下看，所以双焦眼镜只有镜片底部是用来矫正老花眼的。一般认为是本杰明·富兰克林（Benjamin Franklin）发明了这种"双重眼镜"。[66]到了 19 世纪，约翰·艾萨克·霍金斯（John Isaac Hawkins）发明了可以纠正中距离视力的三焦眼镜。20 世纪见证了渐进多焦点镜片的发展，整块镜片上提供了矫正的不同梯度，后来，相似的技术也被运用于隐形眼镜，[67]也有了通过手术进行干预的方法。[68]

但用眼镜、隐形眼镜和手术解决问题只适用于光线进入视网膜的过程，视觉上的变化也有可能是发生在光线转化为神经脉冲之后。通常情况下，我们通过阅读视力表来判断一个人视力的敏锐度，但其他方面同样重要。比如对比敏感度，即区分视觉场景中明亮元素和暗淡元素的能力，这种能力随着年龄的增长而减弱。[69] 如果字母和背景之间没有足够的对比度，那么即使你有 20/20 的正常视力，在光线不足的时候也很难看清楚字。这个问题的根源在大脑而不在眼睛，因此我们可能要另寻一种矫正方法。

由丹顿·德洛斯（Denton DeLoss）领衔的心理学研究团队探索了知觉训练是否有益于老年人视力的问题。他们让大学生和老年人（平均年龄 71 岁）一同参加训练，训练的目的是在低对比敏感度的情况下提高表现阈值。受试者的任务是判断电脑屏幕上的图案是顺时针旋转还是逆时针旋转。研究发现，仅仅在 5 天的时间内，每天进行 90 分钟的知觉学习，老年人的表现就和训练前的年轻人持平了。[70]

既然这样的实验成功了，那么是否有可能训练一个人的大脑，让其能够流畅阅读更小号的字呢？尤里·波拉特（Uri Polat）及其团队让一群中年人完成了一项并不简单的任务，即在 3 个月的时间内，每周至少 2 天在屏幕上辨别图案，每次时长 30 分钟。训练结束后，所有参与者的视力都有所提高，不再需要光学校正就可以阅读报纸，而且阅读速度也变快了。因此，知觉学习能够提高大脑辨别模糊图像的能力。[71] 但需要注意的是，这项实验的参与者大多是 50 岁出头的人，至于这种培训对 60 岁及以上的人是否管用，仍是一个需要讨论的问题。此外，这个实验结果的普遍性也有待商榷，因为实验只采用了少量的控制组对照样本。[72]

虽然所谓的大脑训练对抗老花眼的效果还未成定论，但这是每个人都可以尝试去做的事情。现在很多智能手机的应用程序都提供了这样的训练功能，它们类似于研究人员使用的知觉学习法，在应用程序商店搜索 no glasses（"摘下眼镜"）可以进行下载。[73] 老年人的大脑还能适应老年期的视觉变化，这的确让人觉得欣慰和鼓舞。

跟着感觉走

> 我们发现，沟通之大敌是它产生的错觉。
> ——威廉·怀特（William H. Whyte，1950）①

虽然我们通常会认为，理解口头语言是我们用耳朵做的事，但我们的眼睛也起到了重要的辅助作用。在面对面的互动中，会话参与者依赖于大量的非语言线索。比如说，人们必须注意说话对象的面部表情和手势才能理解对方的意图。正如我们将看到的，韵律特征（prosodic cues）

---

① 引文出自威廉·怀特 1950 年 9 月发表在《财富》上的文章 "Is Anybody Listening?"。——译注

也是话语之外用来表达交际意图的手段，比如音调、音量以及说话的节奏。我们还会用语气来解释对方的情绪状态。这个人是生气了还是很无奈？他的态度是确定的还是不确定？他的话只是表达字面意思还是在讽刺？要理解一个人的话语意图，就要将他说了什么，以何种方式说出来的，以及透露说话人心理状态的视觉线索结合起来判断。考虑到这种多模态感官整合过程是十分复杂的，我们可能预计会看到与年龄相关的情感识别能力的下降。情况似乎就是这样。

老年人识别面部表情所表达的情感能力相对下降，这一变化过程也被研究者完整地记录下来。科学家曾做过一项实验，内容是评估受试者识别基本情绪的能力，包括快乐、恐惧和惊讶等。在实验中，研究人员还区分了情绪表达的强度，如略感惊讶、惊讶或十分惊讶。结果发现，年龄最大的老年组（平均年龄 88 岁）的表现逊于稍年轻的老年组（平均年龄 73 岁）。同样，稍年轻的老年组的表现不如年轻组（平均年龄 29 岁）。年龄最大的老年受试者需要接收强烈的表达线索，才能准确地识别出情绪。[74]

面部暗示也会在一个人撒谎时使他暴露。比如，他可能会突然中断眼神接触。老年人可能不像年轻人那样善于捕捉这些信息，因此识别欺骗的能力更差。[75]

人们还会使用手势来阐明或加强话语的意思。比如，当一个人想要表达不用现金支付而要用支票时，可能会用假想的笔在空中做写字的动作。一项相关实验表明，年轻组受试者（年龄22～30岁）比起老年组受试者（年龄60～76岁），更得益于使用这种多模态话语方式表达自己的意图。[76]

老年人对其他形式身体活动的理解也是个问题。乔安·蒙特帕雷（Joann Montepare）和同事们让老年组（平均年龄76岁）和年轻组（平均年龄19岁）的受试者观看一组视频，视频中的演员分别展现出积极、消极和中性的情绪状态。比如，一个人阅读收到的信件，看到好消息时拍起了手。受试者看到的视频是无声的，演员的脸也很模糊，因此演员的身体动作成为展现情感的唯一凸显线索。年轻组和老年组在判断情绪时的表现都不错，但是老年组的失误相对较多。除此之外，老年组识别消极情绪的能力也比较糟糕，容易将充满感情的控诉误以为是中性情感。[77]

研究人员还发现，通过言语暗示来理解情绪的能力也随着人的年龄增长而下降。塞萨尔·利马（César Lima）和同事曾做过一组实验，要求受试者对声音的情绪性进行评级，这些声音都与积极和消极的情绪相关联，比如叹息、抽泣、大笑。即使将老年人听力下降的影响和两组人智力上的差异考虑进去，老年组（平均年龄61岁）的判断准确度也不及年轻组（平均年龄22岁）。[78]

当说话人的语气与所说的话不相匹配时，老年人的表现往往会更糟，例如：说话人的语气是肯定的，而意思却是否定的。但有证据表明，像简单重述词语这样的补偿策略足以减少这种影响。[79] 尽管说话的语气和意图不符在日常生活中并不多见，但这其实是理解讽刺的重要线索，而讽刺也是老年人交际沟通中经常遇到的困难。[80] 我们将在第五章深入讨论这个话题。

总的来说，现有研究发现，老年人在识别情绪线索方面有困难，这使得他们在通过面部表情、声音、身体动作或姿势来理解他人情感状态乃至理解各种基本情绪时，都存在问题。[81]

对上述问题的部分解释是，老年人表现出的是正性偏差（positivity bias）①。简单来说，就是比起消极的信息，老年人更善于处理积极信息。[82] 这主要是从注意力和记忆的角度来说，比如较之悲伤或者愤怒的脸，更喜欢看开心的脸。[83] 这种心理偏差也会影响对情绪线索的解读，比如老年人不易识别悲伤的面部表情。[84] 能够准确识别他人的情绪在其他能力的发挥中也起作用，比如同理心和情商。[85] 所以，尽管正性偏差可能有利于老年人的情绪健康，但也许会以牺牲有效沟通为代价。

---

① 正性偏差，也称慈悲效应（leniency effect），指人们在评价他人时，正性评价往往超过负性评价的一种倾向。——译注

在因年龄增长而导致的健康状况下降的过程中，这些认知缺陷会被放大。例如，与健康的老年受试者相比，疑似患有阿尔茨海默病的受试者在理解情绪表达的非语言线索方面（如面部表情、情绪韵律等）困难更大。[86]

如上所述，听力、视力、声音以及情感识别上的增龄性变化都会对语言理解和产出产生不良的影响。但这些变化多数是循序渐进的，也因人而异，我们也可以使用选择、优化和补偿的方法来抵消一些负面影响。[87]在下一章中，我们来讲讲年龄增长带来的言语能力变化的故事。

注 释

1. Alex Russell, Richard J. Stevenson, and Anina N. Rich, "Chocolate Smells Pink and Stripy: Exploring Olfactory-Visual Synesthesia," *Cognitive Neuroscience* 6, nos. 2–3 (2015): 77.

2. Julia Simner, "Defining Synaesthesia," *British Journal of Psychology* 103, no. 1 (2012): 1–15.

3. Julia Simner et al., "Synaesthesia: The Prevalence of Atypical Cross-Modal Experiences," *Perception* 35, no. 8 (2006): 1024–1033.

4. Vladimir Nabokov, *Speak, Memory: An Autobiography Revisited* (New York: Putnam, 1966), 55.

5. Julia Simner, "Beyond Perception: Synaesthesia as a Psycholinguistic Phenomenon," *Trends in Cognitive Sciences* 11, no. 1 (2007): 23–29; Simner, "Defining Synaesthesia."

6. Simner, "Beyond Perception," 23.

7. Joanna Atkinson et al., "Synesthesia for Manual Alphabet Letters and Numeral Signs in Second-Language Users of Signed Languages," *Neurocase* 22, no. 4 (2016): 379–386.

8. Marcus R. Watson et al., "The Prevalence of Synaesthesia Depends on Early

Language Learning," *Consciousness and Cognition* 48 (2017): 212–231.

9. Marcus R. Watson et al., "Synesthesia and Learning: A Critical Review and Novel Theory," *Frontiers in Human Neuroscience* 8, no. 98 (2014): 1–15.

10. Julia Simner et al., "Does Synaesthesia Age? Changes in the Quality and Consistency of Synaesthetic Associations," *Neuropsychologia* 106 (2017): 407–416.

11. Watson et al., "Synesthesia and Learning," 6, italics in original; see also Daniel Bor et al., "Adults Can Be Trained to Acquire Synesthetic Experiences," *Scientific Reports* 4, no. 7089 (2014): 1–8.

12. Patricia Grant and Rich Hogle, *Safety and Efficacy of the BrainPort V100 Device in Individuals Blinded by Traumatic Injury* (Middleton, WI: WICAB Inc., 2017); Amy C. Nau et al., "Acquisition of Visual Perception in Blind Adults Using the BrainPort Artificial Vision Device," *American Journal of Occupational Therapy* 69, no. 1 (2015): 1–8.

13. Joan T. Erber and Lenore T. Szuchman, *Great Myths of Aging* (Malden, MA: Wiley, 2015).

14. Qi Huang and Jianguo Tang, "Age-Related Hearing Loss or Presbycusis," *European Archives of Oto-rhino-laryngology* 267, no. 8 (2010): 1179–1191.

15. Sharon G. Curhan et al., "Body Mass Index, Waist Circumference, Physical Activity, and Risk of Hearing Loss in Women," *American Journal of Medicine* 126, no. 12 (2013): 1142.e1–1142.e8.

16. Karen J. Cruickshanks et al., "Prevalence of Hearing Loss in Older Adults in Beaver Dam, Wisconsin: The Epidemiology of Hearing Loss Study," *American Journal of Epidemiology* 148, no. 9 (1998): 879–886.

17. Richard A. Schmiedt, "The Physiology of Cochlear Presbycusis," in *The Aging Auditory System*, ed. Sandra Gordon-Salant et al. (New York: Springer, 2010), 9–38.

18. Susan L. Phillips et al., "Frequency and Temporal Resolution in Elderly Listeners with Good and Poor Word Recognition," *Journal of Speech, Language, and Hearing Research* 43, no. 1 (2000): 217–228.

19. M. Kathleen Pichora-Fuller and Harry Levitt, "Speech Comprehension Training and Auditory and Cognitive Processing in Older Adults," *American Journal of Audiology* 21, no. 2 (2012): 351–357.

20. M. Kathleen Pichora-Fuller, Bruce A. Schneider, and Meredyth Daneman, "How Young and Old Adults Listen to and Remember Speech in Noise,"

Journal of the Acoustical Society of America 97, no. 1 (1995): 593–608.

21. David M. Baguley, "Hyperacusis," *Journal of the Royal Society of Medicine* 96, no. 12 (2003): 582–585.

22. Katherine Bouton, *Shouting Won't Help: Why I—and 50 Million Other Americans—Can't Hear You* (New York: Farrar, Straus and Giroux, 2013).

23. Andrea Ciorba et al., "The Impact of Hearing Loss on the Quality of Life of Elderly Adults," *Clinical Interventions in Aging* 7, no. 6 (2012): 159–163.

24. Weihai Zhan et al., "Generational Differences in the Prevalence of Hearing Impairment in Older Adults," *American Journal of Epidemiology* 171, no. 2 (2009): 260–266.

25. Ineke Vogel et al., "Adolescents and MP3 Players: Too Many Risks, Too Few Precautions," *Pediatrics* 123, no. 6 (2009): e953–e958.

26. "How Reagan Copes with 1930s Ear Injury," *Chicago Tribune*, November 9, 1987, sec. 1, 16.

27. Leonard Maltin, *Leonard Maltin's Classic Movie Guide: From the Silent Era through 1965*, 2nd ed. (New York: Random House, 2010).

28. Harvard Health Publishing, "Tinnitus: Ringing in the Ears and What to Do about It," August 16, 2017, http://www.health.harvard.edu/diseases-and-conditions/tinnitus-ringing-in-the-ears-and-what-to-do-about-it.

29. Karen Klinka, "High-Pitched Ringing in Ears May Be Wake-Up Call," *Oklahoman*, August 9, 1994, http://newsok.com/article/2474010.

30. David M. Nondahl et al., "Prevalence and 5-Year Incidence of Tinnitus among Older Adults: The Epidemiology of Hearing Loss Study," *Journal of the American Academy of Audiology* 13, no. 6 (2002): 323–331.

31. Howard J. Hoffman and George W. Reed, "Epidemiology of Tinnitus," in *Tinnitus: Theory and Management*, ed. James B. Snow (Hamilton, Ontario: B. C. Decker, 2004), 16–41.

32. Sarah M. Theodoroff et al., "Hearing Impairment and Tinnitus: Prevalence, Risk Factors, and Outcomes in US Service Members and Veterans Deployed to the Iraq and Afghanistan Wars," *Epidemiologic Reviews* 37, no. 1 (2015): 71–85.

33. Chrissy Hughes, "Celebrities with Tinnitus," *Restored Hearing*, July 1, 2015, https://restoredhearing.com/2015/07/01/celebrities-with-tinnitus.

34. Chris Harnick, "Liza Minnelli on 'Cabaret' Memories, 'Arrested Development' Return and More," *Huffpost*, January 29, 2013, http://www.

huffingtonpost.com/2013/01/28/liza-minnelli-cabaret-arrested development_ n_2566747.html.

35. I. Kaufman Arenberg et al., "Van Gogh Had Meniere's Disease and Not Epilepsy," *JAMA* 264, no. 4（1990）: 491–493.

36. Lawrence K. Altman, "A Tube Implant Corrected Shepard's Ear Disease, *New York Times*, February 2, 1971, https: //www.nytimes.com/1971/02/02/ archives/a-tube-implant-corrected-shepards-ear-disease.html.

37. Hearing Solution Centers, "Tinnitus and Star Trek," 2015, https: //www. heartulsa.com/blog/tinnitus-star-trek.

38. STR Staff, "Fame Won't Stop the Ringing—20 Celebrities with Tinnitus," January 28, 2018, http: //www.stoptheringing.org/fame-wont-stop-the-ringing-20-celebrities-with-tinnitus.

39. David M. Nondahl et al., "The Impact of Tinnitus on Quality of Life in Older Adults," *Journal of the American Academy of Audiology* 18, no. 3（2007）: 257–266.

40. Jordan T. Glicksman, Sharon G. Curhan, and Gary C. Curhan, "A Prospective Study of Caffeine Intake and Risk of Incident Tinnitus," *American Journal of Medicine* 127, no. 8（2014）: 739–743.

41. Steven R. Weisman, "Reagan Begins to Wear a Hearing Aid in Public," *New York Times*, September 8, 1983, http: //www.nytimes.com/1983/09/08/ us/reagan-begins-to-wear-a-hearing-aid-in-public.html.

42. Sarah Evans et al., "The Relationship between Testosterone and Vocal Frequencies in Human Males," *Physiology and Behavior* 93, no. 4（2008）: 783–788.

43. Donna S. Lundy et al., "Cause of Hoarseness in Elderly Patients," *Otolaryngology—Head and Neck Surgery* 118, no. 4（1998）: 481–485.

44. Koichi Omori et al., "Influence of Size and Etiology of Glottal Gap in Glottic Incompetence Dysphonia," *Laryngoscope* 108, no. 4（1998）: 514–518.

45. Chang Hwan Ryu et al., "Voice Changes in Elderly Adults: Prevalence and the Effect of Social, Behavioral, and Health Status on Voice Quality," *Journal of the American Geriatrics Society* 63, no. 8: (2015): 1608–1614.

46. Ryu et al., "Voice Changes."

47. Irma M. Verdonck-de Leeuw and Hans F. Mahieu, "Vocal Aging and the Impact on Daily Life: A Longitudinal Study," *Journal of Voice* 18, no. 2 （2004）: 193–202.

48. Daniel R. Boone et al., *The Voice and Voice Therapy* (New York: Allyn & Bacon, 2005).

49. Regina Helena Garcia Martins et al., "Aging Voice: Presbyphonia," *Aging Clinical and Experimental Research* 26, no. 1 (2014): 1–5.

50. Peter B. Mueller, "Voice Ageism," *Contemporary Issues in Communication Science and Disorders* 25 (1998): 62–64.

51. Verdonck-de Leeuw et al., "Vocal Aging."

52. Nicole M. Etter, Joseph C. Stemple, and Dana M. Howell, "Defining the Lived Experience of Older Adults with Voice Disorders," *Journal of Voice* 27, no. 1 (2013): 61–67.

53. Nicholas R. Nicholson, "A Review of Social Isolation: An Important but Underassessed Condition in Older Adults," *Journal of Primary Prevention* 33, nos. 2–3 (2012): 137–152.

54. Joseph P. Bradley, Edie Hapner, and Michael M. Johns, "What Is the Optimal Treatment for Presbyphonia?" *Laryngoscope* 124, no. 11 (2014): 2439–2440.

55. Eric E. Berg et al., "Voice Therapy Improves Quality of Life in Age-Related Dysphonia: A Case-Control Study," *Journal of Voice* 22, no. 1 (2008): 70–74.

56. Gullapalli N. Rao, Rohit Khanna, and Abhishek Payal, "The Global Burden of Cataract," *Current Opinion in Ophthalmology* 22, no. 1 (2011): 4–9.

57. Mikhail Linetsky et al., "UVA Light-Excited Kynurenines Oxidize Ascorbate and Modify Lens Proteins through the Formation of Advanced Glycation End Products: Implications for Human Lens Aging and Cataract Formation," *Journal of Biological Chemistry* 289, no. 24 (2014): 17111–17123.

58. F. J. Ascaso and V. Huerva, "The History of Cataract Surgery," in *Cataract Surgery*, ed. Farhan Zaidi(Rijeka, Croatia: InTech, 2013), 75–90.

59. Sonia Mehta, "Age-Related Macular Degeneration," *Primary Care: Clinics in Office Practice* 42, no. 3 (2015): 377–391.

60. Gordon J. Johnson et al., *The Epidemiology of Eye Disease, 2nd ed.* (London: Taylor & Francis, 2003).

61. "Fewer Blind Americans Learning to Use Braille," *NBC News*, March 26, 2009.

62. Andy Brown et al., "The Uptake of Web 2.0 Technologies, and Its Impact on Visually Disabled Users," *Universal Access in the Information Society* 11, no. 2 (2012): 185–199.

63. Susan A. Strenk, Lawrence M. Strenk, and Jane F. Koretz, "The Mechanism of Presbyopia," *Progress in Retinal and Eye Research* 24, no. 3 (2005): 379–393.

64. Roger J. W. Truscott and Xiangjia Zhu, "Presbyopia and Cataract: A Question of Heat and Time," *Progress in Retinal and Eye Research* 29, no. 6 (2010): 487–499.

65. W. Neil Charman, "Developments in the Correction of Presbyopia I: Spectacle and Contact Lenses," *Ophthalmic and Physiological Optics* 34, no. 1 (2014): 8–29.

66. They may have been independently developed by others as well; see John R. Levene, "Benjamin Franklin, FRS, Sir Joshua Reynolds, FRS, PRA, Benjamin West, PRA, and the Invention of Bifocals," *Notes and Records of the Royal Society of London* 27, no. 1 (1972): 141–163.

67. Tony Adams, "Multiple Presbyopic Corrections across Multiple Centuries," *Optometry and Vision Science* 90, no. 5 (2013): 409–410.

68. J. Kevin Belville and Ronald J. Smith, eds., *Presbyopia Surgery: Pearls and Pitfalls* (Thorofare, NJ: Slack, 2006).

69. Cynthia Owsley, Robert Sekuler, and Dennis Siemsen, "Contrast Sensitivity throughout Adulthood," *Vision Research* 23, no. 7 (1983): 689–699.

70. Denton J. DeLoss, Takeo Watanabe, and George J. Andersen, "Improving Vision among Older Adults: Behavioral Training to Improve Sight," *Psychological Science* 26, no. 4 (2015): 456–466.

71. Uri Polat et al., "Training the Brain to Overcome the Effect of Aging on the Human Eye," *Scientific Reports* 2 (2012): 1–6.

72. Daniel J. Simons et al., "Do 'Brain-Training' Programs Work?" *Psychological Science in the Public Interest* 17, no. 3 (2016): 103–186.

73. Austin Frakt, "Training Your Brain So That You Don't Need Reading Glasses," *New York Times*, March 27, 2017, https:// nyti.ms/2nEi3iR.

74. Carmen María Sarabia-Cobo et al., "Skilful Communication: Emotional Facial Expressions Recognition in Very Old Adults," *International Journal of Nursing Studies* 54 (2016): 104–111.

75. Jennifer Tehan Stanley and Fredda Blanchard-Fields, "Challenges Older Adults Face in Detecting Deceit: The Role of Emotion Recognition," *Psychology and Aging* 23, no. 1 (2008): 24–32.

76. Naomi Cocks, Gary Morgan, and Sotaro Kita, "Iconic Gesture and Speech Integration in Younger and Older Adults," *Gesture* 11, no. 1 (2011): 24–39.

77. Joann Montepare et al., "The Use of Body Movements and Gestures as Cues to Emotions in Younger and Older Adults," *Journal of Nonverbal Behavior* 23, no. 2（1999）: 133–152.

78. César F. Lima et al., "In the Ear of the Beholder: How Age Shapes Emotion Processing in Nonverbal Vocalizations," *Emotion* 14, no. 1（2014）: 145–160.

79. Kate Dupuis and M. Kathleen Pichora-Fuller, "Use of Affective Prosody by Young and Older Adults," *Psychology and Aging* 25, no. 1（2010）: 16–29.

80. Louise H. Phillips et al., "Older Adults Have Difficulty in Decoding Sarcasm," *Developmental Psychology* 51, no. 12（2015）: 1840–1852.

81. Ted Ruffman et al., "A Meta-analytic Review of Emotion Recognition and Aging: Implications for Neuropsychological Models of Aging," *Neuroscience and Biobehavioral Reviews* 32, no. 4（2008）: 863–881.

82. Andrew E. Reed, Larry Chan, and Joseph A. Mikels, "Meta-analysis of the Age-Related Positivity Effect: Age Differences in Preferences for Positive over Negative Information," *Psychology and Aging* 29, no. 1（2014）: 1–15.

83. Mara Mather and Laura L. Carstensen, "Aging and Attentional Biases for Emotional Faces," *Psychological Science* 14, no. 5（2003）: 409–415.

84. Atsunobu Suzuki et al., "Decline or Improvement? Age-Related Differences in Facial Expression Recognition," *Biological Psychology* 74, no. 1（2007）: 75–84.

85. Peter Salovey and John D. Mayer, "Emotional Intelligence," *Imagination, Cognition and Personality* 9, no. 3（1990）: 185–211.

86. Romola S. Bucks and Shirley A. Radford, "Emotion Processing in Alzheimer's Disease," *Aging and Mental Health* 8, no. 3（2004）: 222–232.

87. Baltes and Baltes, *Successful Aging.*

3

第三章

关于言语的那些事

The Story of Speech

找词

> 这一过程的迹象十分明显：他看起来受着轻微折磨，就像是要打喷嚏却打不出来一样，在最终想起这个词后，他会松一大口气。
>
> ——心理学家罗杰·布朗（Roger Brown）与大卫·麦克尼尔（David McNeill），1966

你是否曾经想不起别人的名字？甚至对方的脸都已经浮现在脑海中了，但就是想不起名字来。此时如果朋友稍微提醒一下，你会立马想起来。虽然这种情况通常发生在称呼别人名字的时候，但实际上和想不起其他词语的情况是一样的。这并不是指你想不起这个东西的**概念**，而是想不起代表它的语言标签。

找词（word-finding）困难是困扰中老年人的典型认知问题。即便我们面对最熟悉的单词和人名，也可能突然想不起来，更别提那些专有名词和物体名称了。[1] 这种大脑"断片"的情况持续时间可能是几秒钟或者几分钟，甚至几小时。就像本章开篇所说的那样，这种情况让人如坐针毡。事实上在被问及与衰老相关的烦恼时，老人们常常提到找词的问题。[2]

在这种情况中，一个人是知道自己要说哪个词的。比如，她想说的词是"擅离职守"（absence without leave，简

称 AWOL），这个词都已经蹦到舌尖了，却因为某种原因怎么也说不出来。心理学家称这类状态为舌尖（tip-of-the-tongue，简称 TOT）现象，问题是，它们真的像看上去那样是令人迷惑的预兆吗？

　　心理学家想要了解舌尖现象是如何发生的，为什么会发生，这具有一定的挑战性。这有点像天文学家研究超新星这类"昙花一现"般的天文现象，心理学家们知道舌尖现象会不时发生，但无法预知确切的发生时间。心理学家在研究舌尖现象时分成了截然不同的两派：一派是在自然环境中进行研究，一派是在实验室中通过实验诱导一些找词的失败经历，然后进行研究。

54

研究找词和"TOT"的科学家们想要在两个方面深入研究，取得量化结果：一个是舌尖现象的发生频率，另一个是解决这个问题的可能性。所谓解决这个问题，是指说话人在不借助任何外部力量（比如查找单词或者他人提醒）的情况下，能够自发地回忆起想要表达的词。在此类研究中，受试者每次经历舌尖现象的时候，就在日记本上将情况记录下来，研究人员通过研究这些记录，可以获悉受试者遇到问题及解决问题的频率。研究结果表明，大学生每周大约会经历一到两次舌尖现象，对于 60 岁到 70 岁出头的老年人来说，这个频率略高一些，而 80 多岁的受试者遇到舌尖现象的频率几乎是大学生的两倍。[3] 这种日记研究表明，舌尖现象是可以得到缓解的，成功率可以超过 90%。[4]

在解读这些自然环境下产生的数据时，我们要谨慎一些。因为情况很有可能是，老年人比年轻人更关心自己的记忆力是否衰退，因此记录发生舌尖现象的频率就更高，或者是老年人的生活没有年轻人那么忙碌。另外还有可能是，参与者只记录下了已经得到解决的舌尖现象，而没有记录其他情况。[5]

另一种研究找词的方法是通过实验诱导受试者产生舌尖现象。罗杰·布朗和大卫·麦克尼尔提出了一种可行的方法，他们发现，给受试者提供一些不常用的英文单词的词典定义时，受试者通常就会产生舌尖现象。其中一个例子是，研究者告诉受试者："这是一种用来测量角距的导航仪器，尤其是用来测量太阳、月亮、星星与海面的夹角。"[6] 如果这个定义让你产生舌尖现象了，那很抱歉，它是 "sextant"（六分仪）。

在这个实验中，受试者在很多情况下还是能够说出目标单词的。但在有些情况下，他们无法想起词典释义描述的是什么词。当受试者发现自己出现舌尖现象时，布朗和麦克尼尔就会多问他们几个问题。他们发现，即便在舌尖状态下无法想起单词本身，受试者也可以说出目标单词的部分信息。比方说，在要求受试者猜测这个单词的音节数量或者首字母时，他们往往猜得准确且绝非偶然。即使受试者猜错了单词，他们也会使用含义相近的词作为替代。比如，当给出 "sextant" 的定义时，有时受试者会给出 "astrolabe"（星盘）或 "compass"（指南针）等答案。有时，他们也会用听起来发音相似的词回答，比如与 "sextant" 的英文发音相似的 "sextet"（六重奏）或是 "sexton"（教堂司事）。如果我们假设操作六分仪的水手既不是六人乐团的成员，也不是教堂工作人员，也就是说在相应语境中，这些词没有任何内容相关性，那么这些错误的替代词就说明了有关单词的知识在大脑记忆中是如何排列的，这一点非常重要。但是对老年人而言，相关研究表明，这些单词的部分信息（比如单词首字母）在找词上对他们的帮助却比较微弱。[7]

和认知老化中的其他问题一样，我们也可以将舌尖现象的增多看成一个半空或者半满状态的玻璃杯。一方面，找词困难说明在我们的长期记忆中，一些概念的含义以及代表它们的单词之间的联系确实在减弱。[8]另一方面，随着年龄增长，找词困难也可能反映了其他问题。唐娜·达尔格伦（Donna Dahlgren）认为关键问题不在年龄，而在知识。通常如果老年人在长期记忆中储存了更多的信息，可能就会出现更多的舌尖现象。[9]舌尖现象也不一定毫无作用：可以将它当作一种信号，我们是知道所搜寻的词的，只是一时想不起来。这样的元认知信息是有益的，只要多花些时间去搜寻，最后很有可能就想起来了。[10]从这个角度来看，舌尖现象代表的不是找词的失败，而是一个有价值的信息来源。[11]如果你年纪大了，开始担心遇到舌尖现象，那就坚持有氧运动，有研究表明这对减少舌尖现象有所裨益。[12]

词汇的命名

这些天，我只能向大脑发送一个个请求，就像在图书馆借书那样，然后一个小工人就会拿走我的单子，消失在书架间。虽然可能会花上一段时间，但他总会把我要的东西带回来。①

> ——科拉尔·厄普丘奇（Coral Upchurch，95 岁），引自盖尔·戈德温（Gail Godwin）《悲伤小屋》（*Grief Cottage*，2017）中的角色

谈到从记忆中提取词汇，研究人员还开展了另一项独立却相似的任务：词汇命名（word naming）。词汇命名也被称作"对证命名""图片命名"或"线索回忆"，它的评估方式是让受试者看一些熟悉的物体线条图，要求他们尽快说出名称。研究人员已经探索了不同人群的词汇命名能力，包括儿童或因脑损伤而导致语言或记忆受损的人。研究人员在调查词汇命名能力时通常会使用波士顿命名测验（Boston Naming Test，简称 BNT），这是一个标准化的、有难度阶梯的测验。其中比较容易辨认的是大家都熟悉的物体，比如牙刷等，而难一点的物体有量角器（protractor）等。[13]

我们已说过认知加工速度的问题，你可能会觉得老年人在命名任务中的表现会不如年轻人，但实验结果并不如此，有的实验中，年轻人和老年人没有差别，有的实验中

57

---

① 此段译文，采用的是 2020 年广西师范大学出版社出版的中译本《悲伤小屋》的翻译，译者王梦莹。——译注

老年人的速度的确更慢。其中的原因可能是一些研究没有考虑外部因素，而这些因素可能会影响词汇命名能力，比如服用了某些处方药，或者受试者存在其他健康状况。[14] 综合过往各项研究来看，词汇命名能力可能会随着年龄的增长而下降，但这种情况通常发生在 70 岁之后。[15] 同时，另一项针对较大年龄跨度（30 ～ 94 岁）受试者的研究发现，词汇命名能力确实会随着年龄增长而下降，但是影响相当小：每十年仅下降 2%。[16]

　　对"波士顿命名测验"中出现的错误类型进行分析也很有必要。罗达·奥（Rhoda Au）和同事让年龄在 30 岁至 70 岁的受试者做了"波士顿命名测验"，受试者在 7 年的时间中接受了 3 次测试。这项研究与之前的研究结果一致的是，老年人往往比年轻人更易犯错，其中犯某些类型错误的频率也比年轻人要高。比如，老年人会有更多迂回曲折的表达，会用多个词语去描述某个词（比如用"把数字相加"来描述算盘，或是用"画圆圈"来描述指南针）。虽然在研究中，这种迂回曲折的表达是算作错误的，但是这些表达往往可以帮助老年人回忆起那些词语。通过描述形状或者功能，老年人为自己提供了额外的线索，从而逐步找到目标词语。此外，老年人还会有更多"准词汇"（quasi-word）的表达，这些"准词汇"不是真实存在的词语，而是听起来和目标词语很相似的表达。比如：将

"pinwheel"（齿轮）说 成 "spinwheel"，将 "octopus"（章鱼）说成 "ocupus"。[17] 老年人这些表现背后的问题是：让他们在长期记忆中选择出恰当的单词变得越来越困难了。[18]

除了年龄之外，其他因素也会影响词汇命名能力。克里斯托弗·兰道夫（Christopher Randolph）领衔的研究团队希望在大量受试者样本中发现更多规律。他们发现年纪大的受试者表现较差，但是受教育年限越长的受试者表现越好，这一结果在其他研究中也被证实。[19] 有趣的是，男性的表现要优于女性，但这也可能是假象。男性在命名"三脚架""指南针"以及"插销"等物品的测验中更加精准迅速，而女性在命名"蘑菇""棚架"以及"调色板"等物品的测验中表现得更好。"波士顿命名测验"使用了一些工具及相关物品的图画，因此，这种性别上的差异可能是对命名物品的熟悉程度不同造成的。[20] 此外，代际差异也会影响到对"波士顿命名测验"中物体的判断：另一项研究发现，老年受试者在面对"轭""棚架"和"算盘"等物体时的表现要优于年轻受试者。[21]

由此看来，词汇命名能力确实会随着年龄增长而下降。由于年龄偏差的存在，这种下降可能比人们所知的更大。但是，接受高等教育可能会对增龄性衰退起到一些补偿作用。此外，对测试物体存在的性别认知偏差，意味着对男女之间的词汇命名能力的差异还没有定论。

59

另外，就词汇命名而言，一些看似与认知无关的生理健康问题也会影响受试者在这项任务中的表现。马丁·阿尔伯特（Martin Albert）和同事确定了受试者在"波士顿命名测验"中的表现与高血压之间的关系。研究人员推测，前额叶微小血管的变化会对执行功能产生负面影响，从而导致找词困难。[22] 此项研究表明，高血压不仅对心脏有害，对大脑同样有害。

言语不流畅

> 有时当我开口时，我自己都不知道会讲到哪里，只希望能在说话时发现。
> ——史蒂夫·卡瑞尔（Steve Carell），在电视剧《办公室》（The office）中饰演迈克尔·斯科特（Michael Scott）

当我们想不起一个物体的名字或者找不到合适的词时，可能会用一些填充词来争取时间，比如"嗯……"或者"呃……"。尽管这是自然而然的举动，但还是会扰乱我们正常的说话过程。其他同类型的例子还包括反复说开头一句话，或者在句子中纠正自己。妈妈们有时会在指责孩子的时候一时想不起他的名字，比如："里克，哦不，我是说杰，不对，我是说帕特里克……**贝卡**——住手!"除此之外，整个词语的重复（"我不会，**我不会**，说两遍"）以及一些感叹词的使用（"他就是，**哎呀**，非常地可爱"）都是言语不流畅的表现。这种现象是一种自我干扰，本身并不意味着语言障碍。实际上，本节所讨论的言语不流畅类型与下一节要讨论的口吃等言语障碍之间，有着本质上和数量上的差异。[23]

人们在正常讲话时，言语不流畅现象其实很频繁：相关研究估计，人们每说 100 个词，就会出现大约 6 次不流畅现象。当任务难度增加时，不流畅的次数往往还会增加，比如给别人指路的时候。讨论的话题同样有重要的影响，一项研究表明，在大学课堂的教学话语中，自然科学领域的教师要比人文学科的教师填充性停顿少，因为自然科学领域的主题更加正式，更有结构和条理。[24]

通过实验研究，心理学家希瑟·波特菲尔德（Heather Bortfeld）和她的同事们将言语不流畅定义为重复、反复开头以及使用填充词，他们发现，老年人言语不流畅的发生频率（平均每百字 6.7 个字）比中年人（5.7 个字）及年轻人（5.6 个字）要高。与其他两组人相比，老年人（平均年龄 67 岁）更容易在一个短语的中间使用填充语（比如"和一条棕色的，呃，腰带"），而不是在短语和短语之间（比如"和一条棕色的腰带，以及，呃，一件白色衬衫"）使用填充语。[25]

发表公共演讲时，填充词给人带来的观感也很不好。因为填充词会让演讲者看起来毫无准备或缺乏信心，因此被称为"信誉杀手"（credibility killers）。[26] 对于大学生来说，约有三分之二的人说自己尝试避免使用这些填充词，但是否能成功做到则因人而异。[27]

让我们来看看心理学家和语言学家广泛关注的两个填充词吧。乍一看，"呃"（uh）和"嗯"（um）似乎可以互换，但研究表明它们的用法其实并不等同。赫伯·克拉克（Herb Clark）和琼·福克斯·特里（Jean Fox Tree）对英国人是如何使用这些填充词的进行了分析，发现"呃"通常预示着话语中相对较短的停顿，而使用"嗯"之后的停顿则往往较长。[28] 所以这些填充词一定程度上给听者提供了信息，即告诉他们说话者将要停顿多长时间。

其他因素似乎也会影响人们对填充词的使用。比如，不同性别的人使用"呃"和"嗯"的方式也会不同。埃里克·阿克顿（Eric Acton）分析了上千次的电话交谈以及速配约会的文字记录来研究填充词的使用情况。结果发现，不同性别间的差异很大，女性一般使用"嗯"比较多，而男性一般使用"呃"比较多。[29]

言语不流畅的现象会随着年龄增长而变多吗？不巧的

是，我们无法简单回答这个问题。认知加工速度会随着年龄增长而下降，如果一个人的大脑跟不上言语，那么他对填充性停顿的依赖也许会增加。与埃里克·阿克顿一样，马克·利伯曼（Mark Liberman）也发现了使用"呃"和"嗯"时的性别差异，此外他还发现了年龄上的差异：六十多岁时，人们使用"嗯"的频率会高于二三十岁时。而"呃"的使用情况却正好相反：它的使用频率随着年龄增长而减少。[30] 当然，我们还需要对此进行更深入的研究。

一些研究对老年人和年轻人在执行特定任务时言语的流畅程度进行了比较，比如看图说话。一些研究发现两个群体间并不存在差异，[31] 但也有研究发现，在描述包含负面内容的图片时，老年人的流畅程度不如年轻人。[32]

一般来说，老年人会更加频繁地使用一些模糊的指代以及所谓的填充语，比如"诸如此类的东西"（"that sort of thing"）、"像这样的东西"（"stuff like that"）等。他们也会使用更短、更不复杂的句子。[33] 令人欣慰的是，百岁老人的言语不流畅频率与七八十岁以及九十多岁的老人并没有太大不同。[34] 此外，阿尔茨海默病患者使用填充性停顿的频率与没有认知障碍的对照组相比也没有什么不同。[35]

严格来说，程式化语言并不属于言语不流畅，它还可以用来填补对话中的停顿。人们使用这些表达时，可以相对容易地从记忆中检索到特定短语，而不用费力去构建新的表达方式。[36] 程式化表达包括：习语，比如"千载难逢"（once in a blue moon）、"起床气"（wake up on the wrong side of the bed）；格言，比如"事实胜于雄辩"（actions speak louder than words）、"三思而后行"（look before you leap）；也包括惯用表达（conventionalized expressions），比如"不会吧？"（"you don't say"）、"玩得开心！"（have a nice day）等。[37]

虽然每个人都会在某种程度上使用程式化语言，但患有认知障碍或痴呆症的老年人对这些短语有着更严重的依赖。[38] 阿尔茨海默病患者使用这些短语的频率相对更高，但整体而言，他们仍然能够恰当地使用程式化语言。[39]

总的来说，男性和女性、年轻人和老年人以及有认知障碍和无认知障碍的人之间的言语流畅性差异相对较小。然而有趣的是，负面内容似乎会引发老年人更多的不流畅现象，这一发现与老年人更难识别负面情绪的结论也是一致的，读者可以参考情绪识别一节中对正性偏差的讨论。

63

口吃

如果你在童年时期成功地战胜了口吃，那么你就能战胜任何困难；如果你成年之后仍然在与口吃抗争，那么你能解决任何事情。毕竟，你已经浴火重生了。

  ——美国著名编剧大卫·塞德勒（David Seidler）
在美国口吃协会的演讲，2011

  2010 年末，影迷们看到了一部主题有些不同寻常的大片，讲的是英国未来君主的言语障碍问题（speech disorder）。这部影片叫《国王的演讲》（*The King's Speech*），它详细描绘了"伯蒂"（Bertie，即后来的英王乔治六世，科林·费尔斯饰演）在澳大利亚语言治疗师莱昂纳尔·罗格（杰弗里·拉什饰演）的帮助下，克服严重口吃的过程。虽然大卫·塞德勒的剧本因明显偏离历史事实而受到了批评，[40] 但这部电影对它的观众而言是一个重要的提醒：口吃不仅仅是一些儿童会面临的问题：它也是一种成年人毕生可能要与之斗争的障碍。

  几乎所有人都听说过口吃（"stuttering"或"tammering"，两个词意思相同）的例子，最常见的言语不流畅现象主要包括词语或音节的重复、相同音节的拖延，以及较长时间的沉默，并因此打断了语言的连续节奏。在《国王的演讲》上映之前，银幕上对口吃的描述已相当多，但这些描述往往是冒犯性的，因为这些言语障碍经常被用来起到所谓的喜剧效果，比如"猪小弟"（Porky Pig）① 的经典台词：

---

① "猪小弟"是美国经典动画《乐一通》系列中的卡通形象。——译注

"呃，呃，呃，呃……就这样结束了，伙计们!"有时口吃还意味着角色的心智出现了问题。[41]一个典型的例子是1988年的电影《一条叫旺达的鱼》(A Fish Called Wanda)中，迈克尔·佩林(Michael Palin)饰演的角色患有口吃，一直被搭档凯文·克莱恩(Kevin Kline)嘲笑。由于影片涉嫌嘲弄口吃者，"美国口吃干预计划"(the National Stuttering Project)①的地方分会在制片方米高梅位于卡尔弗城的办公室外抗议这部电影的上映。[42]

口吃通常从童年时期开始出现，发病率约为5%，但大多数儿童都克服了，无论是靠自己还是通过言语治疗师的帮助。然而，在大约1/4的病例中，口吃会成为一个慢性的、长期的问题，约有1%的成年人仍会深受其扰。[43]1%听起来可能不是一个很大的比例，但它相当于250多万的美国成年人——比得克萨斯州休斯敦市的人口还多。

许多人会认为口吃是焦虑的一种表现，当然，这也是其中的一个因素。口吃的人在焦虑值测评中往往得分更高，比起不口吃的人，他们的社交焦虑水平确实更高。[44]但口吃不仅仅是焦虑导致的。研究表明，口吃可能与遗传因素有关，和其他遗传性疾病一样，男性比女性更容易受到影响。此外，同卵双胞胎患病率比异卵双胞胎高，异

---

① 美国口吃协会(the National Stuttering Association)的前身。——译注。

卵双胞胎平均只有一半的基因相同。[45] 环境因素也有一定的影响作用，但到目前为止，研究人员认为原因不是单一的。从神经科学角度对口吃开展相关研究虽然前景看好，但尚未得到能够直接应用于具体治疗的成果。[46]

在某些方面，口吃类似于其他的肌肉运动障碍，会导致部分自主控制的丧失。例如，口吃被比作易普症（yips，也译为"投球失忆症"），这是一种无意识的痉挛，会对高尔夫球手在推杆时使用的小击球动作造成干扰。[47] 同样，在竞技飞镖运动员中也观察到了类似的情况，这种情况被称作"飞镖易普症"（dartitis）①。从这个角度来看，口吃可以归为一个更大的运动障碍谱系中的一个具体的症状，即运动性肌张力障碍（action dystonias）。[48]

口吃的人经常说自己能意识到马上要口吃了，[49] 这就是口吃预期，是慢性口吃与其他类型言语障碍的不同之处。每个人讲话的时候都会犯些错，但是一般人不会事先预知到自己即将结巴。但这也并不是说口吃的发生是可以被预测的。通过记录特定个体口吃发生的概率，我们发现个体在不同时间或不同任务（如即席讲话、朗读文本等）的情况下表现差异明显。这种变化性与能感觉到的个体口吃严重程度无关。[50]

---

① "dartitis"是指一种罕见的飞镖运动员职业病，症状为扔不出飞镖。——译注

有学者对口吃如何影响生活质量进行了研究。例如一项研究发现，患有口吃的南非成年人（年龄范围为20～59岁）一般不认为口吃会对职业选择或者人际关系产生负面影响。但他们认为口吃确实会对孩童在学校中的表现以及与同学的关系产生负面影响。也有调查发现，一些人坚持认为口吃影响了他们在工作中的表现以及晋升机会。[51]另外，一项在以色列进行的研究发现，与年轻人和未婚人士相比，老年人和已婚人士认为自己受口吃的负面影响相对较小。[52]

不可否认的是，许多患有口吃的人在一生中取得了令人瞩目的成就，这个名单包括：罗马皇帝克劳迪乌斯（the Roman emperor Claudius），英国科学家艾萨克·牛顿（Isaac Newton），英国数学家、作家刘易斯·卡罗尔（Lewis Carroll），美国棒球明星泰·科布（Ty Cobb），英国计算机科学家艾伦·图灵（Alan Turing）等。但最令人印象深刻的应该是那些患有口吃，却在表演或演讲等领域作出卓越成就的人：美国总统托马斯·杰斐逊（Thomas Jefferson）和西奥多·罗斯福（Theodore Roosevelt），美国演员安东尼·奎恩（Anthony Quinn）、玛丽莲·梦露（Marilyn Monroe）和詹姆斯·厄尔·琼斯（James Earl Jones），以及上文提到的英王乔治六世。

当然，也有一些人的生活因为严重口吃而变得十分艰难。其中一个例子就是约翰·格伦（John Glenn，1962年成为第一个绕地球飞行的美国人）的妻子安妮·格伦（Annie Glenn）。在日常生活中，即使是最平常的对话，比如告诉出租车司机想去哪儿，或是与商店店员交谈，都会让安妮感到十分困难。[53] 在 1983 年的电影《太空先锋》（*The Right Stuff*）中，演员玛丽·乔·德沙内尔（Mary Jo Deschanel）演绎了安妮的这种痛苦。影片中格伦夫妇有一个美满的结局，但他俩的实际生活却并没有如此美好。1978 年，53 岁的安妮接受了为期数周的言语障碍集中治疗，治疗重点是控制呼吸和语速等。[54] 尽管安妮不认为自己已经痊愈了，不过这种治疗确实让她能够开始代表丈夫在公开场合讲话了，她的丈夫在俄亥俄州担任了 25 年的参议员。在安妮·格伦的案例中，克服口吃的强烈愿望加上适当的治疗，使得安妮能够更充分地参与到政治人物配偶的角色中。

不幸的是，口吃治疗并不是对所有人都有效。许多成年口吃患者对言语治疗的作用抱有复杂的感受。在一项调查中，受访者表示，他们对治疗有负面感受，但他们也承认言语治疗是有一定帮助的。除了这种矛盾心理之外，一些人还认为，改变他们说话的方式就像是否定了过去的自己。[55]

另一项针对老年口吃患者的调查发现，虽然口吃的严重程度并不会随着年龄的增长而下降，但比起年轻时，他们觉得口吃"没那么糟糕"了。[56] 但这并不是说口吃对衰老几乎没有影响。患有口吃的老年人也许还会抱有对负面评价的恐惧，口吃也会限制他们的社交，使得他们有意躲避一些需要讲话的场合。在与老年生活相关的一些重要领域，如医疗和金融服务等，老年人因为口吃可能会选择自我隔离，从而限制他们在这些领域寻求外部的帮助。[57]

失语症

> 医生：你哪里不舒服？
>
> 病人：唉，我不停地流汗，我非常紧张，偶尔我会被什么抓住，我不能说 tarripoi 这个词……一个月前，很多……我做了很多，我强加了很多。当然，另一方面，你明白我的意思，我只能到处跑、到处看，特雷宾和所有差不多的东西。
>
> ——霍华德·加德纳《破碎的智慧》(Howard Gardner, *The Shattered Mind*, 1975)

人类的大脑看起来似乎受到了良好的保护，头骨会形成一座骨质的堡垒，保护大脑免受外部威胁，而脑膜和脑脊液就像减震器，为大脑提供额外的保护。血脑屏障则像大脑内部的一面盾，阻止病原体进入中枢神经系统。但同时，大脑在面对另一种内部威胁时也相对脆弱，就像是许多人家里会遇到的下水道问题。正如堵塞或爆裂的管道会在建筑内部造成严重破坏一样，堵塞或破裂的动脉及大脑中的血管也会损害基本的认知功能，其中就包括理解和表达语言的能力。

虽然人在一生中的任何时候都可能发生中风，但随着年龄增长，中风变得更常见。中风大多数发生在 65 岁之后。导致中风的高风险因素包括吸烟、心律不齐以及高血压。医学的进步、疾病预防手段的改善已经显著降低了中风的发病率，但它仍然是美国第三大最常见的死亡原因 [①]，也是导致长期残疾的首要原因。中风患者可能会出现瘫痪、无力、麻木、疼痛和视力问题，还很容易感到疲惫或者突然情绪爆发，许多人还会患上抑郁症。

中风还会引起认知的问题，包括思维、记忆、学习以及注意力等方面的障碍。此外，还有大约三分之一的中风患者会产生某种形式的语言障碍。但中风对语言能力的影响因人而异、差别很大。这些语言障碍统称为失语症

---

① 在中国，中风目前已成为排名第一的致死病因。——译注

（aphasia），分为很多种不同的类型。对这些语言障碍的相关研究，为探明语言在大脑中的呈现方式提供了重要的线索。

传统上，研究人员和临床医生将失语症分为表达性失语症和感觉性失语症。患有表达性失语症的人在讲话时会有相当大的困难，他们的语速非常缓慢，说话断断续续且十分吃力，命名障碍或找词困难的现象也很常见。尽管如此，表达性失语症患者讲的话确实是能够听懂的，只要谈话对象多付出一些耐心，这些患者就能够在日常生活中进行有意义的表达。

相较而言，患有感觉性失语症的人则是在语言理解上遇到了困难。正如本节开头引文部分所示，感觉性失语症患者的语言表达可能流畅但言语功能受损，它的表现包括仅是古怪的用词和令人费解的语句堆积，后者被比作"词语杂拌"（word salad）。这类患者的语言错误包括错语症（paraphasias）和新词症（neologisms）等。错语症是指将相关的单词进行错误替换，比如用"窗户"代替"门"；新词症是指患者编造出没有实际意义、虚构的单词，比如让患者从图片中辨认出三轮车（tricycle），他却说那是什么"嘟皮德"（doopid）或者"佩卡其"（pekakis），这些词显然没有任何实际意义。[58]奇怪的是，感觉性失语症患者似乎并没有意识到自己说的话是错误的或者是无意义的。

但患有表达性失语症的人则不是这样：他们对自己语言上的缺陷有很清楚的认识，所以经常避免与他人交谈，这也影响到了他们的社交。

表达性失语症传统上与大脑布罗卡区（Broca's area）的损伤有关。这一块区域是以保罗·布罗卡（Paul Broca）的名字命名的。布罗卡是 19 世纪法国的一名医生，他率先将表达性语言障碍与大脑解剖中的相应位置联系起来。感觉性失语症和大脑中另一个区域的损伤有关，即韦尼克区域（Wernicke's area），这是以德国医生卡尔·韦尼克（Carl Wernicke）的名字命名的。布罗卡区域位于大脑的前部，韦尼克区域位于大脑的后部。这两个脑区由神经纤维束连接，而神经纤维束本身也在语言能力中发挥着作用。

所以，如果中风对神经纤维束造成了损害，就会出现第三种类型的语言障碍，即传导性失语症。传导性失语症对说话和理解话语相对没有影响，但是会严重损害患者重复单词或句子的能力。

失语症可以有很多表现形式，因此难以诊断，尤其是当病人来到医院了却无法进行有效沟通的时候。因中风导致失语的患者很有可能被误诊为精神病发作、精神分裂症、癫痫、痴呆症或其他许多病症。[59] 在中风发生后的最初几小时内，误诊是非常糟糕的，这将导致严重的后果。如果中风是由血凝块导致的，病人若能很快接受一种名为 tPA（组织型纤溶酶原激活剂）的药物治疗，那么中风就有可能得到"逆转"，身体就可以恢复大部分正常功能。[60]

表达性失语症是认知上出现了问题，而不是运动上的问题，因为那些使用手语交流的人也会出现类似障碍。如果手语使用者患有表达性失语症，他们在做手语所需的肢体动作时就会遇到障碍。另一种情况是，如果手语使用者患有感觉性失语症，则会在理解别人手语的时候感到十分困难，作出一些毫无意义的手势，类似前文提到的"词语杂拌"这样的"手势杂拌"（gesture salad）。[61]

失语症患者的写作和阅读情况又会是怎么样呢？由于这些能力也可以描述为表达性的和感觉性的，你可能会怀疑这些能力的保存和受损是不同的——你是对的。表达性失语症患者可以写出有意义的句子，但他们会觉得写作十分吃力。感觉性失语症患者写作时很流畅，但是写出来的东西大多是无意义的长篇大论。另外，表达性失语症患者可以很好地阅读（与他们对口语相对完整的理解能力相当），而感觉性失语症患者的书面语理解能力很差。[62]

虽然看似奇怪，但大脑损伤导致阅读能力的丧失，这又被称为纯粹的失读症（alexia），它并不一定意味着写作能力的丧失。患有失读症的人可以写一些东西，却无法阅读自己刚刚写下的内容。一些失读症患者对数字的处理能力似乎要好于对字母的处理能力，对于那些认知完好无损的个体而言也可能是如此。[63]失读症患者可以重新学习阅读，但必须逐个字母地学习，一遇到很长的单词，他们就会感到乏味和沮丧。[64]

虽然这种语言能力的缺陷可能十分严重且相当持久，但大多数患者在发病后的头几周或者头几个月内都能得到一定程度的改善，这叫作自发性恢复（spontaneous recovery）。这一点也不奇怪，因为失语症的恢复受到很多因素的影响，比如大脑损伤的位置和严重程度、所患失语症的类型以及环境因素，比如家庭扶助等。[65]言语治疗（speech and language therapy，简称 SLT）对失语症患者也有重要作用，相关研究发现，言语治疗能够有效改善失语症患者的功能性沟通能力，并且在较为集中且持续时间较长的情况下康复效果最好。[66]

目前，其他的治疗方案也在陆续研发中，包括经颅直流电刺激（transcranial direct-current stimulation，简称tCDS）疗法。这是一种非侵入性的电刺激疗法，目的是改变大脑的认知功能。[67]基于药物的家庭治疗方案也是有效的，并且很受患者的欢迎，因为患者在家里可以独自操作，并且可以根据每个人的情况制定不同的方案。另外，72 随着科技的发展，虚拟现实治疗也在研发中。[68]

阅读障碍

与上一节中讨论的失读症一样，阅读障碍（dyslexia）也和阅读上的困难有关。"阅读困难"（reading disability）和"阅读障碍"常常被当作同义词使用，但"阅读困难"的范畴更为宽泛，而阅读障碍特指单词识别和拼写上的困难。研究人员通常会用"发育性阅读障碍"（developmental dyslexia）一词将阅读障碍与失读症区分开来，因为失读症是由后天的脑损伤或者中风导致的。如何定义"阅读障碍"是一个复杂的问题，因为它经常与其他类型的语言发展障碍并存。比如，就语言损害而言，儿童会遇到词汇和语法问题，而就言语发音障碍而言，儿童会遇到发音问题。阅读障碍与计算障碍（dyscalculia）也会同时存在，后者指的是在数字、数学和计算方面遇到困难。[69]

由于评估标准的分数线选择具有随机性，阅读障碍发病率的估算会受到相应影响，但常被引用的发病率是7%。[70]阅读障碍与智商低下之间不能画等号，因为阅读障碍主要用于单词理解方面遇到困难的人群，但这些个体智力水平正常甚至高于平均水平。

长期以来，阅读障碍的遗传性一直饱受争议，正如这类研究的典型情况一样，人们很难确定先天因素和后天因素各自起到多大的作用。但越来越多的研究表明，遗传因素确实起着重要作用。[71]男孩的阅读障碍发病率更高，但这也可能是因为其他因素的影响，比如注意缺陷多动障碍（attention-deficit/hyperactivity disorder，简称ADHD，俗称"多动症"）。

73

对于英语学习者来说，阅读障碍的影响是否会更大？因为在英语中，单词的读音和拼写的对应并不如其他语言那样一致。例如，在英语中，/f/的读音既可以表示为f（比如flower）、ff（比如suffer），也可以表示为ph（比如philosophy）或gh（比如enough）。一项研究提供了初步答案，研究者对比了有阅读障碍的儿童同时学习英语和德语

（德语的读音规则比英语更规律）的表现后发现，（学习过程中两种语言导致的阅读障碍）相似之处多于不同之处。这一研究表明，阅读障碍属于普遍性的语音解码缺陷，而不是拼写和读音之间特定语言的对应问题。[72]

在阅读障碍诊断标准确立之前，患有阅读障碍的儿童经常被贴上"迟钝"或"表现差"的标签，这对在阅读方面难以赶上同龄人的他们来说，无疑只会增加挫败感。同样出于羞耻或恐惧，许多患有阅读障碍的人会试图掩盖自己这方面的缺陷。[73]2000 年 9 月，美国作家盖尔·希伊（Gail Sheehy）在《名利场》杂志（*Vanity Fair*）发表的一篇文章，使阅读障碍带来的羞耻感得到了充分展示，文章暗指当时的美国总统候选人乔治·沃克·布什（George W. Bush）患有阅读障碍。[74]盖尔·希伊在文中将布什的弟弟尼尔（Neil）患有阅读障碍的诊断，以及布什不合逻辑的推论和误用词语的说话习惯作为证据。（但需要指出的是，阅读障碍指的都是书面语言，而不是口语。）文章发表后，布什在接受美国广播公司《早安美国》（*Good Morning America*）节目采访时否认了希伊的说法，但他也补充说，自己从未接受过阅读障碍的评估。[75]

需要指出的是，许多患有阅读障碍的成年人都没有在儿童时期被诊断出来，他们一辈子都认为自己只是在阅读和拼写上的能力较差而已。挪威一项对阅读障碍患者的研究发现，比起阅读上的困难，拼写问题更能让人们得出自己可能患有阅读障碍的结论。[76] 此外，阅读障碍患者在记忆方面的问题也比普通人要多。[77]

阅读障碍通常被认为是儿童时期的障碍，但在筛查成人的痴呆症时，它也是重要的临床症状。因为这两种疾病都会涉及语言、注意力和记忆方面的问题，容易误判。如果不能将潜在的阅读障碍患者识别出来，就可能导致误诊和治疗方案选择不当。[78]

如果你认为阅读障碍患者一定无法在如今如此看重语言能力的社会上参与竞争，那就大错特错了。如果在各自领域中列举一下功成名就却患有阅读障碍的知名人士，名单可能会包含数百人。我们很难去追溯一些历史人物是否真的患有阅读障碍，但这并没有阻止人们去尝试。莱昂纳多·达·芬奇（Leonardo da Vinci）、拿破仑（Napoleon）、贝多芬（Beethoven）和爱因斯坦（Einstein）都经常出现在患有阅读障碍的名单上。这些名人很可能在单词识别和拼写方面有问题，但是他们在世的时候，由于缺乏诊断标准，所以无法作出明确的诊断。如果将范围缩小到 20 世纪中期以后，标准就明确多了。这里举一些例子，如：企业家理查德·布兰森（Richard Brason）、金融家查尔斯·施瓦布（Charles Schwab）、演员丹尼·格洛弗（Danny Glover）、喜剧演员安东尼·霍普金斯

（Anthony Hopkins）和杰·雷诺（Jay Leno），电影制作人史蒂文·斯皮尔伯格（Steven Spielberg）和昆汀·塔伦蒂诺（Quentin Tarantino），运动员凯特琳·詹纳（Caitlyn Jenner）、"魔术师"约翰逊（Magic Johnson）和诺兰·瑞安（Nolan Ryan），以及作家约翰·欧文（John Irving）和约翰·格里森姆（John Grisham）。时装设计师汤米·希尔费格（Tommy Hilfiger）和记者安德森·库珀（Anderson Cooper）也包括在内。演员亨利·温克勒（Henry Winkler）直到31岁才确诊患有阅读障碍，后来他与人合著了一系列关于患有阅读障碍的男孩汉克·齐泽（Hank Zipzer）的儿童畅销书，广受欢迎。

许多患有阅读障碍的成年人会通过发展补偿性策略来解决阅读问题。例如，上文提到的演员亨利·温克勒小时候几乎不识字，因此他用默记和即兴表演的方法来帮助自己通过试镜和大学课程等。一项针对患有阅读障碍的法国大学生的研究发现，在词义和语义知识方面，他们的词汇深度比同龄人更高。[79]

据称，患有阅读障碍的成年人还可受益于特殊设计的字体。比如，亚马逊 Kindle 等电子书用户可以查看各种大小和字体的文本，其中包括一种 OpenDyslexic 字体。这种字体也可以在谷歌浏览器中使用，其字母和数字底部的线条更粗或颜色更深，这些特征号称可以让字符更容易得以区分。从理论上讲，这可能对阅读障碍患者有所帮助。但一项旨在评估这种字体的使用效果的调查发现，与 Arial 或 Times New Roman 等传统字体相比，患者阅读这种字体时的速度和准确性并没有得到改善。[80] 另一种专门设计的字体 Dyslexie 被发现可以提高阅读速度，但这一结果似乎是由于字体采用了宽间距。当研究人员将对比字体 Arial 的间距调整到和 Dyslexie 一样，他们观察到阅读速度没有什么差异。[81]

阅读障碍患者确实遇到了许多困难，但也有人提出了一种相反的说法。因为他们的大脑工作方式略有不同，所以阅读障碍患者可能在特定领域拥有卓越的推理能力。比如《隐形的天才：如何教育有读写困难的孩子》(*The Dyslexic Advantage*)① 一书作者认为，许多阅读障碍患者拥有出色的空间能力，他们大量出现于计算机绘图和建筑等领域。[82] 然而我们应该对这种观点持保留态度，因为有多种学习障碍的人，许多可能只用"阅读障碍"(dyslexic)这个术语来概括，而某些职业对此的过度关注实际上可能代表了动机性推理(motivated reasoning)和确认偏误(confirmation bias)。

如我们所见，人的语言能力和身份是紧密交织在一起

---

① 中译本由四川人民出版社于 2020 年出版。——译注

的。在本章的最后一节，我们将深入探讨一种不同寻常的语言障碍，它凸显出即使是说话方式上的细微改变，也会对我们及他人如何看待自己产生巨大影响。

外国口音综合征

> 对于我们说英文的人来说，鉴赏不同的口音是明智的，因为这能教给我们一些母语方面的知识。
>
> ——大卫，引自安妮·赖斯（Anne Rice）《梅瑞克》（*Merrick*，2000）中的角色

1941年9月6日，被德军占领的挪威首都奥斯陆遭到英国皇家空军的袭击。困在露天环境中的市民惊恐万分，疯狂地寻找避难所，以躲避坠落的炸弹。空袭造成的伤者中有一位叫阿斯特丽德的28岁女性，她在跑向避难所的途中被弹片击中，头部左侧受重伤。医护人员担心她可能活不久了，几天后，她恢复了意识，但她的身体右侧瘫痪了，也无法说话。随着时间的推移，她的瘫痪症状有所减轻，也逐渐恢复了说话的能力，但她讲话的方式发生了变化，周围人说她有明显的德国口音。在当时的挪威，这个

问题是很严重的，那里的军事占领造成了人们对德国任何事物的强烈反感。结果，她的口音让商店的店主们都拒绝提供服务。显然，她自己并不想用这种德国口音说话，更难以理解的是，她从来没有在挪威以外的地方居住过，甚至也没有和外国人交谈过。[83]

在阿斯特丽德受伤两年后，奥斯陆大学的神经学教授格奥尔格·赫尔曼·蒙拉德–克罗恩（Georg Herman Monrad-Krohn）注意到了这一奇怪的病例。蒙拉德–克罗恩对语言障碍研究有着浓厚的兴趣，他也对阿斯特丽德说话带有明显的外国口音感到惊奇，一开始认为她一定是德国人或法国人。

阿斯特丽德的情况并不是个例。早在 1907 年，法国的皮埃尔·玛丽（Pierre Marie）就描述过一种如今被称为"外国口音综合征"（foreign accent syndrome，简称 FAS）的情况，当时报告的是一个巴黎人却拥有"阿尔萨斯人"（Alsatian）① 的口音。[84] 在接下来的一个世纪里，医生和语言研究人员相继报告了数十个类似的病例。随着案例研究在医学期刊上堆积如山，学者们试图弄清楚到底发生了什么。目前，至少在一位名人身上也发生了外国口

① Alsatian，又称"阿尔萨斯德语"，是一种通行于阿尔萨斯大部的阿勒曼尼语方言。阿尔萨斯地区自 1681 年起，于德法之间几经易手，因此阿尔萨斯人也说属于德语的阿勒曼尼方言。——译注

音综合征：2011 年，在伦敦长大的英国歌手乔治·迈克尔（George Michael）在持续三周的昏迷后苏醒过来，一开始，他讲话居然带有英格兰西南部口音。[85]

外国口音综合征的一个共同点是大脑损伤的部位都在左半球的特定区域。大多数个体的语言功能都由大脑的左半球控制，它同时还控制人身体的右半边，这就是为什么大多数人都用右手写字。脑损伤可能在多种情况下发生，在被报告的外国口音综合征病例中，有三分之二的患者同时伴有其他语言障碍，比如失语症（aphasia）或失用症（apraxia，患者不能正确执行某些指令或有意识的行为）。[86]阿斯特丽德也是如此。另外，在少数病例中，这种综合征似乎是由心理障碍而不是大脑的生理损伤造成的。在一些病例中部分患者的外国口音综合征，似乎会随着转换障碍（conversion disorder）①或精神分裂症等潜在病症的成功治疗而逐渐消失。而在其他的情况下，外国口音综合征一般不会消失。[87]

为什么外国口音综合征患者讲自己的母语时像外国人呢？一个共同的因素是，他们言语中产生的韵律在某种程度上发生了改变。韵律是指语言的节奏、音调和语调。在英语中，平调用来陈述事实（如："I owe you twenty

---

① 转换障碍属于功能性神经症状的障碍，会发生一个或多个随意运动或感觉功能改变的症状。——译注

dollars"），而疑问句则伴随着升调（如："I owe you twenty dollars?"）。语言的韵律曲拱（prosodic contours）各不相同，任何破坏标准节奏和语调的行为，都可能被认为是非本地或者外国口音。

阿斯特丽德的情况也是这样，弹片造成的脑部损伤导致她说母语的方式发生了韵律上的变化。例如，她常会在短句的尾词上升高音调。在英语中，这种现象有很多种名称，其一是"语调上升"（upspeak）。在英国和美国，它与年轻女性的讲话方式有关。[88] 此外，挪威语中那些承受重音的音节都有着固定的音调，而在德语等语言中，重音和音调一般不用保持一致。在德语中，因为音调富有变化，所以哪些单词承受重音取决于整句话的语气。受伤后的阿斯特丽德讲话时的另一个特点也很重要：她说的话并不总是完全合乎语法。

把阿斯特丽德讲话的这些特征都结合起来时，就更容易理解为什么其他挪威人会认为她讲话有外国口音。她话语中一些相对细小的韵律及错误，让她说话时听起来就像是一个把挪威语作为第二语言的人。[89] 回到本节开头说到的，蒙拉德-克罗恩一开始以为阿斯特丽德是德国人或法国本地人，这可能是因为他之前遇到过讲挪威语的外国人，其中很多来自德国或者法国这样人口稠密的邻国。

琳达·沃克（Linda Walker）的例子可以进一步证明人

79

们在判断别人的口音时具有主观性。琳达来自英格兰东北部的纽卡斯尔，现年60岁，曾在2006年中风。她的嫂子声称，琳达在医院恢复意识后，讲话就像意大利人，而琳达的哥哥却说她讲话听起来很像斯洛伐克人。周围的人还从她的话语中听出了法裔加拿大人口音甚至牙买加口音。由此可见，哪怕是元音发音方式上的微小变化，也会让人在语言的感知上产生很大的差异。[90]

　　这种感知的多变性也在实验室中得到了证实。参加实验的受试者在听到外国口音综合征患者和作为对照组的母语使用者的录音后，也会在口音的归属上产生很大的分歧。例如：一部分受试者可以正确感知一位患有外国口音综合征并讲苏格兰语的人就是苏格兰人，但是其余的人则认为是爱尔兰人、威尔士人或英格兰人，甚至以为是西班牙人、德国人、葡萄牙人或波兰人。相比之下，作为对照组的苏格兰语母语者则总是被认为是讲某种类型英语（苏格兰英语、英格兰英语、爱尔兰英语或者美式英语）的母语者。[91] 显然，许多受试者的确听到了一些感觉不太对的东西，但是又不能一致说出到底是什么。在一项类似的研究中，受试者能够准确分辨出本地人和说本地语言的外国人，但他们对外国口音综合征患者的感觉是：明显不是本地人，但也不完全像外国人，仿佛处于两个语言世界的中间地带。[92]

因此，外国口音综合征患者时常感觉自我意识受到损害，这也并不奇怪。琳达·沃克说："我失去了自己的身份，因为我从来没有这样讲过话。现在的我好像另一个人似的，这种感觉很奇怪，我一点也不喜欢。"[93] 另一位患有外国口音综合征的美国女性，她住在美国中西部，邻居说她讲话的语调像英国人，因此她远赴英国去寻找"讲话声音听起来和自己像的人"。[94] 但到了那里，英国人却说她讲话的语调听起来像南非人！这些例子都清晰地表明，自我意识与"我们如何讲话"以及"别人如何看待我们"息息相关。

注 释

1. Deborah M. Burke and Meredith A. Shafto, "Aging and Language Production," *Current Directions in Psychological Science* 13, no. 1 (2004): 21–24.
2. Deborah M. Burke and Meredith A. Shafto, "Language and Aging," in *The Handbook of Aging and Cognition*, *3rd ed.*, ed. Fergus I. M. Craik and Timothy A. Salthouse (New York: Psychology Press, 2008), 373–443.
3. Marilyn K. Heine, Beth A. Ober, and Gregory K. Shenaut, "Naturally Occurring and Experimentally Induced Tip-of-the-Tongue Experiences in Three Adult Age Groups," *Psychology and Aging* 14, no. 3 (1999): 445–457.
4. Bennett L. Schwartz, *Tip-of-the-Tongue States: Phenomenology, Mechanism, and Lexical Retrieval* (Mahwah, NJ: Erlbaum, 2002).
5. Alan S. Brown, *The Tip of the Tongue State* (New York: Psychology Press, 2012).
6. Roger Brown and David McNeill, "The 'Tip of the Tongue' Phenomenon,"

Journal of Verbal Learning and Verbal Behavior 5, no. 4 (1966): 333.

7. Alan S. Brown and Lori A. Nix, "Age-Related Changes in the Tip-of-the-Tongue Experience," *American Journal of Psychology* 109, no. 1 (1996): 79–91.

8. Bennett L. Schwartz and Leslie D. Frazier, "Tip-of-the-Tongue States and Aging: Contrasting Psycholinguistic and Meta-cognitive Perspectives," *Journal of General Psychology* 132, no. 4 (2005): 377–391.

9. Donna J. Dahlgren, "Impact of Knowledge and Age on Tip-of-the-Tongue Rates," *Experimental Aging Research* 24, no. 2 (1998): 139–153.

10. Bennett L. Schwartz and Janet Metcalfe, "Tip-of-the-Tongue (TOT) States: Retrieval, Behavior, and Experience," *Memory and Cognition* 39, no. 5 (2011): 737–749.

11. Anne M. Cleary and Alexander B. Claxton, "The Tip-of-the-Tongue Heuristic: How Tip-of-the-Tongue States Confer Perceptibility on Inaccessible Words," *Journal of Experimental Psychology: Learning, Memory, and Cognition* 41, no. 5 (2015): 1533–1539.

12. Katrien Segaert et al., "Higher Physical Fitness Levels Are Associated with Less Language Decline in Healthy Ageing," *Scientific Reports* 8, 6715 (2018): 1–10.

13. Edith Kaplan, Harold Goodglass, and Sandra Weintraub, *Boston Naming Test* (Philadelphia: Lea & Febiger, 1983).

14. Pierre Goulet, Bernadette Ska, and Helen J. Kahn, "Is There a Decline in Picture Naming with Advancing Age?" *Journal of Speech, Language, and Hearing Research* 37, no. 3 (1994): 629–644.

15. Pierre Feyereisen, "A Meta-analytic Procedure Shows an Age-Related Decline in Picture Naming: Comments on Goulet, Ska, and Kahn (1994)," *Journal of Speech, Language, and Hearing Research* 40, no. 6 (1997): 1328–1333.

16. Lisa Tabor Connor et al., "Change in Object Naming Ability during Adulthood," *Journals of Gerontology Series B: Psychological Sciences and Social Sciences* 59, no. 5 (2004): 203–209.

17. Rhoda Au et al., "Naming Ability across the Adult Life Span," *Aging, Neuropsychology, and Cognition* 2, no. 4 (1995): 303.

18. Linda Mortensen, Antje S. Meyer, and Glyn W. Humphreys, "Age-Related Effects on Speech Production: A Review," *Language and Cognitive Processes* 21, nos. 1–3 (2006): 238–290.

19. Christopher Randolph et al., "Determinants of Confrontation Naming Performance," *Archives of Clinical Neuropsychology* 14, no. 6（1999）: 489–496; Ronald F. Zec et al., "A Cross-Sectional Study of the Effects of Age, Education, and Gender on the Boston Naming Test," *Clinical Neuropsychologist* 21, no. 4（2007）: 587–616.

20. Randolph et al., "Determinants of Confrontation."

21. Maureen Schmitter-Edgecombe, M. Vesneski, and D. W. R. Jones, "Aging and Word-finding: A Comparison of Spontaneous and Constrained Naming Tests," *Archives of Clinical Neuropsychology* 15, no. 6（2000）: 479–493.

22. Martin L. Albert et al., "Effects of Health Status on Word Finding in Aging," *Journal of the American Geriatrics Society* 57, no. 12（2009）: 2300–2305.

23. Victoria Tumanova et al., "Speech Disfluencies of Preschool-age Children Who Do and Do Not Stutter," *Journal of Communication Disorders* 49（2014）: 25–41.

24. Stanley Schachter et al., "Speech Disfluency and the Structure of Knowledge," *Journal of Personality and Social Psychology* 60, no. 3（1991）: 362–367.

25. Heather Bortfeld et al., "Disfluency Rates in Conversation: Effects of Age, Relationship, Topic, Role, and Gender," *Language and Speech* 44, no. 2（2001）: 123–147.

26. David Zielinski, ed., *Master Presenter: Lessons from the World's Top Experts on Becoming a More Influential Speaker*（San Francisco: Wiley, 2013）.

27. Jean E. Fox Tree, "Folk Notions of *Um* and *Uh*, *You Know*, and *Like*," *Text and Talk* 27, no. 3（2007）: 297–314.

28. Herbert H. Clark and Jean E. Fox Tree, "Using *Uh* and *Um* in Spontaneous Speaking," *Cognition* 84, no. 1（2002）: 73–111.

29. Eric K. Acton, "On Gender Differences in the Distribution of Um and Uh," *University of Pennsylvania Working Papers in Linguistics* 17, no. 2（2011）: 1–9.

30. Mark Liberman, "Language Log: Young Men Talk like Old Women," November 6, 2005, http://itre.cis.upenn.edu/～myl/languagelog/archives/002629.html.

31. Patricia V. Cooper, "Discourse Production and Normal Aging: Performance on Oral Picture Description Tasks," *Journal of Gerontology* 45, no. 5

(1990): 210–214; Sandra W. Duchin and Edward D. Mysak, "Disfluency and Rate Characteristics of Young Adult, Middle-aged, and Older Males," *Journal of Communication Disorders* 20, no. 3 (1987): 245–257.

32. Nichol Castro and Lori E. James, "Differences between Young and Older Adults' Spoken Language Production in Descriptions of Negative versus Neutral Pictures," *Aging, Neuropsychology, and Cognition* 21, no. 2 (2014): 222–238.

33. Barbara B. Shadden, "Discourse Behaviors in Older Adults," *Seminars in Speech and Language* 18, no. 2 (1997): 143–157.

34. Jeffrey P. Searl, Rodney M. Gabel, and J. Steven Fulks, "Speech Disfluency in Centenarians," *Journal of Communication Disorders* 35, no. 5 (2002): 383–392.

35. Frederique Gayraud, Hye-Ran Lee, and Melissa Barkat-Defradas, "Syntactic and Lexical Context of Pauses and Hesitations in the Discourse of Alzheimer Patients and Healthy Elderly Subjects," *Clinical Linguistics and Phonetics* 25, no. 3 (2011): 198–209.

36. Allison Wray, *Formulaic Language and the Lexicon* (Cambridge: Cambridge University Press, 2002).

37. Diana Van Lancker-Sidtis and Gail Rallon, "Tracking the Incidence of Formulaic Expressions in Everyday Speech: Methods for Classification and Verification," *Language and Communication* 24, no. 3 (2004): 207–240.

38. Kelly Ann Bridges and Diana Van Lancker Sidtis, "Formulaic Language in Alzheimer's Disease," *Aphasiology* 27, no. 7 (2013): 799–810.

39. Boyd H. Davis and Margaret Maclagan, "Pauses, Fillers, Placeholders, and Formulaicity in Alzheimer's Discourse," in *Fillers, Pauses and Placeholders*, ed. Nino Amiridze, Boyd H. Davis, and Margaret Maclagan (Amsterdam: John Benjamins, 2010), 189–216.

40. Steve Luxemberg, "'The King's Speech': Brilliant Filmmaking, Less-than-Brilliant History," *Washington Post*, January 28, 2011.

41. Jeffrey K. Johnson, "The Visualization of the Twisted Tongue: Portrayals of Stuttering in Film, Television, and Comic Books," *Journal of Popular Culture* 41, no. 2 (2008): 245–261.

42. Dennis McLellan, "Stutter Group Pickets over 'Wanda' Role," *Los Angeles Times*, March 29, 1989, http://articles.latimes.com/1989-03-29/entertainment/ca-716_1_wanda-insults-people.

43. Carlos Frigerio-Domingues and Dennis Drayna, "Genetic Contributions to Stuttering: The Current Evidence," *Molecular Genetics and Genomic Medicine* 5, no. 2 (2017): 95–102.

44. Ashley Craig and Yvonne Tran, "Trait and Social Anxiety in Adults with Chronic Stuttering: Conclusions following Meta-analysis," *Journal of Fluency Disorders* 40 (2014): 35–43.

45. Corrado Fagnani et al., "Heritability and Environmental Effects for Self-Reported Periods with Stuttering: A Twin Study from Denmark," *Logopedics Phoniatrics Vocology* 36, no. 3 (2011): 114–120.

46. Roger J. Ingham et al., "Stuttering Treatment and Brain Research in Adults: A Still Unfolding Relationship," *Journal of Fluency Disorders* 55 (2018): 106–119.

47. David Owens, "The Yips: What's behind the Condition That Every Golfer Dreads?" *New Yorker*, May 26, 2014, https://www.newyorker.com/magazine/2014/05/26/the-yips.

48. G. Kiziltan and M. A. Akalin, "Stuttering May Be a Type of Action Dystonia," *Movement Disorders* 11, no. 3 (1996): 278–282.

49. Eric S. Jackson et al., "Responses of Adults Who Stutter to the Anticipation of Stuttering," *Journal of Fluency Disorders* 45 (2015): 38–51.

50. Christopher D. Constantino et al., "A Preliminary Investigation of Daily Variability of Stuttering in Adults," *Journal of Communication Disorders* 60 (2016): 39–50.

51. Michelle Klompas and Eleanor Ross, "Life Experiences of People Who Stutter, and the Perceived Impact of Stuttering on Quality of Life: Personal Accounts of South African Individuals," *Journal of Fluency Disorders* 29, no. 4 (2004): 275–305.

52. Debora Freud et al., "The Relationship between the Experience of Stuttering and Demographic Characteristics of Adults Who Stutter," *Journal of Fluency Disorders* 52 (2017): 53–63.

53. Travis M. Andrews, "Annie Glenn: 'When I Called John, He Cried. People Just Couldn't Believe That I Could Really Talk.'" *Washington Post*, December 9, 2016, https://www.washington post.com/news/morning-mix/wp/2016/12/09/to-john-glenn-the-real-hero-was-his-wife-annie-conqueror-of-disability/?noredirect=on&utm_term=.c02f21305c42.

54. The Stuttering Foundation, "Annie Glenn," June 17, 2015, https://www.stutteringhelp.org/content/annie-glenn.

55. Klompas and Ross, "Life Experiences of People Who Stutter."

56. Walther H. Manning, Deborah Dailey, and Sue Wallace, "Attitude and Personality Characteristics of Older Stutterers," *Journal of Fluency Disorders* 9 (1984): 213.

57. Geraldine Bricker-Katz, Michelle Lincoln, and Patricia McCabe, "A Life-Time of Stuttering: How Emotional Reactions to Stuttering Impact Activities and Participation in Older People," *Disability and Rehabilitation* 31, no. 21 (2009): 1742–1752.

58. Jonathan D. Rohrer, Martin N. Rossor, and Jason D. Warren, "Neologistic Jargon Aphasia and Agraphia in Primary Progressive Aphasia," *Journal of the Neurological Sciences* 277, no. 1 (2009): 155–159.

59. Zac Lane et al., "Differentiating Psychosis versus Fluent Aphasia," *Clinical Schizophrenia and Related Psychoses* 4, no. 4 (2010): 258–261.

60. Maarten G. Lansberg, Erich Bluhmki, and Vincent N. Thijs, "Efficacy and Safety of Tissue Plasminogen Activator 3 to 4.5 Hours after Acute Ischemic Stroke: A Meta-analysis," *Stroke* 40, no. 7 (2009): 2438–2441.

61. Ruth Campbell, Mairéad MacSweeney, and Dafydd Waters, "Sign Language and the Brain: A Review," *Journal of Deaf Studies and Deaf Education* 13, no. 1 (2008): 3–20.

62. Norman Geschwind, "The Organization of Language and the Brain," *Science* 170, no. 3961 (1970): 940–944.

63. Randi Starrfelt and Marlene Behrmann, "Number Reading in Pure Alexia—a Review," *Neuropsychologia* 49, no. 9 (2011): 2283–2298.

64. E. H. Lacey et al., "Transcranial Direct Current Stimulation for Pure Alexia: Effects on Brain and Behavior," *Brain Stimulation: Basic, Translational, and Clinical Research in Neuromodulation* 8, no. 2 (2015): 305–307.

65. M. M. Watila and S. A. Balarabe, "Factors Predicting Post-stroke Aphasia Recovery," *Journal of the Neurological Sciences* 352, no. 1 (2015): 12–18.

66. Marian C. Brady et al., "Speech and Language Therapy for Aphasia following Stroke," *Cochrane Database of Systematic Reviews*, no. 6, article number CD000425 (2016).

67. Andrea Gomez Palacio Schjetnan et al., "Transcranial Direct Current Stimulation in Stroke Rehabilitation: A Review of Recent Advancements," *Stroke Research and Treatment*, article ID 170256 (2013).

68. Michael Pugliese et al., "Mobile Tablet Based Therapies following Stroke: A

Systematic Scoping Review of Administrative Methods and Patient Experiences,"
PloS One 13, no. 1(2018): e0191566; Sarel Van Vuuren and Leora R. Cherney,
"A Virtual Therapist for Speech and Language Therapy," in Intelligent Virtual
Agents, ed. T. Bickmore, S. Marsella, and C. Sidner(New York: Springer,
2014), 438–448.

69. Anna J. Wilson et al., "Dyscalculia and Dyslexia in Adults: Cognitive
Bases of Comorbidity," *Learning and Individual Differences* 37 (2015):
118–132.

70. Robin L. Peterson and Bruce F. Pennington, "Developmental Dyslexia,"
Annual Review of Clinical Psychology 11 (2015): 283–307.

71. Suzanne C. Swagerman et al., "Genetic Transmission of Reading Ability," *Brain
and Language* 172(2015): 3–8.

72. Johannes C. Ziegler et al., "Developmental Dyslexia in Different
Languages: Language-Specific or Universal?" *Journal of Experimental
Child Psychology* 86, no. 3(2003): 169–193.

73. Kathleen Tanner, "Adult Dyslexia and the 'Conundrum of Failure,' "
Disability and Society 24, no. 6(2009): 785–797.

74. Gail Sheehy, "The Accidental Candidate," *Vanity Fair*, October 2000.

75. Andrew Cohen, "Bush's Mangling of Language Points to Dyslexia: Writer,"
Globe and Mail, September 13, 2000.

76. Trude Nergård-Nilssen and Charles Hulme, "Developmental Dyslexia in
Adults: Behavioural Manifestations and Cognitive Correlates," *Dyslexia* 20,
no. 3(2014): 191–207.

77. James H. Smith-Spark, Adam P. Zięcik, and Christopher Sterling, "Self-
Reports of Increased Prospective and Retrospective Memory Problems
in Adults with Developmental Dyslexia," *Dyslexia* 22, no. 3 (2016):
245–262.

78. Claudia Metzler-Baddeley, Amanda Salter, and Roy W. Jones, "The
Significance of Dyslexia Screening for the Assessment of Dementia in Older
People," *International Journal of Geriatric Psychiatry* 23, no. 7 (2008):
766–768.

79. Eddy Cavalli et al., "Vocabulary Skills Are Well Developed in University
Students with Dyslexia: Evidence from Multiple Case Studies," *Research in
Developmental Disabilities* 51(2016): 89–102.

80. Jessica J. Wery and Jennifer A. Diliberto, "The Effect of a Specialized
Dyslexia Font, OpenDyslexic, on Reading Rate and Accuracy," *Annals of*

Dyslexia 67, no. 2 (2017): 114–127.

81. Eva Marinus et al., "A Special Font for People with Dyslexia: Does It Work and, If So, Why?" *Dyslexia 22*, no. 3 (2016): 233–244.

82. Brock L. Eide and Fernette F. Eide, *The Dyslexic Advantage: Unlocking the Hidden Potential of the Dyslexic Brain* (New York: Plume, 2012).

83. Georg Herman Monrad-Krohn, "Dysprosody or Altered 'Melody of Language,'" *Brain* 70(1947): 405–415; J. Ryalls and I. Reinvang, "Some Further Notes on Monrad-Krohn's Case Study of Foreign Accent Syndrome," *Folia Phoniatrica et Logopaedica* 37, nos. 3–4 (1985): 160–162.

84. Inger Moen, "Monrad-Krohn's Foreign Accent Syndrome Case," in *Classic Cases in Neuropsychology*, ed. Chris Code et al. (Hove, UK: Psychology Press, 1996), 145–156.

85. Ryan Jaslow, "George Michael Wakes from Coma with New Accent: What's Foreign Accent Syndrome?" *CBS News*, July 19, 2012, https://www.cbsnews.com/news/george-michael-wakes-from-coma-with-new-accent-whats-foreign-accent-syndrome.

86. Sheila E. Blumstein and Kathleen Kurowski, "The Foreign Accent Syndrome: A Perspective," *Journal of Neurolinguistics* 19, no. 5 (2006): 346–355.

87. Stefanie Keulen et al., "Foreign Accent Syndrome as a Psychogenic Disorder: A Review," *Frontiers in Human Neuroscience* 10, no. 168 (2016).

88. Barbara Bradford, "Upspeak in British English," *English Today* 13, no. 3 (1997): 29–36.

89. Moen, "Monrad-Krohn's Foreign Accent Syndrome."

90. BBC News, "Stroke Gives Woman a Foreign Accent," July 4, 2006, http://news.bbc.co.uk/2/hi/uk_news/england/tyne/5144300.stm.

91. Cinzia Di Dio, Joerg Schulz, and Jennifer Gurd, "Foreign Accent Syndrome: In the Ear of the Beholder?" *Aphasiology* 20, no. 9 (2006): 951–962.

92. Jo Verhoeven et al., "Accent Attribution in Speakers with Foreign Accent Syndrome," *Journal of Communication Disorders* 46, no. 2 (2013): 156–168.

93. BBC News, July 4, 2006.

94. Anthony DiLollo, Julie Scherz, and Robert A. Neimeyer, "Psychosocial Implications of Foreign Accent Syndrome: Two Case Examples," *Journal of Constructivist Psychology 27*, no. 1 (2014): 24.

4

第四章

词汇决定一切

Word Domination

重音现象

> 是"Assess the window"（检查窗户），不是"Asses the window"（"屁股"窗户）。你把重音放错了地方。①
>
> ——约翰·惠特尼（John Witney），迈克·梅耶（Mike Myers）饰演，2003 年美国电影《美国空姐》（*View from the Top*）中的角色

口语包含的不仅仅是某人所说的话，单词的发音方式也很重要。单词由音节构成，在言语交际中，人们出于各种原因会选择性地强调某些音节。在一些情境中，人们会约定俗成地强调某个单词中的特定音节；在另外一些情境中，人们会运用重音这一语言学手段来帮助消除歧义，或明确自己的意图。在本节中，我们就依次探讨一下重音的各种形式。

在世界上的众多语言中，很多单词由多个音节组成，人们会以较大的音量，或用相对于单词其他音节的不同音调来读出某一音节。在一些语言中，比如捷克语和匈牙利语通常重读单词里的第一个音节；亚美尼亚语中重音往往落在单词的最后一个音节上；波兰语中，重音落在单词的倒数第二个音节上。有些语言，比如法语和日语，音调上

---

① assess 和 asses 拼写和发音相近，较明显的区别是重音所在的音节不同。——译注

没有偏重，一般而言，所有音节都是一样的。

英语中是否存在重音现象呢？要说清这个问题比较复杂。英语中存在可变重音（variable stress）现象，即有一个音节会重读，但重音的位置没有办法预测。讲不同方言的人可能会重读不同的音节。以法语舶来词"adult"（成人）、"garage"（车库）和"salon"（沙龙）为例，英国人通常是重读单词的第一个音节，而美国人重读最后一个音节。使用"可变重音"语言的人必须记住每个单词的重音是在哪个音节。

说英语或德语的人也可以通过词汇重音（lexical stress）来区别拼写相同、意思不同的单词。比如英语中，名词 content（书本的内容）①与形容词 content（感到愉悦的状态），它们的重音就不同。使用者也用词汇重音消除短语中的歧义。例如，a **light**house keeper（灯塔看守人），是指维护导航信标的人；而 a light **house**keeper（轻型家政服务），则是指愿意整理你的房间，但可能不会帮你擦窗户的人。与此类似，I saw a black **bird**，是指"我看见了一只黑色的鸟"，而 I saw a **black**bird，则是指"我看见了一只鸫科、鸫属（*Turdus merula*）的鸫鸟（thrush）"。

还有一种重音现象叫作"韵律重音"（prosodic stress），

---

① 单词中加粗的字母组合为需要重读的音节，下同。——译注

说话者通过它来区分陈述和提问。比如陈述 "I'm supposed to wash the windows.（我应该去擦窗户。）" 时，语调是平缓的，而提问 "I'm supposed to wash the *windows*?（我应该去擦**窗户**吗？）" 时，语调是上升的。"韵律重音" 也可以用来衔接从句关系，例如 "The employee said the boss is angry（员工说，老板在气头上）" 与 "The employee, said the boss, is angry（老板说，员工在气头上）"，这两句话的意思就完全不同。在书面语中，从句之间可以用逗号来分隔；但在口头表达中，这句话的节奏（timing）、停顿（the pauses）与音长（relative durations）才是关键特征。

84 在上述的例子中，说话节奏上的细微差别能够使听话人明白到底是 "谁" 在气头上（第一个例子中是 "老板"，第二例子中是 "员工"）。通过这些方式，重音在消除词语和句子潜在的歧义方面起到了重要的作用。

　　一般情况下，老年人利用重音、节奏等韵律特征（prosodic cues）来判断语义的能力保留得很好。心理学家玛格丽特·克杰加尔德（Margaret Kjelgaard）和她的同事们发现，大学生和六七十岁的老年人都会利用韵律特征在歧义句中区分从句边界[1]。当然，韵律特征也分很多种类，例如音量（loudness）、音调（pitch）、节奏等，这些韵律特征在口语中都很重要吗？老年人和年轻人会以同样的方法运用这些韵律特征吗？

肯·霍伊特（Ken Hoyte）和他的合作者们研究了这些韵律因素对口语的相对影响。他们利用计算机来人工调整歧义句中的韵律变化情况。他们选择类似"The employee said the boss is angry"这样的句子，系统地降低或删除语句的音量、音调和节奏变化，而这些正是听话人赖以区分"谁在气头上"的关键信息。实验要求大学生与平均年龄75岁的老年受试者分别听这些经过调整的句子，并要以最快速度区分两个句子的主语（在以上这些例句中，主语要么是"员工"，要么是"老板"）。研究人员发现，尽管老年人需要稍长的时间来作出判断，但两组受试者的判断都很准确。不仅如此，这两个群体依照的是一样的韵律特征，年轻人和老年人都主要利用非常细微的节奏变化来确认主语[2]。

　　当然，这个实验结果并不意味着老年人在理解口语时不会遇到任何困难。已有研究表明，母语为英语的老年人与非英语母语者交谈时，比较难以理解非英语母语者带口音的英语。[3]尽管年龄增长带来的听力下降可能是元凶之一，但很多语言的词汇重音模式与英语不同，因此将英语作为第二语言的人可能无法准确区分类似"content"（内容）与"content"（满意的）这种词汇重音的发音。曾有实验对母语为英语的年轻人（18～35岁）和老年人（65～90岁）进行测试，受试者被要求听录音，录音里是英语母语者和西班牙语母语者朗读的单词，西班牙语母语者的口音轻重不一。受试者的任务是辨别录音里正在朗读的是哪个单词。结果发现，年轻人组和老年人组都在西班牙语口音重的人朗读的词语上反应相对迟钝，但老年人组比年轻人组听辨时更加吃力。即便是听力良好的老年人也是这样。[4]

一个重要的问题是这个实验没有考虑到如果长期接触某一特定说话者，会对理解其语言的快慢造成影响。在现实生活中，我们听别人说话越久，对于他们说的话就会越容易理解。这种适应过程在年轻人与老年人身上均有体现。[5]然而，对于听力有所下降的老年人而言，他们在理解话语时可能更加依赖于视觉与听觉的配合。[6]

拼写能力

一个人如果连任一单词的两种拼写方式都想不到，他的大脑一定非常贫瘠。

——美国第七任总统安德鲁·杰克逊（Andrew Jackson, 1833）

同义词是你不能拼写另一个词时使用的词。

——17世纪西班牙哲学家巴尔塔沙·葛拉西安

（Baltasar Gracián，1601—1658）

一直以来，英语都以其稀奇古怪的拼写规则而"臭名昭著"。为此，孩子们从小开始学习书写时就不得不熟背大量的拼写规则以及规则之外的特例。我们通常在拼写比赛中测试儿童的拼写能力，这种比赛很流行，因为它把枯燥的拼写学习变成了具有趣味性的挑战赛。此类拼写比赛及其他各种测试的结果是，我们中的大多数人以良好的拼写能力步入成年。现代科技的发展带来了许多便利，比如软件里的"检查拼写"和"自动更正"功能，可以使拼写变得更容易。目前，谷歌的"Did you mean"（输入匹配）提示功能已经足够智能了，用户只需要在搜索栏里输入一个近似的目标词。对许多想要打字省力的人来说，搜索引擎就像是代用词典。

我们每天都在书籍、期刊以及网文中阅读大量拼写正确的词语。因为我们在生活中反复看到这些拼写正确的词语，就会理所当然地认为：我们的拼写能力肯定也会随着时间提升。研究大脑记忆的专业研究人员会说，在反复接触某样事物时，我们对该事物正确形式表征的长期记忆会得到增强。这个规律似乎在很多情况下都可以得到证实。

例如，比起只见过一两次的人，我们的确会更加容易认出那些见过多次的熟面孔。但这种情况是否适用于辨识单词呢？将"生词"变成"熟词"能否保证我们正确拼写呢？

试想一下一美分的模样。美国人每天都在各种金钱交易中频繁使用这些硬币，大家肯定对一美分的硬币非常熟悉了，这一点毋庸置疑。因此，要描述硬币的样子（尤其是硬币的正面，一个世纪以来它的图案从没变过）对我们而言应该是轻而易举的。你可能可以回想起来，硬币上有美国第十六任总统亚伯拉罕·林肯（Abe Lincoln）的侧面像；但是，他的脸朝左还是朝右？如果还有文字的话，是出现在他的头像上方还是哪里？总统的左右两侧还有其他东西吗？日期出现在硬币正面吗？如果你无法回忆起这些细节，也别感到羞愧，因为很多人和你一样。20世纪70年代末有一个非常经典的实验，心理学家雷·尼克森（Ray Nickerson）和玛丽莲·亚当斯（Marilyn Adams）邀请布朗大学的本科生根据回忆来画出一美分硬币的正反面，实验结果"惨不忍睹"。[7]

后续的实验还发现，人们也会记不清其他常见事物的模样，甚至是某些重要的外观布局，例如电话上的按键和键盘上字符的位置。[8] 这些研究得出了同样令人惊讶的结论：即使和某个事物有过频繁接触，我们以后也不一定能清晰准确地将它回忆出来。

　　记忆的这种脆弱性对于我们正确拼写单词有着现实性的启发。在日常生活中，我们遇到错误拼写的次数远远超乎想象。企业在做广告时经常会采用一些标新立异或哗众取宠的拼写方式，例如：Froot Loops（五彩谷物营养麦圈①）、Krispy Kreme（甜甜圈品牌名）、Chick-fil-A（福乐鸡），等等，以此来吸引消费者关注其品牌与产品；影迷们观看了威尔·史密斯在电影 *The Pursuit of Happyness*

① Froot Loops，家乐氏旗下品牌，指"五彩谷物营养麦圈"。但很多人对这个品牌的拼写印象是"Fruit Loops"。这种现实与集体记忆不相符的情况被称为"曼德拉效应"。——译注

（《当幸福来敲门》）①中的表演；多年来像披头士（the Beatles）②、门基乐队（the Monkees）③、威豹乐队（Def Leppard）④这样的乐队享有不同程度的追捧。如果说我们记忆硬币的外观或键盘字母排列的能力可能受影响，那么接触以上这些拼写错误会对我们的拼写能力产生任何影响吗？正如你现在可能猜到的那样，答案是肯定的。认知心理学家拉里·雅各比（Larry Jacoby）证明了在实验室中，人们接触过多的错误拼写后，会使他们在识别拼写正确的单词时反应变慢，拼写能力也会受损。⁹

我们可能以为这种影响转瞬即逝，但雅各比指出，他的合作者安·霍林黑德（Ann Hollingshead）可能因为在实验中反复接触错误拼写而遭受拼写能力的损害。在进入雅各比实验室之前，霍林黑德曾做过执行秘书，她对自己的

① 英文片名中的"Happyness"，本应作"Happiness（幸福）"，片名中没有"y"，暗指：没有"why（为什么）"，而正确的拼写应该有"i"，暗指：有"I（我）"。——译注

② 据《披头士：唯一正式授权传记》（中信出版社 2015 年出版）一书所述，1959 年，约翰·列侬和乐队成员打算重新为乐队取名，他们都是蟋蟀乐队的乐迷，因此打算在取名上玩一个昆虫名的文字游戏，选中 beetles（甲壳虫）之后，约翰·列侬将 beetles 改为 beatles，使之看起来包含了 beat（节奏摇滚）和 beetles（甲壳虫）的双重含义。——译注

③ 也译为顽童合唱团、猴子乐队。正确的拼写或为"the monkeys"，拼写略改动或是对 the Beatles 的模仿。——译注

④ 正确的拼写或为"Deaf Leopard"，乐队成员为了不让这个名字过于"朋克"，所以略改为"Def Leppard"。——译注

拼写准确度很有自信。但在担任实验室技术员并参与了一系列实验后，霍林黑德发现自己的拼写错误越来越多，对自己的拼写能力也不如以往自信了。[10] 正如某些职业在**人身安全**上比其他职业更危险，很可能一些职业会对人在**认知能力**上造成更多威胁。给学生拼写作业打分的老师，必须辨认学生手写论文试卷的教授，他们都是处于失去拼写自信与准确度的高风险群体。就像雅各比和霍林黑德在他们的论文标题中所表达的，"Reading student essays may be hazardous to your spelling"（阅读学生的论文可能对你的拼写有害）。[11]

如果你不属于这两个"高危"群体，那么你一生的拼写能力发展轨迹应该是什么样的呢？相关研究表明，拼写能力在成年之后可以得到很好的维持。比如，人们在 60 岁及 70 岁出头时，辨识错误拼写的能力基本上与大学生年龄的学生持平[12]；但另一项研究发现，80 岁的受试者比 60 岁的受试者出现更多拼写错误。[13] 但需要注意的是，这一研究结果也可能反映了不同组别之间的其他差异性。比如说，相较于 80 岁的受试者，60 岁的受试者总体而言展现出更强的整体认知能力，这可通过简易精神状态检查（the Mini-mental State Examination）来确定，而且他们的受教育时间也更长。因此我们不能得出结论说，年龄最大的受试者拼写能力的下降仅归因于他们的年龄。**如果你感觉这个句子**

看上去点很不对劲（"if you fined this sentens anoying"），那么你的英文拼写能力或认知中文形近字的能力可能还不错。

词汇量

> 多迪波尔夫人（Mrs. Dodypol）问："在阅读你的著作时，我是不是需要用到词典呢？"
>
> "这就要看，"我说，"你在阅读我的书之前，平时使用词典的频率了。"
>
> ——亚历山大·泰鲁（Alexander Theroux），《达尔科维尔的猫》（*Darconville's Cat*, 1981）

你认识多少单词？问这个问题很容易，回答却并不简单。究竟怎样才算"认识"某个词呢？有一些词我们经常使用，已经成为我们每个人词语库里活跃的词，比如"桌子"和"快乐"；但也有一部分单词组成我们词汇库里的**接受性**词汇（receptive vocabulary），比如，我们在日常对话中可能不会用到"adjudicate（裁决）"或"quiescent（沉寂）"这样的词，但是在阅读文本中碰到这些词时，我们也能理解它们；还有一些词更不常见，我们可能对它的意

义只是一知半解，这些词叫边界词（frontier words），比如
"anathema（诅咒）"和"obsequious（谄媚）"。[14] 大多数
人可能要绞尽脑汁才能准确定义这两个单词，尽管他们知
道这两个词带有负面含义。如果你确实知道"obsequious"
的意思，你是否理应了解它的各种相关变化，包括它的副
词形式 obsequiously 和名词形式 obsequiousness 呢？那么
问题来了，如果你不问我英语中那些成千上万个单词的
词义以及它们的各种词形变化，你如何能估算我的词汇量
呢？显然，这里需要用到一些抽样技术。

测试词汇量的常见方法之一是在词典中随机抽选出一
些单词，而后，研究人员将这些单词列表呈现给受试者，看
看他们知道多少，再以认识的单词与样本总数的比例来乘以
词典的词条总数。好了！这就是你的答案。但是，正如我们
上文指出的，单词派生形式的问题使这种估算变得复杂，甚
至词典的收词规模也是一个因素。因此，这样的估算差异很
大，这不足为奇，但大家经常引用的一个数字是：**中等教育
水平**的英语母语者基础词的词汇量大约是 17000 个。[15]

那么，老年人会比年轻人知道更多的词吗？这是有可
能的，因为比起年轻人，老年人接触印刷品的时间更长。但
是，在拿年轻人和老年人作比较时，我们也必须十分小心。
比如，你可能会认为，21 世纪初的年轻人阅读量比长辈少；
但你可能错了，据报道，年轻人的阅读量即使不比老年人更

91

多，也是和老年人一样多的，尽管二者的阅读方式不同，比如运用网络资源。[16] 同样的情况是，对年轻的和年老的受试者而言，不同的词汇测量方法产生不同的结果。[17]

基于对上述这些问题的思考，研究者们一致发现，与年轻人相比，老年人的词汇量更大。尤金·泽克迈斯特（Eugene Zechmeister）及其同事的实验中运用了上述词典法的一种变体，据估计，大学生的平均词汇量为 16000 个词；在芝加哥附近的一个退休村生活的一组老年人（平均年龄 76 岁），其词汇量超过 21000 个词。[18] 在另一项研究中，母语为希伯来语的老年受试者（平均年龄 75 岁）在词汇测试中的表现胜过中青年受试者。在这个实验中，受试者还被要求报告他们对自己认识的每个单词的自信程度。老年人对自己的评分更有信心是有道理的。这种更为强烈的"元认知意识"（metacognitive awareness）似乎源自"一种对于毕生所学所用词语烂熟于心的情感"。[19] 简而言之，老年人认识更多的词，知道它们的意思，并且意识到自己是知道的。

另外，约书亚·哈特肖恩（Joshua Hartshorne）和劳拉·格敏（Laura Germine）发起了一项线上大型试验，受试者年龄从 10 岁到 69 岁不等。他们运用韦克斯勒成人智力量表（WAIS-III）的部分内容对受试者进行测验，发现人们在 65 岁左右词汇知识达到了巅峰，这比短期记忆和工作记忆的峰值要晚几十年。[20]

我们很容易得出这样的结论：此前讨论的找词问题也许是认识了大量词语的不幸产物。毕竟，在一个小型图书馆的一堆书籍中找一本书，要比在一座庞大的图书馆里成千上万的大部头中找一本书要简单得多——当大部头书杂乱无章地堆在那儿时尤其如此。我们在上文提到过，老年人更加难以抑制那些与当下任务无关的信息。因此，这么多在脑袋里四处晃荡的词会比在词汇量较少的情况下产生更多的干扰。

心理学家梅雷迪斯·沙夫托（Meredith Shafto）和她的同事们为验证这个想法设计了实验。他们邀请 18～88 岁的成年人来辨识单词字符与非单词字符，这也是评估词汇量的一种方法。受试者还被诱发舌尖现象来检测其找词能力。正如我们预料的那样，老年受试者比年轻受试者拥有更大的词汇量。另外，舌尖现象更常出现在老年受试者身上。不过仔细研究这个实验结果，我们会发现一幅更为复杂的图景：伴随着年轻受试者词汇量的增加，"舌尖现象"次数也会增加；但对老年受试者而言，随着词汇量增加，"舌尖现象"的次数减少了。可见，更大的词汇量对于老年人来说，似乎可以看作是找词困难的一种补偿机制。[21]

研究者还利用词汇量的大小来判断人们是否会出现认知障碍。曾经有实验对日本的老年受试者进行了轻度认知障碍（MCI）征兆的评估。研究要求受试者用文字和口语来谈论一件快乐的事情。基于临床评分，受试者被划分为无认知障碍以及患有轻度认知障碍两个群体。尽管这两个群体在对愉悦事件的文字记录上并不存在差异，但在口头表达上，两个群体确实存在差异。具体来说，患有轻度认知障碍的受试者词汇更加丰富。研究者认为，患有轻度认知障碍的个体会用更多的词来弥补其认知衰退的不利。因为向另一个人描述事件必须实时完成，因此患有轻度认知障碍的人试图用唠叨来掩饰其缺陷；而在写作任务中，因为他们有足够的时间来作出回答，因此写作并不那么费力，也不需要用这样的补偿措施。[22]

总之，在词汇量上，老年人始终比中青年表现得更好。认知功能发生变化导致词汇命名与找词能力下降，然而更加丰富的词汇能够弥补这些不足。这一发现着实振奋人心。

言语流畅性测验

现在，请你做一个小测试：你可以在一分钟内大声说出几个以字母 f 开头的单词？你可能会下意识地接二连三说出一串单词，例如：father（父亲）、February（二月）、fantastic（美妙的）、fox（狐狸）和 four（四），等等，然后你会发现自己的意识正在某个特定的词语类别里打转，比如职业类词汇——firefighter（消防员）、florist（花农）、foreman（工头）等，或者情绪类词汇——fear（害怕）、frustration（沮丧）、fury（震怒）等。这个测试就像掘井人开采石油一样，你可能会很快放弃那些逐渐枯竭的油井，转而去寻觅更有潜力的油井。如果你正值青年或中年，你在一分钟内或许可以不假思索地说出 40 多个词。[23]

尽管这看上去很像一道小测验，但它确实是研究人们语言信息检索能力的一个重要工具。从表面上看，字母流畅性测验只是一项记忆任务，但研究者普遍认为它涉及更高级别的认知过程，比如"抑制"["'phone'（电话）这个词不以'f'开头，所以我不该说这个词"]，以及"自我监控"[self-monitoring；"'February'（二月）是以'f'开头的，但我已经说过这个词了"]。[24]这种测试通常会用到字母 f、字母 a 和字母 s，因为大部分英语母语者很容易想到以这些字母开头的词语。也正是这个原因，字母流畅性测验（letter fluency task）有时也被称作"FAS 测验"（不要和前面提到的外国口音综合征混淆）。这个测验还有另外一种形式，即受试者根据提示在一分钟内说出所有能想到的动物、水果或蔬菜的名称。因为经常用到动物这个类别，所以这类测验通常被称为"动物命名测验"。

综上所述，字母流畅性和词语类别流畅性测验都属于言语流畅性测验。研究者经常把这种测验作为辨别可能患有某种形式的脑损伤的筛查工具，如中风。还可以用来辨别认知障碍，如帕金森病和阿尔茨海默病。这些测验被认为评估执行功能的方法，包括计划与检索策略等。[25]但也有研究得出的结论是，言语流畅性表现和大脑加工速度的关系更加密切。[26]新近研究表明，言语流畅性最适合作为语言加工能力的一种衡量标准。[27]

对于没有认知障碍的人而言，言语流畅性与什么因素相关呢？在各种因素中，受教育水平可以强有力地预测受试者在言语流畅性中的表现。[28]受教育水平越高，词汇量就越大，所以受教育水平较高的人试图检索以某个字母开头的单词时，他们的选择就更多。

那么，年龄是否会影响言语流畅性呢？这个问题很难回答，因为像年龄与受教育水平这样的影响因素往往是相互关联的。由于年轻一代往往接受了更长时间的正规教育，我们很难厘清年龄与教育这两个因素对言语流畅性的相对影响。因此，相关实验的结果也是混杂的。一些关于言语流畅性的实验发现，受教育水平会对其产生影响，而年龄不会；[29]而另一些实验发现年龄会产生影响，受教育水平不会。[30]有一项实验得出了这样的结论：老年人的言语流畅性胜过年轻人。[31] 心理学家丹妮尔·巴里（Danielle Barry）和她的同事们综合了此前 134 个实验结果，以此更准确地评估言语流畅性与年龄和受教育水平之间的关联。研究发现受教育水平和年龄都会产生影响：受教育时间越长，言语流畅性表现越好；年轻人的言语流畅性表现比老年人更好。[32]

受试者在言语流畅性测验中的表现也取决于测验的类型。虽然研究人员采用 FAS 测验时，年龄对言语流畅性的影响混在其中，但采用动物命名测验时，实验结果则趋于一致。在用动物命名测验方式进行研究时，可以发现年轻受试者的表现优于老年受试者。有研究者认为，尽管字母流畅性测验和词语类别流畅性测验可能看起来很相似，但一些研究人员认为，这两个测验中的任务是由不同的脑区负责的。[33]

言语流畅性的衰退究竟意味着什么？各式各样的研究得出令人困惑的结果，以及不同类型的测验也会对受试者的表现产生影响，这些事实告诉我们，这个问题可能纷繁而复杂。比如说，专业知识会对言语流畅性表现有影响。拼字游戏的专业选手经常会在游戏中寻找以某个字母开头的单词，这种训练让他们在字母流畅性测验中表现更为出色，胜过那些年龄相仿但不玩拼字游戏的受试者。但当他们参与和拼字游戏毫不相干的动物命名测验时，这种比较

96

优势基本上就不复存在了。[34]

更进一步说，迈克尔·拉姆沙尔（Michael Ramscar）和他的同事们认为，对老年人言语流畅性的衰退现象更好的理解可能是，这是知识水平较高的结果。[35]简单而言，你知道的越多，就越难找到你想要的信息。这可以解释为什么老年人在词语类别流畅性测验中的表现一直不如年轻人，因为在寻找词语时，老年人会想到大量的无关词语，但在字母流畅性测验（如 FAS 测验）中就不太存在这种问题，因为老年人可以联想到更多候选词和在拼词游戏中见过的专业知识。因此，拉姆沙尔的研究团队认为，"认知衰退是因为年龄增长"这种论断是有争议的。他们强调，老年人在某些测验任务中表现不佳，看似是认知衰退造成的，实则可能是其他因素在起作用。在不同语境下，某些因素还可能起到积极的影响。就言语流畅性而言，知识丰富或许是危险的，但总体来说，这也算是一种"甜蜜的痛苦"吧？

语法复杂度

语法对写作者而言就像解剖学之于雕塑家，音阶之于音乐家。你可能讨厌它，它可能让你厌烦，但它无可替代；一旦你掌握了，它就是你坚实的支撑。

——美国作家碧翠丝·乔伊·丘特（Beatrice Joy Chute 1913—1987）

在孩子来到这个世上的最初几年里，他们的口语表达从只能说单个词（"Juice!"）发展为会说两个词的组合（"More juice!"），到掌握更复杂的句子："I would like some more orange juice, please."（请再给我来点橙汁。）——如果你碰巧有一个很有礼貌的孩子的话。句子随着年龄的增长而变长，在语法上也变得更加复杂。在英语这样的语言中，提升句子复杂度主要是通过增加嵌入的从句数量。

语言学家会区分左分支从句和右分支从句。在左分支从句中，听者必须记住句子的第一部分，这样才能听懂最后面的部分。比如英语中可以有这样的句子："The juice that was bought yesterday and left on the counter until this morning **is now in the refrigerator**."（我昨天买的、在吧台上放了一夜的果汁，现在在冰箱里。）在这个例句中，句子的主语"juice"（果汁）必须一直保留在我们的工作记忆中，直到句子结束——假设你就想知道在哪儿能找到这瓶果汁。

相反我们的大脑更容易处理右分支从句，因为主语和动词都出现在第一个从句中。你可以把刚才的例句和下面这句话对比一下："The **juice that is now in the refrigerator** was bought yesterday and left on the counter until this morning."（在冰箱里的果汁是我昨天买的，我把它放在了吧台上，放了一夜。）

考虑到工作记忆的局限会对老年人造成困扰，我们可能会预期"随着年龄的增长，语法复杂度会下降"。苏珊·坎珀（Susan Kemper）和亚伦·萨姆纳（Aaron Sumner）针对这一观点进行了研究，他们要求大学生年纪的受试者和平均年龄 76 岁的老年受试者，用大约 5 分钟的时间谈论有趣的生活经历或者生活中的一个有影响力的人。研究者转写这些会话，并根据句子长度和语法复杂度对它们进行评分。结果发现，老年受试者产出的句子比年轻受试者的句子短 30%；此外，老年受试者的语法复杂度比年轻受试者的低 0.5 分（满分为 8 分）。研究人员还评估了受试者的工作记忆，结果发现对两组受试者而言，记忆力越好，语法复杂度越高。[36]

在坎珀领衔的另一项研究中，要求老年受试者与年轻受试者一起记忆句子的主干部分。主干部分在语法复杂度上有所不同，一些是更复杂的左分支从句："What Billy found"（比利发现的事情是……），另一些则是较为简单的右分支从句："Robert ordered that"（罗伯特命令我们……）。受试者要做的就是用主干部分来造句。当年轻受试者用右分支主干来造句时，句子会比用左分支主干造出来的更长、更丰富多样；但老年受试者用左分支主干和右分支主干造句时，句子的长度和语法复杂度几乎没有差别；他们在造两种句子时似乎都达到了工作记忆的极限。另外，和年轻受试者相比，老年受试者在完成更费力的左分支时，造句速度更慢、错误更多。这些实验结果再一次说明：老年受试者的言语产出会受到工作记忆的限制。[37]

后续他们的研究工作旨在探究因年龄增长而导致语法复杂度的衰退在何时显现。为此，他们开展了历时15年的研究，要求一组健康的老年受试者每年都提供口语语料。研究人员绘制出受试者语言的语法复杂度变化曲线，他们发现曲线在75岁左右都很稳定，之后是一个大幅度的下降，随着时间的推移，会进一步下降。[38]

玛丽莲·尼波尔德（Marilyn Nippold）和她的合作者们也评估了20岁、40岁和60岁受试者语言的复杂度，但方法略有不同。为了确定这三组不同年龄人群语法复杂度的基线（即对比的基础与标准），受试者在与研究人员进行相对自然的对话时被记录了下来。然后，在受试者听完有关人际冲突的描述后，对该冲突进行讲述，并提供解决建议。研究人员发现三组受试群体在语法复杂度上没有差别。但是，三组群体在自然对话中都运用了相对更复杂的

99

语法；而被要求讨论该冲突时，三组群体的语法复杂度都下降了。[39]

费尔·莫斯科索·德尔·普拉多·马丁（Fermín Moscoso del Prado Martín）针对语法复杂度与词汇、性别、年龄如何相互影响展开了研究。他分析了电话会话语料库，发现随着时间推移，男性与女性在语法复杂度上会出现与年龄相关的差异。相比于女性，男性在语法形式多样性上增长的幅度更大，但止步于45岁左右，过了这个年纪，多样性又开始下降；女性的语法形式多样性呈现出更稳定的增长，随着时间的推移也会更平缓地下降。但在他的研究中，年龄最大的样本仅为67岁。[40]

因此，语法复杂度似乎是受到一系列因素的影响而有所不同，仅举三个，如年龄、性别、会话主题。但在这些纷繁复杂的变量背后，可能有两个基本常量：语法复杂度似乎受工作记忆和执行功能的限制。[41]

莫斯科索对上述结论过于广泛的应用持谨慎态度。他指出，尽管他在研究中所观察到的变化是真实的，但这些变化与受试者被观察到的任何交流障碍之间没有直接的因果关联。[42]

如果工作记忆和执行功能的衰退是造成语法复杂度变化的首要原因，那么可以预期的是，在诊断为阿尔茨海默病的个体中，语法复杂度应该更加迅速地下降。[43] 我们确

100

实会这么认为。[44] 尽管随着阿尔茨海默病恶化，患者所说的残缺句增多，但是这些句子片段的语法仍相对合乎语法。[45] 另外，研究者发现在疑似阿尔茨海默病患者的书面表达中，语法复杂度也相对保留。[46]

总之，由于受到工作记忆和执行功能的限制，言语产出中的语法复杂度存在一定程度的上限，[47] 涉及这两项认知过程的实验任务中，老年人的句子更短，也会犯更多语法错误。即便如此，我们也不用太担心，因为老年人已经用一生的时间来成为更熟练的交流者，并且已经获得了世界上大量的知识，掌握了庞大的词汇量，他们在语法复杂度上的轻微衰退在现实生活中不会特别明显，一般也不会影响日常交流。

偏题赘言

王上，娘娘，要是我向你们长篇大论地解释君上的尊严，臣下的名分，白昼何以为白昼，黑夜何以为黑夜，时间何以为时间，那不过徒然浪费了昼夜的时间；所以，既然简洁是智慧的灵魂，冗长是肤浅的藻饰，我还是把话说得简单一些吧。你们的那位殿下是疯了；我说他疯了，因为假如要说明什么才是真疯，那除了说他疯了以外，还有什么话好说呢？可是那也不用说了。①

——波洛尼厄斯（Polonius）莎士比亚《哈姆雷特》第二幕第二场

幽默故事可以扯得很远，想讲什么就讲什么，而且不一定要在最后得出什么要点。

——马克·吐温《讲故事的艺术》（*How to Tell a Story*，1897）

在波洛尼厄斯②这段长篇大论后，难怪格特鲁德（Gertrude）③的回应是"More matter, with less art"（多谈些实际，少弄些玄虚）。我们是不是都曾陷入过类似的境地，听着演讲者散漫的独白，希望他最终能讲到重点？当然，任何年纪的人都可能会说话冗长而离题，但老年人似乎尤其容易跑题，陷入与主题完全无关的长篇大论。这种现象被称为讲话跑题（off-topic speech）或偏题赘言（off-topic verbosity，简称 OTV）。

---

① 此段译文引自译林出版社 2018 年 8 月出版的朱生豪译《哈姆雷特》（*Hamlet*）。——译注
② 波洛尼厄斯，《哈姆雷特》中的御前大臣。——译注
③ 格特鲁德，《哈姆雷特》中的王后，哈姆雷特的母亲。——译注

判断"跑题性"言语的一个基本标准是：它是否脱离了原本的主题。心理学家多洛雷斯·普什卡·戈尔德（Dolores Pushkar Gold）及其同事是第一批研究该现象的，他们将它描述为"一系列持久的、关系松散的、逐渐远离当前语境且相对不受控制的话语群"。[48]他们对加拿大的"二战"退伍军人（平均年龄65岁）进行了生活史访谈，发现其中20%的退伍军人可以被归类为"极端话多者"（extreme talkers），他们出现了大量偏离主题的话语。后续研究也证实了偏题赘言并不是纯粹的喋喋不休：退伍军人的话多和偏题赘言被证明是独立的现象，年龄可以预测偏题赘言（的产生），而非话多。[49]

　　当然，老年人并不是唯一偏离他们谈话要点的人，年轻人也常常会这样，与他们的祖父母并无不同。圭拉·格洛瑟（Guila Glosser）和托尼·德塞尔（Toni Deser）进行了一项实验，发现尽管两组受试群体在语法复杂度和单词错误程度上相差无几，但老年受试者在整体连贯性方面确实不如中年受试者。[50]正如我们看到的那样，在比较年轻人和老年人时应多加留心。一项追踪同一批老年受试者的纵向研究发现，随着时间的推移，赘言是他们言语中一个相对稳定的属性。然而，两次评估之间只相隔15个月，所以我们不知道在更长的时间内会发生什么。[51]

　　关于偏题赘言的成因，心理学家们有几个相互矛盾的

102

理论。其中一个理论认为，随着成人年龄的增长，他们只是不太能够像以前一样阻止偏题的信息渗透到思想和话语中。[52] 然而，也有研究表明，偏题赘言和测验任务相关。当洛里·詹姆斯（Lori James）和她的同事们要求受试者对图片进行描述，而不是要求回答开放性、具有自传性质的问题时，老年群体并没有比中青年产生更多的偏题赘言[53]。假如偏题赘言的根本问题仅在于抑制能力的下降，那么研究者应该发现两种测试任务的偏题赘言程度是相当的才对。

　　研究偏题赘言对我们的生活有现实意义吗？答案是肯定的。比如说，年轻人往往会无视老年人唠叨冗长的言语，觉得老年人说的话不那么可靠。伊丽莎白·布里玛科姆（Elizabeth Brimacombe）和她的同事们设计了一个研究，对比模拟法庭语境中年轻人（平均年龄 20 岁）和两组老年人的目击者证词（一组为低龄老年组，平均年龄 68 岁；另一组为高龄老年组，平均年龄 79 岁）。研究要求受试者观看一个视频，内容是钱包里的钱被偷走了，然后要求他们描述视频里发生了什么，高龄老年组中有三分之一的受试者出现了跑题现象，话语内容涉及与描述小偷无关的个人经历。低龄老年组和年轻人组则没有这些现象。但这些跑题的话语只出现在高龄老年组描述他们熟悉的环境时（其中有一个版本的视频是在高龄老年人所居住的老年社区里录制的）。这一发现告诉我们，这些跑题的证词主要是因为高

103

龄老年人的抑制功能下降，因为这些熟悉的场景可能会唤起与视频不相关的记忆，先前的经历就发生在视频中出现的地点。幸运的是，偏题赘言没有对证词的可信度产生消极影响。另外一组本科生受试者在观看之前三组受试者提供证词的视频后，被要求给三组证词的可信度打分，结果是三组得分相同。[54] 但我们应该注意到，也有其他研究得出过老年目击者的证词不太可信的结论。[55]

当然，根据定义的不同，对于一段话语属不属于偏题赘言的判断也很主观。在上述詹姆斯的实验里，老年受试者和年轻受试者似乎对偏题赘言也有着不同的定义，"老年人认为沟通的目的是强调生活经历的重要性，而非个人描述的准确性"；[56] 老年人通常很重视生活经历，因此将个人观察融入另一主题谈话的做法情有可原。[57] 老年人和年轻人在沟通目的和沟通偏好方面也存在差异。杜尼娅·特伦克（Dunja Trunk）和丽丝·艾布拉姆斯（Lise Abrams）发现，年轻人对于应该如何表达不同的沟通目的有明显的偏好，而老年人对不同表达风格有着更大的宽容度。[58]

偏题赘言也有轻重之分。严重的偏题赘言现象又叫作"混乱话题转移"（disruptive topic shift）现象，这种现象往往还包含了说到一半戛然而止的短语、翻来覆去说的话和毫无意义的词语，常见于患有痴呆症的老年人；[59] 也有症状较轻的表现形式，如拥有内在逻辑却没有紧扣主题的自传性自述，这种自述或许仅仅是出于老年人想讲个好故事的愿望。

尽管听到别人偏题赘言的话语很令人失望沮丧，但是偏题赘言也具有其他含义。年轻人听到这样跑题夸张的对话时，会催生对老年人的负面刻板印象。[60] 我们将在下一章节探讨负面刻板印象的问题。

另外，偏题的话语并不一定意味着说话者心中没有更大的交际目标。这里有一个例子：由彼得·福克（Peter Falk）在电视上饰演的虚构凶杀案中的侦探科伦坡（Columbo）①，剧中科伦坡看似讲述了不相干的故事，实际上却是为了迷惑罪犯，使其落入法网。简而言之，话语的主题和连贯取决于听者。[61]

讲故事

> 吃饱穿暖之后，我们在这世界上最需要的东西便是故事。
>
> ——英国作家菲利普·普尔曼（Philip Pullman）

---

① 《科伦坡》(Columbo) 是美国经典电视电影系列，以主人公科伦坡命名。——译注

数千年来，人类彼此之间一直在讲故事。在普及识字之前，故事的口头传播是一种主要的娱乐和教化形式。其中一些故事流传千年，例如民间故事和史诗，长度可以长达数千行。讲故事是一个典型的复杂认知任务，对短期记忆、工作记忆与长期记忆要求甚高。为缓解认知负荷，讲故事的人会用助记语句来帮助他们记忆。助记语句包括反复出现某些短语，例如在《伊利亚特》里常出现的 "swift-footed Achilles"（捷足的阿喀琉斯），以及英国诗人们、戏剧家们（比如莎士比亚）爱用的押韵对句。当哈姆雷特呼喊着 "The play's the thing, wherein I'll catch the conscience of the king"（凭借这一部戏，我可以发现国王内心的奥秘），其中第一句就是帮助记忆下一句的，thing 这个单词为 king 提供了提示。当然，大多数人没法像莎士比亚一样文采斐然，但我们多少都讲过一些故事。随着年龄的增长，我们讲故事的能力会发生变化吗？

年龄增长导致的工作记忆衰退似乎对老年人讲故事的能力多少会产生一些影响，这是在意料之中的。苏珊·坎珀和她的同事们要求年龄在 60 ~ 90 岁的受试者们"编个故事，就像你给孩子讲故事一样……你可以决定复述一个熟悉的故事，或者从头开始编一个故事"。[62] 然后，研究者依照叙事结构、语法复杂度、内容和衔接性（换句话说，

105

叙事的各部分之间的联系如何）等指标对这些个人叙述与幻想故事加以分析。结果发现，80 多岁的受试者叙述的故事在结构上比 60 多岁的受试者要更为复杂（结构更复杂的故事因果衔接会更强，或者有完整的结束语或寓意）。但更年长的一组受试者其句子在语法上不那么复杂，故事的衔接性也不强。研究者认为这种种情形反映了工作记忆的衰退。不过结构复杂度的提升也许是老年受试者有意而为之的：他们提供了故事背景信息和叙述者对他们讲述的故事的个人观点。[63]

对比实验发现，大学生和老年人在讲故事上也存在差异。一项研究要求大学生和老年人分别复述一个故事。比起大学生，老年人的叙述更具综合性或解释性。[64] 但两组受试者在复述故事时的准确性相差无几。[65] 他们也在"什么才是一个好故事"的标准上达成了一致，这可能是由于他们对于故事好坏的理解有相似性，尽管在表面上不太看得出来。[66]

贯穿整个人生的讲故事经验会让你讲得更好吗？有一些证据指向了肯定的答案。坎珀和她的同事们发现，给故事评分的打分者认为，老年受试者（60 ～ 92 岁）讲的故事比年轻受试者（18 ～ 28 岁）讲的更清晰、更有趣。[67] 迈克尔·普拉特（Michael Pratt）和苏珊·罗宾斯（Susan Robins）也做了一个类似的实验，实验结果发现，相较于年轻受试者的故事，老年受试者的故事质量更高。[68]

　　为什么老年人更善于讲故事呢？南希·梅格勒（Nancy Mergler）和她的合作者要求大学生回忆三组人（年龄为20岁和21岁的同龄人组、40岁和49岁的中年人组、67岁和82岁的老年人组）录制的散文章节片段。大学生们能更多地回忆老年人组录制的散文细节，当内容片段为故事时，大学生对老年人组讲的故事评价更高。但是，如果录制的内容只是描述性文字，情况就不太一样了。研究人员推测，老年人声音的生理特性会使口语传播更"声"入人心。[69]此外，好感度的差异表明，人们对从老年人那里获得特定类型的信息抱有期望。老年人往往说话更缓慢，他们会调整音高和节奏以增加所说内容的吸引力。[70]总之，以上效果说明老年人会有意识地努力让故事尽可能有趣，

而不是客观准确。[71] 或者也许是这个实验唤起了受试者对孩童时代听父母和祖父母讲故事的美好回忆!

尽管讲故事的只是一个人，但我们经常一起讲故事。比方说，在晚宴上，一对夫妇可能会轮流向其他客人讲述一件有趣的轶事，或者可能会打断对方，以补充重要的细节或提供事件的另外一个版本。一项研究比较了年轻夫妇和年长夫妇如何应对合作讲故事的要求，发现这两组年龄之间没有什么差别。在回忆信息的数量方面，老年男性受试者的回忆内容比年轻男性受试者少，但老年女性和年轻女性受试者之间并没有呈现出这种差异，其原因尚不清楚。另外，该研究显示老年人和年轻人合作讲故事的能力没有差异，两类人群对陌生人和熟人讲述故事的情况也一样。[72]

但是，合作讲故事的差异在夫妇们讲故事的方式上体现较明显。例如，有一项研究显示，当夫妇被要求讨论度假事由时，老年夫妇讨论更多的是人和地点，而年轻夫妇更多地讨论旅行日程安排；老年夫妇倾向于各自讲述故事的不同内容，随着话题切换，他们会接替对方讲下去，而年轻夫妇间的互动更频繁，并且会一起讲述故事的全部内容。[73] 与之类似，老年夫妇似乎在合作解决问题上也表现得很优秀。[74]

既然老年夫妇在合作讲故事和解决问题上都表现得很出色，那么与伴侣一起工作可能是弥补与年龄相关的认知

能力下降的另一种方式。[75] 因此看来，三个臭皮匠确实赛
过诸葛亮。

注 释

1. Margaret M. Kjelgaard, Debra A. Titone, and Arthur Wingfield, "The Influence of Prosodic Structure on the Interpretation of Temporary Syntactic Ambiguity by Young and Elderly Listeners," *Experimental Aging Research* 25, no. 3 (1999): 187–207.
2. Ken J. Hoyte, Hiram Brownell, and Arthur Wingfield, "Components of Speech Prosody and Their Use in Detection of Syntactic Structure by Older Adults," *Experimental Aging Research* 35, no. 1 (2009): 129–151.
3. Angela N. Burda et al., "Age and Understanding Speakers with Spanish or Taiwanese Accents," *Perceptual and Motor Skills* 97, no. 1 (2003): 11–20.
4. Sandra Gordon-Salant et al., "Perception of Contrastive Bi-syllabic Lexical Stress in Unaccented and Accented Words by Younger and Older Listeners," *Journal of the Acoustical Society of America* 139, no. 3 (2016): 1132–1148.
5. Alejandrina Cristia et al., "Linguistic Processing of Accented Speech across the Lifespan," *Frontiers in Psychology* 3, no. 479 (2012): 1–15.
6. Alexandra Jesse and Esther Janse, "Audiovisual Benefit for Recognition of Speech Presented with Single-Talker Noise in Older Listeners," *Language and Cognitive Processes* 27, nos. 7–8 (2012): 1167–1191.
7. Raymond S. Nickerson and Marilyn Jager Adams, "Long-term Memory for a Common Object," *Cognitive Psychology* 11, no. 3 (1979): 288.
8. Alan D. Castel, Meenely Nazarian, and Adam B. Blake, "Attention and Incidental Memory in Everyday Settings," in *The Handbook of Attention*, ed. Jonathan M. Fawcett, Evan F. Risko, and Alan Kingstone (Cambridge, MA: MIT Press), 463–483.
9. Larry L. Jacoby and Ann Hollingshead, "Reading Student Essays May Be Hazardous to Your Spelling: Effects of Reading Incorrectly and Correctly Spelled Words," *Canadian Journal of Psychology* 44, no. 3 (1990): 345–358.
10. Larry L. Jacoby, "Memory Observed and Memory Unobserved," in

Remembering Reconsidered: Ecological and Traditional Approaches to the Study of Memory, ed. Ulric Neisser and Eugene Winograd (Cambridge: Cambridge University Press, 1988), 145–192.

11. Jacoby and Hollingshead, "Reading Student Essays May Be Hazardous."

12. Donald G. MacKay, Lise Abrams, and Manissa J. Pedroza, "Aging on the Input versus Output Side: Theoretical Implications of Age-linked Asymmetries between Detecting versus Retrieving Orthographic Information," *Psychology and Aging* 14, no. 1 (1999): 3–17.

13. Lise Abrams, Meagan T. Farrell, and Sara J. Margolin, "Older Adults' Detection of Misspellings during Reading," *Journals of Gerontology Series B: Psychological Sciences and Social Sciences* 65B, no. 6 (2010): 680–683.

14. Francis T. Durso and Wendelyn J. Shore, "Partial Knowledge of Word Meanings," *Journal of Experimental Psychology: General* 120, no. 2 (1991): 190–202.

15. Robin Goulden, Paul Nation, and John Read, "How Large Can a Receptive Vocabulary Be?" *Applied Linguistics* 11, no. 4 (1990): 356.

16. Kathryn Zickuhr et al., "Younger Americans' Reading and Library Habits," *Pew Internet and American Life Project*, October 23, 2012, http://libraries.pewinternet.org/2012/10/23/younger-americans-reading-and-library-habits.

17. Ryan P. Bowles and Timothy A. Salthouse, "Vocabulary Test Format and Differential Relations to Age," *Psychology and Aging* 23, no. 2 (2008): 366–376.

18. Eugene B. Zechmeister et al., "Growth of a Functionally Important Lexicon," *Journal of Reading Behavior* 27, no. 2 (1995): 201–212.

19. Gitit Kavé and Vered Halamish, "Doubly Blessed: Older Adults Know More Vocabulary and Know Better What They Know," *Psychology and Aging* 30, no. 1 (2015): 72.

20. Joshua K. Hartshorne and Laura T. Germine, "When Does Cognitive Functioning Peak? The Asynchronous Rise and Fall of Different Cognitive Abilities across the Life Span," *Psychological Science* 26, no. 4 (2015): 433–443.

21. Meredith A. Shafto et al., "Age-related Increases in Verbal Knowledge Are Not Associated with Word Finding Problems in the Cam-CAN Cohort: What You Know Won't Hurt You," Journals of Gerontology Series B: Psychological Sciences and Social Sciences 72, no. 1 (2018): 100–106.

22. Eiji Aramaki et al., "Vocabulary Size in Speech May Be an Early Indicator of Cognitive Impairment," PloS One 11, no. 5（2016）: 1–13.
23. Tom N. Tombaugh, Jean Kozak, and Laura Rees, "Normative Data Stratified by Age and Education for Two Measures of Verbal Fluency: FAS and Animal Naming," Archives of Clinical Neuropsychology 14, no. 2（1999）: 167–177.
24. Janet Patterson, "Verbal Fluency," in Encyclopedia of Clinical Neuropsychology, vol. 4, ed. Jeffrey S. Kreutzer, John DeLuca, and Bruce Caplan（New York: Springer, 2011）, 2603–2605.
25. Julie D. Henry and John R. Crawford, "A Meta-analytic Review of Verbal Fluency Performance following Focal Cortical Lesions," Neuropsychology 18, no. 2（2004）: 284–295.
26. Joan McDowd et al., "Understanding Verbal Fluency in Healthy Aging, Alzheimer's Disease, and Parkinson's Disease," Neuropsychology 25, no. 2（2011）: 210–225.
27. Douglas M. Whiteside et al., "Verbal Fluency: Language or Executive Function Measure?" Applied Neuropsychology: Adult 23, no. 1（2016）: 29–34.
28. Tombaugh et al., "Normative Data Stratified by Age."
29. Karen I. Bolla et al., "Predictors of Verbal Fluency（FAS）in the Healthy Elderly," Journal of Clinical Psychology 46, no. 5（1990）: 623–628.
30. Adam M. Brickman et al., "Category and Letter Verbal Fluency across the Adult Lifespan: Relationship to EEG Theta Power," Archives of Clinical Neuropsychology 20, no. 5（2005）: 561–573.
31. Sara J. Czaja et al., "Examining Age Differences in Performance of a Complex Information Search and Retrieval Task," Psychology and Aging 16, no. 4（2001）: 564–579.
32. Danielle Barry, Marsha E. Bates, and Erich Labouvie, "FAS and CFL Forms of Verbal Fluency Differ in Difficulty: A Meta-analytic Study," Applied Neuropsychology 15, no. 2（2008）: 97–106.
33. Brickman et al., "Category and letter Verbal Fluency."
34. Ian S. Hargreaves et al., "How a Hobby Can Shape Cognition: Visual Word Recognition in Competitive Scrabble Players," Memory and Cognition 40, no. 1（2012）: 1–7.
35. Michael Ramscar et al., "The Myth of Cognitive Decline: Non-linear Dynamics of Lifelong Learning," Topics in Cognitive Science 6, no. 1（2014）: 5–42.

36. Susan Kemper and Aaron Sumner, "The Structure of Verbal Abilities in Young and Older Adults," *Psychology and Aging* 16, no. 2 (2001): 312–322.
37. Susan Kemper, Ruth E. Herman, and Chiung-Ju Liu, "Sentence Production by Young and Older Adults in Controlled Contexts," *Journals of Gerontology Series B: Psychological Sciences and Social Sciences* 59, no. 5 (2004): 220–224.
38. Susan Kemper, Marilyn Thompson, and Janet Marquis, "Longitudinal Change in Language Production: Effects of Aging and Dementia on Grammatical Complexity and Semantic Content," *Psychology and Aging* 16, no. 4 (2001): 600–614.
39. Marilyn A. Nippold, Paige M. Cramond, and Christine Hayward-Mayhew, "Spoken Language Production in Adults: Examining Age-Related Differences in Syntactic Complexity," *Clinical Linguistics and Phonetics* 28, no. 3 (2014): 195–207.
40. Fermín Moscoso del Prado Martín, "Vocabulary, Grammar, Sex, and Aging," *Cognitive Science* 41, no. 4 (2017): 950–975.
41. Susan Kemper, "Memory and Executive Function: Language Production in Late Life," in *Language Development: The Lifespan Perspective*, ed. Annette Gerstenberg and Anja Voeste (Amsterdam: John Benjamins, 2015), 59–76.
42. Moscoso del Prado Martín, "Vocabulary, Grammar, Sex."
43. Alan D. Baddeley et al., "The Decline of Working Memory in Alzheimer's Disease: A Longitudinal Study," *Brain* 114, no. 6 (1991): 2521–2542.
44. Kemper et al., "Longitudinal Change."
45. Kelly Lyons et al., "Oral Language and Alzheimer's Disease: A Reduction in Syntactic Complexity," *Aging, Neuropsychology, and Cognition* 1, no. 4 (1994): 271–281.
46. Susan Kemper et al., "On the Preservation of Syntax in Alzheimer's Disease: Evidence from Written Sentences," *Archives of Neurology* 50, no. 1 (1993): 81–86.
47. Kemper, "Memory and Executive Function," 63.
48. Dolores Gold et al., "Measurement and Correlates of Verbosity in Elderly People," *Journal of Gerontology: Psychological Sciences* 43, no. 2 (1988): 27.
49. Dolores Pushkar Gold et al., "Off-target Verbosity and Talkativeness in Elderly People," Canadian *Journal on Aging* 12, no. 1 (1993): 67–77.
50. Guila Glosser and Toni Deser, "A Comparison of Changes in Macrolinguistic

and Microlinguistic Aspects of Discourse Production in Normal Aging," *Journal of Gerontology* 47, no. 4 (1992): 266–272.

51. Dolores Pushkar Gold and Tannis Y. Arbuckle, "A Longitudinal Study of Off-target Verbosity," Journals *of Gerontology Series B: Psychological Sciences and Social Sciences* 50, no. 6 (1995): 307–315.

52. Tannis Y. Arbuckle and Dolores Pushkar Gold, "Aging, Inhibition, and Verbosity," *Journal of Gerontology* 48, no. 5 (1993): 225–232.

53. Lori E. James et al., "Production and Perception of 'Verbosity' in Younger and Older Adults," *Psychology and Aging* 13, no. 3 (1998): 355–367.

54. C. A. Brimacombe et al., "Perceptions of Older Adult Eyewitnesses: Will You Believe Me When I'm 64?" *Law and Human Behavior* 27, no. 5 (2003): 507–522.

55. C. A. Brimacombe et al., "Is Age Irrelevant? Perceptions of Young and Old Adult Eyewitnesses," *Law and Human Behavior* 21, no. 6 (1997): 619–634; Sheree T. Kwong See, Hunter G. Hoffman, and Tammy L. Wood, "Perceptions of an Old Female Eyewitness: Is the Older Eyewitness Believable?" *Psychology and Aging* 16, no. 2 (2001): 346–350.

56. James et al., "Production and Perception," 355.

57. Elizabeth A. L. Stine-Morrow, Matthew C. Shake, and Soo Rim Noh, "Language and Communication," in *Aging in America, vol. 1*, ed. John C. Cavanaugh and Christine K. Cavanaugh (Santa Barbara, CA: Praeger Perspectives, 2010), 56–78.

58. Dunja L. Trunk and Lise Abrams, "Do Younger and Older Adults' Communicative Goals Influence Off-Topic Speech in Autobiographical Narratives?" *Psychology and Aging* 24, no. 2 (2009): 324–377.

59. Katinka Dijkstra et al., "Conversational Coherence: Discourse Analysis of Older Adults with and without Dementia," *Journal of Neurolinguistics* 17, no. 4 (2004): 276.

60. Janet B. Ruscher and Megan M. Hurley, "Off-target Verbosity Evokes Negative Stereotypes of Older Adults," *Journal of Language and Social Psychology* 19, no. 1 (2000): 141–149.

61. Richard M. Roberts and Roger J. Kreuz, "Nonstandard Discourse and Its Coherence," *Discourse Processes* 16, no. 4 (1993): 451–464.

62. Susan Kemper et al., "Telling Stories: The Structure of Adults' Narratives," *European Journal of Cognitive Psychology* 2, no. 3 (1991): 208.

63. Kemper et al., "Telling Stories."
64. Cynthia Adams et al., "Adult Age Group Differences in Story Recall Style," *Journal of Gerontology* 45, no. 1 (1990): 17–27.
65. Danielle K. Davis, Nicole Alea, and Susan Bluck, "The Difference between Right and Wrong: Accuracy of Older and Younger Adults' Story Recall," *International Journal of Environmental Research and Public Health* 12, no. 9 (2015): 10861–10885.
66. Jacqueline M. Baron and Susan Bluck, "That Was a Good Story! Preliminary Construction of the Perceived Story Quality Index," *Discourse Processes* 48, no. 2 (2011): 93–118.
67. Susan Kemper et al., "Life-Span Changes to Adults' Language: Effects of Memory and Genre," *Applied Psycholinguistics* 10, no. 1 (1989): 49–66.
68. Michael W. Pratt and Susan L. Robins, "That's the Way It Was: Age Differences in the Structure and Quality of Adults' Personal Narratives," *Discourse Processes* 14, no. 1 (1991): 73–85.
69. Nancy L. Mergler, Marion Faust, and Michael D. Goldstein, "Storytelling as an Age-Dependent Skill: Oral Recall of Orally Presented Stories," *International Journal of Aging and Human Development* 20, no. 3 (1985): 205.
70. Arthur A. Wingfield and Elizabeth A. L. StineMorrow, "Language and Speech," in *Handbook of Cognitive Aging*, 2nd ed., ed. Fergus I. M. Craik and Timothy A. Salthouse (Mahwah, NJ: Erlbaum, 2000), 359–416.
71. Roger A. Dixon and Odette N. Gould, "Adults Telling and Retelling Stories Collaboratively," in *Interactive Minds: Life-Span Perspectives on the Social Foundation of Cognition*, ed. Paul B. Baltes and Ursula M. Staudinger (Cambridge: Cambridge University Press, 1996), 221–241.
72. Odette N. Gould et al., "Collaborative Recall in Married and Unacquainted Dyads," *International Journal of Behavioral Development* 26, no. 1 (2002): 36–44.
73. Odette N. Gould and Roger A. Dixon, "How We Spent Our Vacation: Collaborative Storytelling by Young and Old Adults," *Psychology and Aging* 8, no. 1 (1993): 10–17.
74. Cynthia A. Berg et al., "Task Control and Cognitive Abilities of Self and Spouse in Collaboration in Middle-Aged and Older Couples," *Psychology and Aging* 22, no. 3 (2007): 420–427.
75. Dixon and Gould, "Adults Telling and Retelling Stories"; Gould and Dixon, "How We Spent Our Vacation"; Gould, Osborn, et al., "Collaborative Recall."

5

第五章

语言的使用

Using Language

语用能力

什么是语用能力强的语言使用者? 语用能力 (pragmatically competent) 的内涵有很多, 其中包括: 有礼貌、社交得体, 以及能够对他人的需求和想法作出回应等。[1] 闲谈是检验语用能力很好的例子, 因为一个人要通过语言来惬意地消磨时间, 就需要对上下文语境、社会习俗和共享的背景知识有深入的了解。语用能力中另一项重要技能是, 能够根据需求大小来决定说话所使用的尊重程度和礼貌语气。如果需求较小, 比如只想要一张纸, 可能只会用"请"这个词。如果是更重要的需求, 比如需要搭车去机场, 就要表达更多的需要和感激。

为了让对话顺利进行, 语用能力还体现在很重要的一点上: 记住谈话双方有哪些是共同的背景知识。而老年人似乎并不总能考虑到他们的听众究竟知道些什么, 或者不知道些什么。有一项针对这种现象的研究, 研究者要求年轻的 (24 岁) 和年老的 (68 岁) 荷兰人分别向熟悉或不熟悉故事内容的人讲述一个喜剧故事。当对方没有听过这个故事时, 年轻人会展现更强的包容性, 并且会在讲故事的时候加入更多的词语和手势; 而老年人则可能无法充分满足听众的需求。[2]

在日常生活中, 老年人经常抱怨说他们跟不上对话,也听不懂别人的话。如果他们认知能力的下降（比如记忆力和执行功能的变化）与感知能力（较差的视力和听力）的下降同时发生，就很难弄清是哪个因素造成的。分清认知缺陷和感知缺陷是不容易的，但一些研究表明，老年人理解对话上的困难更多的还是感知上的原因。[3]比如，在一群谈话者的环境中，老年人可能无法有效地通过听觉线索来推断谁在讲话，但即便如此，他们仍然知道如何将对话进行下去。

对老年人自发性语言使用的研究表明，不同性别之间可能也存在显著差异。研究人员让青年、中年、老年的西班牙语使用者对一些图片进行即兴描述，结果发现，对女性受试者来说，与年龄相关的能力下降并不明显，但是对男性受试者来说则更为显著。[4]男性自发性语言产出较少，可以被解释为缺乏兴趣，甚至是因为语言表达过于直白粗鲁。因此，一个人语言的产出量也是至关重要的。这项研究并没有探讨男女之间的差异是否由认知、社会或文化因素造成，但它表明，进入老年之后，语用能力的变化对男女两性的影响确实不同。

语用能力的体现不止限于语言表达。比如，在面对面的交流中，人们通常会对交流对象的眼神很敏感：他们会追随交流对象的眼神看向一个物体或者第三方，这是一种引起共同注意的方法。一项包含年轻人（平均 20 岁）和老年人（平均 73 岁）的实验中，研究人员让受试者观察电脑屏幕上的面孔，并判断他们什么时候在稍稍向左看、向右看或是直视前方。老年人在作出此类判断时速度较慢，在跟随视线方向时也较慢。这表明，在使用这一重要社交线索的时候，老年人可能处于劣势。[5]

成年人语用能力上的缺陷与多种神经退行性疾病有关。帕金森病患者很难判断作出请求时所需要的礼貌程度；[6] 多发性硬化症（multiple sclerosis，简称 MS）患者可能无法向谈话对象提供适当数量的信息；[7] 而肌萎缩侧索硬化症（amyotrophic lateral sclerosis，简称 ALS）患者也存在类似的缺陷。[8]

每个人都需要与专业医护人员进行沟通，包括主诉症状，并接受药物治疗和使用指导。而对执业医师来说，尤为重要的就是对语用交际涉及的各个方面多加注意，老年患者可能会在这些方面产生问题。比如，考虑到老年人很难跟上对话，我们可以每次只让一个人跟老年人进行对话，提供每一个步骤的相关信息，这可能比多个医护人员同时对话效果要好。[9] 此外，医护人员还必须注意，避免对患者没有保持适当眼神跟随的原因作出错误判断，比如误认为在撒谎；也要避免错误地推测他们为什么没有遵循正确的话轮转换顺序，比如误认为他们讲话很急躁等。

113

非字面语言

> 人生就像在骑自行车，要想保持平衡，就必须不停地往前进。
>
> ——阿尔伯特·爱因斯坦给儿子爱德华的信（1930）

很多时候，我们所说的话并不是字面上的意思。比如，有人说"外面的温度大概有一百度了"，或者说"等了一万年服务员才出现"，这都是在用夸张的手法强调天气比往常要热很多，服务员比平常慢很多。在推断对方话语中的意图时，我们必须把上下文语境、百科知识以及对方的有关信息都考虑进去。所以，当你的朋友说了一个不符合常识的高温时，你可以理解为他在夸张地抱怨天气太热了。

夸张只是言语和写作中常用到的比喻性语言或非字面语言（nonliteral language）中的一种。语言研究人员考察了儿童的非字面语言能力是如何发展的，以及人们是如何使用这些语言形式来实现特定的话语目标的，比如表达幽默或激发思考，[10] 如本小节开头对爱因斯坦运用明喻（simile）的引用。同时，研究人员还研究了衰老的过程是如何影响非字面语言的理解的。在这一节中，我们将会简要回顾一些关于衰老和四种非字面语言之间关系的研究，这四种语言形式分别是：隐喻（metaphor）、习语（idiom）、反讽（verbal irony）和谚语（proverbs）。

隐喻是将两个有潜在联系的不同事物进行对比，比如讲座和安眠药（把讲座比作可以诱导睡眠的东西）。有些隐喻的内容很丰富，会引起许多类似的联系。就好像莎士比亚戏剧《皆大欢喜》（*As You Like It*）中杰奎斯（Jaques）说过的话，他认为"世界是个大舞台"（all the world's a stage）。莎士比亚让这个角色的独白长达两百多字，解释了这个隐喻的意思：我们的生活就如戏剧一般，会以各种各样的形式上演。因为隐喻需要把截然不同的概念同时考虑进去，所以它们具有复杂性。这也表明，隐喻的使用加重了诸如保持工作记忆和抑制无关信息等认知过程的负担。那么，这是否也意味着，老年人在理解隐喻时会比较困难呢？

事实上，到目前为止还没有研究可以确切地回答这个问题。有研究发现，与年轻人（平均年龄 25 岁）相比，老年人（平均年龄 70 岁）在被要求识别隐喻的文义不实时会犯更多错误，比如要识别出 The singer killed the song（歌手"毁"了这首歌）这样看似错误的隐喻表达。这项研究的结论是，老年人更难抑制对这类句子作出比喻性的解释。[11] 然而，在另一项研究中，结果却并不一致。研究

114

者给年轻（19岁）和年长（74岁）的受试者阅读"辩护律师是条鲨鱼"这样的句子。这个句子后面紧跟着与该比喻相关的描述，比如"鲨鱼紧咬不放"；也有与该比喻无关的描述，比如"鲨鱼是游泳好手"。[12] 受试者要说出这些陈述是否具有意义。老年人和年轻人在看到与比喻有关的描述（如"紧咬不放"）时，反应都比看到与比喻无关的描述（如"游泳好手"）时要快。这一结果说明，老年人可以抑制与比喻无关的意义，至少在一些情境中可以做到。

与隐喻不同，习语是一些相对固定的表达，只有一个固定的意思，比如"letting the cat out of the bag"（把猫从包里放跑了）的意思是"泄漏了秘密"。考虑到老年人比

年轻人有更多的语言使用经验，就会认为老年人对这些习语的意义内涵和使用表达更有经验，可能表现优于年轻人，但实验的结果却并不统一：在一项向受试者询问此类短语的研究中，60多岁受试者的表现比20多岁的要好。[13]然而，另一项研究也发现，跟年轻人相比，老年受试者在要求抑制习语字面意思的实验中表现更差。[14]

对语言进行解释是富有挑战性的，这一点尤其体现在言语反讽和讽刺上。要搞清楚为什么一个人真正想表达的意思和字面上的意思相反，并不是一件简单的事。比如对着倾盆大雨说："这天气可真好！"或者对着一个健忘的朋友说："你真是个天才！"在面对面的交流中，讽刺的话语往往伴随着一些情感暗示，比如夸张的面部表情或特定的语调。正如我们所知，老年人不太能够识别他人表达的情感暗示。在一项关于讽刺的敏感度的研究中，年轻人、中年人和老年人观看描述对话的视频，其中人物发表了或真诚或讽刺的陈述。三组受试者在理解真诚话语的含义方面表现相似，但是老年人更难准确识别话语中的讽刺。该研究的作者表示，老年人不太善于利用情感暗示和情境背景来解释说话者非字面上的意图。[15]因此，患有轻度认知障碍的老年人在推断他人心理状态和识别此类实验中的言语反讽时表现较差，就不足为奇了[16]。

观察老年人对谚语的理解，给我们提供了另一个探究老年人语言能力的窗口。从某些方面来说，由于谚语和习语一样是一种文化中包含特定含义的短语，因此我们也许会以为老年人对谚语的理解情况与习语类似。比如，用"三思而后行"（Look before you leap）提醒你做事要谨慎。老年人对这些短语理应更加熟悉，一项研究表明，在整个青春期和青年期（young adulthood）中，人们解释不熟悉的谚语的能力会逐步增强。这项能力在中年时期保持稳定，直到60多岁出现小幅下降，70多岁时才出现更明显的下降。[17]但汉娜·乌拉托夫斯卡（Hanna Ulatowska）和她的合作者却发现，80多岁和90多岁的受试者在对谚语进行总结和理解时表现得相当不错。[18]同时也有研究发现，与二三十岁的年轻人和四五十岁的中年人相比，那些六七十岁的受试者们对谚语的理解能力有所下降。研究人员还发现，老年人工作记忆和抑制控制能力也下降了，这可能就解释了为什么老年人对谚语的理解能力会下降。[19]虽然能证明这一点的证据尚不明晰，但证据表明，至少有一些老年人可能保留了对谚语的理解能力。

可见，老年人确实能够从丰富的语言经验中获益，他们在习语知识方面比年轻受试者更胜一筹，并且直到晚年还能保持解释不太熟悉的谚语的能力。但是，语言理解的基础是认知能力，诸如工作记忆和抑制不相关信息方面认知功能的下降，最终会影响非字面语言的理解和解释。此

117

外，监控情感和语境线索的能力减弱，使得老年人更难以理解话语中的反讽和讽刺意图。但是，即使是年轻人，也会觉得理解这些语言形式是具有挑战性的。看过"糊涂女佣"（Amelia Bedelia）系列儿童读物的读者们应该可以证实这一点，因为他们常常将书里比喻性的语言理解为表面意思。

最后，需要注意的是，上述实验结果的差异性在现实生活中也许并不是那么重要。例如，像"丢掉冷火鸡"（quitting cold turkey）这样的成语也许会让一位老年人首先想到的是倒掉感恩节晚餐上的剩菜，但这并不是说她不能理解可能是一位朋友在说他准备戒烟。

老头学不了新把戏

> 毫不夸张地说，语言之所以充满变化，是因为说话的人想让它们充满变化……人们不愿意与昨天说一样的话，更不想与别人昨天说的话雷同。从这个角度看，语言完全可以和时尚相提并论。
>
> ——德国埃尔福特大学语言学荣誉教授克里斯蒂安·莱曼（Christian Lehmann，2004）

118

从定义上来看，语言的故事几乎就是语言变化的故事。现代英语使用者试图阅读写于一千年前的古英语诗词时，必须像学一门外语一样。《坎特伯雷故事集》（*The Canterbury Tales*）创作于 14 世纪，用中世纪英语写成，现在的学生想要充分欣赏乔叟（Chaucer）的大作，就要掌握大量的词汇。英语直到进入 17 世纪（英王詹姆斯一世"钦定版圣经"和莎士比亚的戏剧诞生于此阶段），今天大多数使用者才能够在没有注解的情况下流畅地阅读用其母语创作的文学作品。因此，如果语言的变化是一定的，那么这些变化是如何在较短的时间内发挥作用的，比如在一个人的一生中，语言变化对衰老又有什么影响呢？

研究人员运用了多种手段来研究这些问题。例如，语料库语言学研究者分析了大量文本，考察了一段时间内文学作品中语言的变化趋势；[20] 心理学家研究了一些个体横跨几十年的书面语言，以确定语法、词汇或特定词类的使用是否发生了变化；[21] 社会语言学家通过比较不同时长的录音，确定语音发生了哪些转移，用这种方法分析特定言语社区内发生的语言变化。① 最近，研究人员筛选了脸书

---

① 收集语音数据时，社会语言学研究常要求受访者完成朗读词对、段落或随意发言等时长不同的任务，观察其中出现的单个语音转移（shifts）现象，如元音央化、高化、前移等，综合起来就可以观察到这种语言整体的变化情况。——罗纳德·沃德华著《社会语言学》（第五版）译者雷红波注

（Facebook）等社交媒体网站上发布的信息，来考察不同年龄的人语言使用上的差异。[22] 这些研究还发现了大量语言使用上的差异，这并不令人意外。虽然在通常情况下，即使是文化或者社会发生了重大变化，在个体层面语言也是具有稳定性的。[23]

如果一个人对某种特定语言的使用会随着年龄增长而发生巨大变化，那么个体语言具有稳定性这一说法似乎就不合逻辑了。但如果考虑到语言习得的方式，就可以解释得通了。大多数人可能会认为孩子是从父母那里学习语言的，但目前大量研究表明，同龄人也在其中起着重要的作用。[24] 许多父母惊讶于他们的孩子在搬家后学会了新环境中的口音和方言。这些语言上的转变甚至会发生在生命的早期阶段：一项研究甚至记录到了 20 个月大的幼儿在语言上的变化。[25] 尤其对于青少年而言，为了尽快融入同学或邻居的社交圈，他们会自觉或不自觉地改变自己的说话方式，来和同龄人保持一致。这些变化在单词发音上体现得尤为明显，但可能有许多其他更细微的区别。

如果我们只关注语言的一个成分，比如选词，那么因为语言变化产生的问题可能会更明显。人们在童年时期掌握的词汇，特别是那些用来指称事物的术语，往往不会随着时间的推移而发生多大变化。但是这些词和叫法中，许多都在技术、文化或代际变化的过程中逐渐过时了。结果就是，仅仅因为措辞不同，中老年人就会被年轻一代视为"老古董"。许多儿童和青少年听到他们父母口中的物品叫法已经不符合当代，或者早由其他叫法取代时，都会感到难堪。例如，将书包（backpack）称为行囊（knapsack）或者包裹（rucksack）、将沙发（sofa）称作躺椅（davenport）或者长靠椅（chesterfield）。"五角店"逐渐被"一元店"取代，起居室（parlors）变成了家庭客厅（family rooms），冰柜（iceboxes）也变成了冰箱（refrigerators）。同样，许多曾经常见的习语、明喻和隐喻也逐渐退出了社会，谁在说话时用到了这些词，就意味着成了"老一辈"的一员。

从这个角度看，我们就能够理解为什么个体身上会随着时间推移存在语言变化和语言稳定这两个看似不相容的方面了。个体在年轻时，为了能够融入同龄人中，其言语可能会产生很大的变化。换言之，语言变化是年轻人的游戏，青少年和年轻人有时能够推动全面性的语言变化。另外，由于中老年人一生中的绝大多数时间都在与同龄人交谈，"他们之间使用的语言是正统语言"这一观念就会在其一生中不断加深。

但是，难道人们不想让自己看起来尽可能年轻吗？我们应该看到对美容手术的需求表明，中老年人也在语言上模仿年轻人。一些上了年纪的人也想在他们话语中加入一

老人对小孩说："把你的背包（rucksack）
从躺椅（davenport）上拿下来！"

121 些更现代的词，但结果并不理想。五六十岁的人为了显得
自己尚且年轻，会有意使用一些新潮的词汇或者年轻人的
口头语，但很可能会因为不恰当的用法而受到嘲笑；他们
也有可能想要却无法融入比自己小几十岁的年轻人文化圈
而感到忿忿不平。

在一项关于代际沟通问题的经典研究中，安吉·威廉
姆斯（Angie Williams）和霍华德·吉尔斯（Howard Giles）
让大学生们回忆与老年人的一些对话。（出于研究的目的，
这些老年人是指 65 ～ 75 岁的非家庭成员。）那些认为对
话并不愉快的大学生，都说谈话中的困难是由老年人造成

的。具体而言，大学生们把这些老年人形容为不够变通，让人感觉思想封闭或与现实脱节时。[26] 但"与现实脱节"的原因是多样的，其中之一可能就是因为使用了对年轻人来说是不熟悉或者"过时"的词语。

总的来说，相关研究表明，个体总是会尝试在稳定性（语言使用随着时间推移保持一致性）和灵活性（随着文化变迁学会新词语以及使用语言的新方法）之间找到平衡。[27] 正如服装风格一样，如果过于追求语言的时尚化，对成年人来说其实是有明显风险的。不过，就像生活中的许多其他事情一样，大多数人都能在新与旧之间找到折中的办法。

老年语

人们在交谈的时候，会自觉或不自觉地改变自己说话的方式。比如给小孩子指路的时候，可能会比平时说话更慢、更清晰。想家的大学生在与父母视频通话时，总是会比跟同学交流时要多一些撒娇的语气。年轻人在与老年人交流的时候，言语上也同样会发生一些变化。因为它跟所谓的"baby talk"（成人对婴幼儿所用的语言，也译

122

作"模仿儿语")很相似，所以当琳达·卡波尔（Linnda Caporael）1981 年在疗养院第一次记录这种语言的使用时，[28] 将其称为"elderspeak"（老年语）。[29]

"模仿儿语"和"老年语"都属于语言"适应"（accommodation）现象，即说话者尝试调整自己的语言，使其能够更容易被谈话对象接受。[30] 人们在交谈时会经常作出这种调整，例如在与跟自己不使用同一种母语的人交谈时：如果说话者认为其谈话对象的词汇量不如自己大，可能会在选择词汇时更加谨慎。这样看来，语言"适应"是能起到帮助作用的，也反映了说话者对相关问题的考虑。在使用老年语的时候，说话者可能是想要向年长者表达关怀和温暖，但是这也反映了人们对老年人的负面刻板印象，即认为老年人认知能力已经下降了。因此，这种说话方式常常会被认为是一种屈尊俯就（patronizing）的表现，也并不奇怪。[31]

模仿儿语和老年语也有很多共同之处，说话者都会对词汇和语法进行简化，以及倾向使用集合名词。比如用"我们"来代替"你"，例如说话人会说："我们来吃药好不好？"在这两种语言中常见的还有短句、重复，以及过多的解释。[32] 说话者也会使用一些附加疑问句来限制接受者作出独立的选择，比如："你现在就想去吃晚饭，是不是啊？"这类话语最突出的特点还是语调上的明显变化。

123

使用老年语的人往往说话声音更大，语速更慢，音调更高。他们讲话的语调就好似在唱歌，音调有起有伏。[33]

然而，这种针对老年人的语言也并不是一成不变的。年轻的说话者也会考虑一些其他因素，比如这个老年人是否较为独立，身体是否健康，又比如两者的互动是发生在社区还是医院。[34]需要的时候，说话者会根据这些情况对自己的语言进行相应的调节。问题在于，除非有明确的证据证明不需要，年轻人可能往往都会认为老年人身体较弱、听力较差，因而有必要使用老年语。

使用老年语的弊端之一是它对居住在养护机构的老年人的影响。老年痴呆症患者的照护人员遇到的一个主要问题是，患者可能会对护理产生抵触情绪。例如，长期居住在护理机构中的老年患者可能会表现出攻击性，可能会有言语攻击（verbal outbursts），或是表现为退缩沉默（verbal withdraw）并与周围环境的接触减少。由克里斯汀·威廉姆斯（Kristine Williams）领衔的研究发现，这类问题的出现跟老年语的使用有关。[35]这种屈尊俯就式的语言可能会助长老年人的依赖心理，并且削弱他们的能力。

即便是对社区中健康老龄化的老年人，老年语的使用也很普遍。对许多老年人来说，他们特别反感的是诸如"亲爱的"或"甜心"这样的爱称。例如，一位 83 岁的女性在被问到这类语言现象的经历时，对"亲爱的"一词有所抱怨。她说："别人可能是在表达善意，但当我听到这句话时，我会很生气。"一位 78 岁的老先生不喜欢听到比自己小几十岁的人比如商店店员直呼其名，他认为这是"虚假的亲密"。老年人经常抱怨的另一个问题是被他人忽略，例如医生会向患者的成年子女询问，而不询问患者本人；餐馆服务员会与同一张桌子上更年轻的顾客聊天，而忽略年长的顾客。[36]

老年语的使用存在一些长期的有害影响。贝卡·李维（Becca Levy）认为，这种语体加深了人们对衰老的负面刻板印象，人们年轻时将这些刻板印象内化，长大后就会成为他们自我意识的一部分。这些自我认知也有可能对健康产生负面影响。李维的研究表明，对衰老抱有积极认知的老年人平均比持有消极认知的老年人多活 7.5 年。[37]

另外，老年语的使用确实也有一些积极的方面，这一点也值得注意。一项研究发现，比起用一般语言陈述的药物说明，老年人在听取用老年语陈述的药物说明时，能记住更多的信息。这项研究还发现，无论是老年人还是年轻人，对老年语的感受都不完全是负面的，实际上是混杂的。使用老年语背后的意图是向老年人表达关心和善意，但是也同时会被理解为傲慢或不尊重。[38] 老年语的某些方面在帮助老年人时表现得尤为突出。苏珊·坎珀（Susan Kemper）和塔玛拉·哈登（Tamara Harden）让年轻和年长的受试者完成一项任务：按照口头指示在地图上追踪路线。研究人员发现，一些详细的说明和简单的句法对老年人的理解是有帮助的，但是老年语的其他方面，比如短句、较慢的语速和较高的声调，不仅没有太大作用，甚至会造成沟通问题。[39]

虽然"青年语"（youngsterspeak）这种说法并不存在，但是据年轻人说，老年人和他们说话的方式会让他们反感。当年轻人被要求描述自己觉得不满意的与老年人进行的对话时，在他们的回忆中，这些对话充满了老年人的抱怨和负面情绪，以及老年人认为年轻人天真且没有责任心的成见。除此之外，年轻人还不喜欢老年人不恰当地公开个人信息或是表现得咄咄逼人。[40]总的来说，年轻人似乎不喜欢老年人在谈话中"不适应"当下的谈话任务，因为他们忽视年轻人的谈话需求；而老年人不喜欢年轻人的"过度适应"，最终把他们当成孩子一样和他们说话。

我们至少有一些理由期望上述这些不成熟的行为可以得到纠正。老年照护人员通过训练可以减少老年语的使用，实践证明，仅仅在三次时长为一小时的培训后，就出现了积极的效果。[41]因此，尽管人们可能通过社会上的信息对老年人产生负面成见，但是由此产生的消极行为还是可以较为容易地加以克服的。

以多种语言生活

> 每一种不同的语言都是一种不同的生活视角。
> ——意大利导演费德里科·费里尼（Federico Fellini）

　　放眼世界，大多数人在一生中学会了不止一种语言。在美国，5 岁以上人群中就有 20% 的人在家时不是只说英语，[42] 通常情况下，这是因为他们在幼年时期就接触到了两种（或更多）语言。除此之外，还有不少人选择在青少年或成人时期熟练掌握第二语言，并投入必要的时间和精力来达到流利。

　　但是，对第二语言的熟练掌握并不是永恒不变的。许多接触过一种不在家以外使用的"继承语"（heritage language）① 的孩子，随着年龄的增长，大多会失去轻松理解和表达这种语言的能力。这就是许多二代美国人的命运，他们一旦离开原生家庭，就完全不会再使用继承语

---

① "继承语"是指在通用语言环境中消失的母语。对继承语的定义主要有以下三种：因语言环境改变而未能完全学会的母语或第一语言；主要在家庭环境中使用的语言；与生俱来的、有特殊情感关系的语言。归结起来，继承语具有中断性、家庭性、归属性的特点。参见：高虹. Heritage language 的由来及其中文译名 [J]. 中国科技术语，2010（2）.——译注

了。另外，许多人在接受正规教育时必须学习第二语言，但一旦离开学校后，就会迅速丧失说和理解第二语言的能力，尽管这种语言残余的知识可能会留存几十年。[43]

因此，我们可以把多语能力视为一个连续体，一头是单语者，另一头是完全精通两种（或以上的）语言的人。但即便是双语能力相当的人也会根据不同语境和目的来选择说哪一种语言。在非洲和亚洲的大多数地区，多语使用者可能在家里讲一种语言，在工作或上学时讲另一种语言，甚至在市场中说第三种语言。毕竟，给孩子唱摇篮曲，与难以对付的供应商谈判，去买做晚饭的食料，这三种场景在社交和认知复杂性方面是完全不同的。

此外，即使是完全精通两种语言的人，如果有一段时间不使用其中一种语言，也会感到不太流利。本书第一作者还记得他所在学术部门的一名博士后研究员的叙述：她来自德国，在美国读完了研究生。在美国待了几年后，她回了一趟家乡，发现自己说母语时竟然犹犹豫豫、磕磕绊绊起来！她由此感叹这种可怕的现象，连亲朋好友都说她去美国后"变傻了"。由此可见，即使是母语的熟练程度，也会因为长时间只使用第二语言而被削弱。

一个人在任何时间都能将几种语言同时保持在"活跃"状态，这是具有认知限度的。迈克尔·爱德（Michael Erard）曾对世界上最杰出的多语者进行研究，他发现其

127

中一些人就算可以说很多种语言，也承认自己需要时间去"重新激活"最近没有使用过的语言。[44]

双语所带来的认知影响一直是发展心理学的关注重点。科学家们发现，能够接触到不止一种语言的孩子与单语同龄人相比，往往会积累某些优势，其中就包括，双语儿童具有更好的抑制控制能力。斯蒂芬妮·卡尔森（Stephanie Carlson）和安德鲁·梅尔佐夫（Andrew Meltzoff）对双语幼儿园的儿童进行了一项实验，发现他们比单语同龄人更擅长玩"西蒙说"（Simon Says）的游戏①（在游戏中会指令参与者**不许**做某些事情）。[45]然而，研究者也发现了双语儿童在语言上的缺陷：与单语同龄儿童相比，双语儿童的词汇量发展较慢。[46]这一发现并不令人意外，因为这些孩子需要掌握两倍多的单词来表达概念。

一个人也许可以习得不止一门语言，但也可能失去一门语言，也许是因为离开了使用这门语言的环境。这种语言磨蚀（language attrition）是学习多门语言（multilingualism）的一个常见结果，当然语言的丢失（language loss）也可能是由别的因素导致的。1881年，法国心理学家 T. A. 里博（Théodule-Armand Ribot）提出，

---

① "西蒙说"游戏旨在帮助儿童练习自我控制能力。——译注

认知功能受损时，新近习得的知识或技能受到的影响要大于早先习得的。这被称为里博定律（Ribot's law）①，又称回归假设（regression hypothesis），它与逆行性失忆症（retrograde amnesia）的恢复曲线一致，即早期的记忆不会受到影响，但是近期的记忆却受到了损害。我们能否对双语者所讲的语言作出类似的概括？

里博的回归假设理论预测，如果一个人的认知出现了某种障碍，比如患失语症、轻度认知障碍或阿尔茨海默病，那么其人生中较晚习得的语言会面临更大的风险。与其假设一致的是，阿尔茨海默病患者在使用其主要语言的时候表现得相对更好。但对于那些没有出现认知障碍的双语者来说，情况也是一样。[47]此外，有研究还对患有轻度认知障碍和阿尔茨海默病的双语者进行了追踪研究，所有研究对象都同时掌握加泰罗尼亚语和西班牙语。研究发现，随着时间的推移，两种语言的退化程度相当。[48]因此，目前的证据似乎还不能够完全支持里博的假设，即最后学习的语言是最容易丢失的语言。[49]

会说两种语言是什么感觉？在某种程度上，它与拥有其他某项特定技能没有什么差别，比如会吹长笛或者会打桥牌；或者就像掌握了某门学科知识一样，比如有机化学

---

① "里博定律"指记忆的逐步丧失遵循一定的规律，即从不稳定的近事记忆向稳定的远期记忆发展。——译注

或昆虫学。这些知识和能力处于一种沉睡的状态，直到你去唤醒它们。正如化学系学生和长笛乐手一样，人们在语言运用上也有不同的熟练程度和流利程度。

一些双语者说，他们在切换语言时，好像性格也随之转换了似的。弗朗索瓦·格罗斯让（François Grossjean）在其关于双语的经典著作 *Life with Two Languages*（《用两种语言生活》）中，叙述了这样几个例子。一位法英双语者说："我知道我说法语时更具攻击性，更刻薄。"一位希腊语英语双语者说她自己讲希腊语时："语速更快，语气焦虑，而且有点粗鲁。"一位俄英双语者认为，当他说俄语时感觉自己"像一个更温柔、更'好相处'的人"，而说英语时则感觉自己更"苛刻"和"公事公办"。[50]正如这些例子所示，语言、文化和性格的相互影响，复杂且不可完全预测，而且语言可以在任何年龄段对人们的自我意识产生影响。

学习双语是有益的吗？

长期以来，双语研究的学者一直认为，跟单语者相比，说两种及以上语言的人具有一定的认知优势。这些优势能通过多种途径体现，比如更好的工作记忆或执行能力等。但鉴于这个问题的复杂性，目前还很难得出关于双语优势的明确结论。

首先，我们需要对儿童潜在的双语优势以及双语对年轻人与老年人的影响分别进行讨论。例如，能够接触到两种或以上语言的儿童可能累积认知优势，而这种优势在以后的人生中可能会减少。对双语和单语儿童进行直接比较也存在问题，因为这两类儿童会在其他相关方面存在系统性差异，比如父母的经济社会地位和受教育水平等。[51] 成人双语使用者之间的比较也不乐观，因为许多双语者都是移民，他们与那些在单个语言环境中成长的单语者情况大不相同。另外，认知测量方法也存在问题，因为研究者无法就任务涉及哪些认知过程达成一致意见。[52] 最后，研究对象习得双语的途径各不相同，对两种语言同样精通的人可能是例外，而不是普遍情况。

了解了这些事实之后，我们再来考虑双语可能带来认知优势的原因。双语者能够在两种语言之间快速转换，甚至在一句话中使用两种语言。这种语码切换能够让他们更加灵活地控制和运用认知能力。但是，从一系列执行加工并进行严格控制的实验中，我们并未发现双语者跟单语者比起来存在什么普遍优势。[53]

双语者的另一潜在优势是注意力控制，科学家可以通过本书第一章描述的"叫色测验"（Stroop task）[①] 来研究这个问题（参与者被要求说出一个也是颜色名称的单词的颜色；例如，当面对用红色墨水打印的"绿色"一词时，回答"红色"）。在实验中，受试者需要主动抑制主导反应（念出单词）。由于双语言者在使用一种语言的同时要抑制另一种语言，他们在完成"叫色测验"时本应比单语者发挥更佳。但经过精准实验证明，无论是年轻人还是老年人，都没有因为双语能力而在这个实验中体现优势。[54]

另外需要注意的是，研究人员开展研究和发表成果的方式可能会倾向得出双语者拥有卓越执行控制能力这一结论。一般来说，发现两组实验对象之间存在显著差异的实验比那些没有发现差异的实验更容易发表。通过分析，人们发现，与已发表文献中的支持性结果相比，还是存在非显著性结果和混合性结果。因此，所谓的双语优势也可能是发表偏倚（publication bias）的产物，[55] 尽管其他研究人员对这一结论提出了质疑。[56]

双语优势可能会在一些特定语境中对一些特定人群发挥作用。例如，布鲁克·麦克纳马拉（Brooke Macnamara）和安德鲁·康威（Andrew Conway）的一项研究表明，一些听力正常的学生在经过两年的美国手语的学习后，认知

---

① 叫色测验又称字色混淆任务，在心理学中用于测试优势反应对非优势反应的干扰。——译注

控制和工作记忆都更好了。科学家们假设，这些能力的提高是因为这些学生经常进行手语的同声传译，而同声传译需要兼顾语言之间的频繁转换、即时理解和语言产出。[57]

在两种语言环境中成长与后天较晚才接触第二语言，在本质上也可能是不同的。研究表明，早年学习英语和西班牙语或英语和普通话的双语者，在学习、记忆新单词及其意义时，能力要强于单语者。[58]

那么如果是晚年才学习第二语言呢？我们能否证明，在年轻时或者变老之后学习另一种语言是有好处的？这个概念是很直观的，它与更大的文化信念有关，即大脑就像一块肌肉，我们需要锻炼它才能保持良好的状态。"用进废退"的警示促使了"大脑训练"产业的巨大增长。如果在手机小程序上进行认知和记忆训练理论上可以避免认知衰退或痴呆，那么学习另一种语言无疑会给认知能力的提升带来更多的益处。

尽管这种推理看起来很有说服力，但相关研究的结论并非如此。在一项对大脑训练方案有效性的研究文献进行详细的分析中，得出了三个主要结论：首先，意料之中的是，接受大脑训练任务会让你接下来在这些任务中表现得更好。换句话说，母亲的话总是对的：熟能生巧。因此，如果练习了词汇搜索，那么就会在词汇搜索上做得更好。但是，研究人员发现，当把这些研究转移到其他类似任务上后，训练有效性的证据却少很多。这样的话，大脑训练总体上可以改善认知表现的相关证据就尚显不足。[59]

此外大众媒体中，很多对双语益处的研究都遗漏了一个重要的细节。研究双语益处的科学家主要是对那些从小就习得双语并长期使用这两种语言的人进行研究。[60]在五六十岁时学习第二种语言所带来的认知优势可能无法和长期使用双语比肩。但是，这并不意味着我们不要学习第二门语言。晚年学习第二门语言的理由仍然相当充分，与普遍的看法相反，老年人往往可以学得很好。[61]即使在晚年，学习第二门语言也可以扩大一个人的文化视野，增加事业机会，[62]甚至可能让人变得更有同理心。[63]目前，学习另一门语言对延缓认知衰退是否有实效尚需进一步证实。

133

注 释

1. Roger Kreuz and Richard Roberts, *Getting Through: The Pleasures and Perils of Cross-Cultural Communication* (Cambridge, MA: MIT Press, 2017).
2. Louise Schubotz, Judith Holler, and Asli Özyürek, "Age-Related Differences in Multi-modal Audience Design: Young, but Not Old Speakers, Adapt Speech and Gestures to Their Addressee's Knowledge," in *Proceedings of the 4th GESPIN—Gesture and Speech in Interaction* (Nantes, France, September 2015), 211–216.
3. Dana R. Murphy, Meredyth Daneman, and Bruce A. Schneider, "Why Do Older Adults Have Difficulty Following Conversations?" *Psychology and*

Aging 21, no. 1 (2006): 49–61.

4. Alfredo Ardila and Monica Rosselli, "Spontaneous Language Production and Aging: Sex and Educational Effects," *International Journal of Neuroscience* 87, nos. 1–2 (1996): 71–78.

5. Gillian Slessor, Louise H. Phillips, and Rebecca Bull, "Age-Related Declines in Basic Social Perception: Evidence from Tasks Assessing Eye-Gaze Processing," *Psychology and Aging* 23, no. 4 (2008): 812–842.

6. Thomas Holtgraves and Patrick McNamara, "Parkinson's Disease and Politeness," *Journal of Language and Social Psychology* 29, no. 2 (2010): 178–193.

7. Antonio Carotenuto et al., "Communication in Multiple Sclerosis: Pragmatic Deficit and Its Relation with Cognition and Social Cognition," *Archives of Clinical Neuropsychology* 33, no. 2 (2018): 1–12.

8. Valentina Bambini et al., "Communication and Pragmatic Breakdowns in Amyotrophic Lateral Sclerosis Patients," *Brain and Language* 153 (2016): 1–12.

9. Rachel H. Messer, "Pragmatic Language Changes during Normal Aging: Implications for Health Care," *Healthy Aging and Clinical Care in the Elderly* 7 (2015): 1–7.

10. Richard M. Roberts and Roger J. Kreuz, "Why Do People Use Figurative Language?" *Psychological Science* 5, no. 3 (1994): 159–163.

11. Isabella Morrone et al., "Aging and Inhibition Processes: The Case of Metaphor Treatment," *Psychology and Aging* 25, no. 3 (2010): 697–701.

12. Mary R. Newsome and Sam Glucksberg, "Older Adults Filter Irrelevant Information during Metaphor Comprehension," *Experimental Aging Research* 28, no. 3 (2002): 253–267.

13. Pei-Fang Hung and Marilyn A. Nippold, "Idiom Understanding in Adulthood: Examining Age-Related Differences," *Clinical Linguistics and Phonetics* 28, no. 3 (2014): 208–221.

14. Chris Westbury and Debra Titone, "Idiom Literality Judgments in Younger and Older Adults: Age-Related Effects in Resolving Semantic Interference," Psychology and Aging 26, no. 2 (2011): 467–474.

15. Phillips et al., "Older Adults Have Difficulty."

16. G. Gaudreau et al., "Mental State Inferences Abilities Contribution to Verbal Irony Comprehension in Older Adults with Mild Cognitive Impairment," *Behavioural Neurology*, article ID 685613 (2015).

17. Marilyn A. Nippold, Linda D. Uhden, and Ilsa E. Schwarz, "Proverb Explanation through the Lifespan: A Developmental Study of Adolescents and Adults," *Journal of Speech, Language, and Hearing Research* 40, no. 2 (1997): 245–253.

18. Hanna K. Ulatowska et al., "Discourse in Healthy Old-Elderly Adults: A Longitudinal Study," *Aphasiology* 12, nos. 7–8 (1998): 619–633.

19. Jennifer Uekermann, Patrizia Thoma, and Irene Daum, "Proverb Interpretation Changes in Aging," *Brain and Cognition* 67, no. 1 (2008): 51–57.

20. Olivier Morin and Alberto Acerbi, "Birth of the Cool: A Two-Centuries Decline in Emotional Expression in Anglophone Fiction," *Cognition and Emotion* 31, no. 8 (2017): 1663–1675.

21. James W. Pennebaker and Lori D. Stone, "Words of Wisdom: Language Use over the Life Span," *Journal of Personality and Social Psychology* 85, no. 2 (2003): 291–301.

22. Margaret L. Kern et al., "From 'Sooo Excited!!!' to 'So Proud': Using Language to Study Development," *Developmental Psychology* 50, no. 1 (2013): 178–188.

23. Gillian Sankoff, "Language Change across the Lifespan," *Annual Review of Linguistics* 4 (2018): 297–316.

24. Judith Rich Harris, *The Nurture Assumption: Why Children Turn Out the Way They Do* (New York: Free Press, 1998).

25. Caroline Floccia et al., "Parent or Community: Where Do 20-Month-Olds Exposed to Two Accents Acquire Their Representation of Words?" *Cognition* 124, no. 1 (2012): 95–100.

26. Angie Williams and Howard Giles, "Intergenerational Conversations: Young Adults' Retrospective Accounts," *Human Communication Research* 23, no. 2 (1996): 220–250.

27. Anne White et al., "Mind the Generation Gap: Differences between Young and Old in Everyday Lexical Categories," *Journal of Memory and Language* 98 (2018): 12–25.

28. Linnda R. Caporael, "The Paralanguage of Caregiving: Baby Talk to the Institutionalized Aged," *Journal of Personality and Social Psychology* 40, no. 5 (1981): 876–884.

29. Gillian Cohen and Dorothy Faulkner, "Does 'Elderspeak' Work? The Effect of Intonation and Stress on Comprehension and Recall of Spoken Discourse in Old

Age," *Language and Communication* 6, nos. 1–2（1986）: 91–98.

30. Nikolas Coupland et al., "Accommodating the Elderly: Invoking and Extending a Theory," *Language in Society* 17, no. 1（1988）: 1–41.

31. Helen Edwards and Patricia Noller, "Perceptions of Overaccommodation Used by Nurses in Communication with the Elderly," *Journal of Language and Social Psychology* 12, no. 3（1993）: 207–223.

32. Sik Hung Ng, "Power: An Essay in Honour of Henri Tajfel," in *Social Groups and Identities: Developing the Legacy of Henri Tajfel*, ed. W. Peter Robinson（Oxford: Butterworth-Heinemann, 1996）, 191–214.

33. Anna I. Corwin, "Overcoming Elderspeak: A Qualitative Study of Three Alternatives," *Gerontologist* 58, no. 4（2018）: 724–729.

34. Mary Lee Hummert et al., "Communication with Older Adults: The Influence of Age Stereotypes, Context, and Communicator Age," *Human Communication Research* 25, no. 1（1988）: 124–151.

35. Kristine N. Williams et al., "Elder-speak Communication: Impact on Dementia Care," *American Journal of Alzheimer's Disease and Other Dementias* 24, no. 1（2009）: 11–20.

36. John Leland, "In 'Sweetie' and 'Dear', a Hurt for the Elderly," *New York Times*, October 6, 2008, http://www.nytimes.com/2008/10/07/us/07aging.html.

37. Becca R. Levy, "Mind Matters: Cognitive and Physical Effects of Aging Self-Stereotypes," *Journals of Gerontology Series B: Psychological Sciences and Social Sciences* 58, no. 4（2003）: P203–P211; Becca R. Levy et al., "Longevity Increased by Positive Self-Perceptions of Aging," *Journal of Personality and Social Psychology* 83, no. 2（2002）: 261–270.

38. Odette N. Gould, Cybil Saum, and Jennifer Belter, "Recall and Subjective Reactions to Speaking Styles: Does Age Matter?" *Experimental Aging Research* 28, no. 2（2002）: 199–213.

39. Susan Kemper and Tamara Harden, "Experimentally Disentangling What's Beneficial about Elderspeak from What's Not," *Psychology and Aging* 14, no. 4（1999）: 656–670.

40. Williams and Giles, "Intergenerational Conversations".

41. Kristine Williams, Susan Kemper, and Mary L. Hummert, "Improving Nursing Home Communication: An Intervention to Reduce Elderspeak," *Gerontologist* 43, no. 2（2003）: 242–247.

42. US Census Bureau, "Table 53: Languages Spoken at Home by Language,

2008," *Statistical Abstract of the United States*, https: //www2.census.gov/ library/publications/2010/compendia/statab/130ed/tables/11s0053.pdf.

43. Harry P. Bahrick, "Semantic Memory Content in Permastore: Fifty Years of Memory for Spanish Learned in School," *Journal of Experimental Psychology*: General 113, no. 1 (1984): 1–29.

44. Michael Erard, *Babel No More: The Search for the World's Most Extraordinary Language Learners* (New York: Free Press, 2012).

45. Stephanie M. Carlson and Andrew N. Meltzoff, "Bilingual Experience and Executive Functioning in Young Children," *Developmental Science* 11, no. 2 (2008): 282–298.

46. D. Kimbrough Oller and Rebecca E. Eilers, eds., *Language and Literacy in Bilingual Children*, vol. 2 (Clevedon, UK: Multilingual Matters, 2002).

47. Becca L. Stilwell et al., "Language Changes in Bilingual Individuals with Alzheimer's Disease," *International Journal of Language and Communication Disorders* 51, no. 2 (2016): 113–127.

48. Marco Calabria et al., "Language Deterioration in Bilingual Alzheimer's Disease Patients: A Longitudinal Study," *Journal of Neurolinguistics* 43 (2017): 59–74.

49. See also Barbara Lust et al., "Reversing Ribot: Does Regression Hold in Language of Prodromal Alzheimer's Disease?" *Brain and Language* 143 (2015): 1–10.

50. François Grosjean, *Life with Two Languages: An Introduction to Bilingualism* (Cambridge, MA: Harvard University Press, 1982), 279.

51. J. Bruce Morton and Sarah N. Harper, "What Did Simon Say? Revisiting the Bilingual Advantage," *Developmental Science* 10, no. 6 (2007): 719–726.

52. Kenneth R. Paap, Hunter A. Johnson, and Oliver Sawi, "Bilingual Advantages in Executive Functioning Either Do Not Exist or Are Restricted to Very Specific and Undetermined Circumstances," *Cortex* 69 (2015): 265–278.

53. Kenneth R. Paap and Zachary I. Greenberg, "There Is No Coherent Evidence for a Bilingual Advantage in Executive Processing," *Cognitive Psychology* 66, no. 2 (2013): 232–258.

54. Shanna Kousaie and Natalie A. Phillips, "Ageing and Bilingualism: Absence of a 'Bilingual Advantage' in Stroop Interference in a Nonimmigrant Sample," *Quarterly Journal of Experimental Psychology*

65, no. 2（2012）: 356–369.

55. Angela De Bruin, Barbara Treccani, and Sergio Della Sala, "Cognitive Advantage in Bilingualism: An Example of Publication Bias?" *Psychological Science* 26, no. 1（2015）: 99–107.

56. Ellen Bialystok et al., "Publication Bias and the Validity of Evidence: What's the Connection?" *Psychological Science* 26, no. 6（2015）: 944–946.

57. Brooke N. Macnamara and Andrew R. A. Conway, "Novel Evidence in Support of the Bilingual Advantage: Influences of Task Demands and Experience on Cognitive Control and Working Memory," *Psychonomic Bulletin and Review* 21, no. 2（2014）: 520–525.

58. Margarita Kaushanskaya and Viorica Marian, "The Bilingual Advantage in Novel Word Learning," *Psychonomic Bulletin and Review* 16, no. 4（2009）: 705–710.

59. Simons et al., "Do 'Brain-Training' Programs Work?"

60. Ellen Bialystok, "Reshaping the Mind: The Benefits of Bilingualism," *Canadian Journal of Experimental Psychology* 65, no. 4（2011）: 229–235.

61. Richard Roberts and Roger Kreuz, *Becoming Fluent: How Cognitive Science Can Help Adults Learn a Foreign Language*（Cambridge, MA: MIT Press, 2015）.

62. Rebecca M. Callahan and Patricia C. Gándara, eds., *The Bilingual Advantage: Language, Literacy and the US Labor Market*（Bristol, UK: Multilingual Matters, 2014）.

63. Samantha P. Fan et al., "The Exposure Advantage: Early Exposure to a Multilingual Environment Promotes Effective Communication," *Psychological Science* 26, no. 7（2015）: 1090–1097.

第六章

关于写作的那些事

The Write Stuff

语言治愈

人的一生多多少少会经历一些创伤性事件。这些事件可能会对人产生长期的负面影响。创伤后应激障碍（post-traumatic stress disorder，简称 PTSD）便是一个典型的例子。在这种疾病中，患者会经历与早先创伤事件有关的极不情愿、十分痛苦的感觉和想法，且可能持续多年，在某些情况下会使人身心衰弱。另一个相对鲜为人知的创伤后果是复杂性哀伤障碍（complicated grief disorder，简称 CGD），通常是由丧亲之痛造成的。虽然心爱之人的离世会对大多数人产生严重的负面影响，但患有复杂性哀伤障碍的人会在很长一段时间内遭受高强度的悲伤。

谈论痛苦的经历可以提升幸福感，这是心理治疗的一个基本假设，但这种治疗往往既昂贵又费时。那么仅仅把一些关于创伤性事件的经历写下来会有所裨益吗？得克萨斯大学心理学家詹姆斯·彭贝克（James Pennebaker）和他的同事们尝试解答这个问题。在他们的研究中，一些本科生受试者被要求写下经历过的最令人沮丧或痛苦的事件，并表达对创伤最深刻的感受和想法；对照组的受试者则被要求就给定的话题简单地写一下，例如他们当天剩余时间的安排等。两组受试者在连续四天的写作中，时间都仅为20分钟。进行创伤性事件（例如在大学中经历的孤独或者与恋人之间的冲突等）写作的受试者，在写作活动结束后会立即呈现出更高程度的主观痛苦。这样的结果也许并不令人惊讶。但值得注意的是，在紧接着的 3 个月跟踪调查中，相较于对照组，他们表现得更为快乐。此外，研究还发现，在写作任务结束后的几周内，那些围绕自己创伤性经历写作的学生很少生病，也很少会去学校的学生健康中心。研究人员甚至观察到该组受试者的生理变化：血液测试显示细胞免疫功能的两项指标有所改善。[1]

事实上，更多的研究发现，这一系列积极的结果与写作或谈论创伤性经历存在关联。其他几项研究也发现，撰写有关创伤性经历的文章后就医次数有所减少。此外，除了细胞免疫功能，科学家还记录了一些生理健康指标的改善。还报告了一些行为上的变化，比如：学生平均绩点提高，失业后找到新工作，旷工率下降等。[2]情感层面的创伤性经历写作甚至可以改善风湿性关节炎和哮喘患者的病情。[3]

当然，有人可能会说，大学生的乡愁问题或青少年的人际交往问题只是引起创伤后应激障碍和复杂性哀伤障碍诸多因素中微不足道的原因。如果创伤经历很严重呢？为此，彭贝克也采访了 20 世纪 80 年代生活在达拉斯的大屠杀幸存者。他发现大多数幸存者从未与任何人谈论过他们的可怕经历，或是因为想忘却，或是因为他们认为没有人

136

会真正理解。彭贝克和他的同事们对 60 多名幸存者进行了一到两个小时感情丰富的采访。采访过程采用录像记录，同时监测每个受访者的心率和皮肤电传导数据。（皮肤电传导是衡量一个人出汗的程度，是一种常用的衡量生理刺激的方法，通常与强烈的情感状态有关。）根据这些物理测量和采访中创伤事件的程度，研究人员将幸存者分为低披露者、中等披露者和高披露者。高披露者在描述自己的痛苦时保持着生理上的放松，而低披露者在采访中表现出紧张的迹象。研究人员在结束采访后约 14 个月时再度联系参与者，发现高披露和中等披露的幸存者都比他们参加接受采访前更为健康，而低披露者则更有可能在采访后的一年内因为某种疾病前往医院就诊。[4]

彭贝克及其同事在另一项研究中发现，使用特定类型的词语可能是创伤性经历写作产生有益效果的原因。相对于消极情绪词（如"生气""错误"和"悲伤"），当参与者使用积极情绪词（如"快乐""愉快"和"优雅"）时，其心理和身体健康都能够得到改善。使用其他语言类别的词也有积极效果，但效果不太普遍。与洞察力相关的词（如"看到""理解"和"实现"）、与因果相关的词（如"推断""因此"和"因为"），它们都与更好的身体健康有关，但与心理健康无关。[5]

对这一研究方向有必要进行一个重要的限定，即当人们使用语言来构建关于他们经历的叙事结构时，创伤性经历的写作或谈论需要被认为是有意义的。换句话说，人们必须把创伤性事件看作是一个有意义的故事，而不仅仅是一种不相关的经历和感觉。当大学生被要求以连贯的叙述方式写下他们生活中的创伤性事件时，他们之后报告的疾病发作次数要比那些以零散列表的形式描述创伤的人少。[6] 其他学者也强调了建立一个连贯的自我叙事结构的重要性。[7]

但将对创伤性事件的写作视为某种灵丹妙药则是错误的。彭贝克本人指出，创伤性事件发生后，即刻的写作似乎并不会带来任何好处。而写下许多负面事件，比如通过大量地记日记，实际上可能是有害的：它可能会变成一种反刍，从而加剧焦虑或抑郁症状。[8]

回忆

我再强调一下，你在展望人生的时候，不可能将这些点连接起来；唯有在将来蓦然回首时，你才会明白它们之间的联系。所以你要相信，这些点点滴滴，会在你未来的生命里，以某种方式串联起来。你必须

相信一些事情——勇气、命运、人生、缘分，等等。

　　　　　　　　——史蒂夫·乔布斯（Steve Jobs，2005）

　　美国苹果公司创始人乔布斯在斯坦福大学的毕业典礼上发表了上述这段著名的演讲[9]。他是对即将展开生活新篇章的年轻人讲的这番话。但站在人生旅程的另一端时，重要的是思考乔布斯没有说出来的话：在回顾人生时，"这些点"不会自己连接起来。

　　正如我们在上一节看到的，谈论或写下创伤性事件已显示出对健康有积极作用。但是有一个问题，实际上是两个问题：最好事件已经过去了一段时间，且这些事件需要以连贯、有意义的叙述形式表达出来。

埃里克·埃里克森（Erik Erikson）推测，接受生命即将走到尽头的一个自然结果就是，渴望回顾一生并让一切变得有意义。[10] 埃里克森将人的生命历程分为八个发展阶段，从出生开始，一直持续到生命结束。他提出的理论认为，个体在一生中的每个阶段都会面临危机，危机的主题与该阶段同一性形成（identity formation）中最突出的方面紧密关联。随着年龄的增长，成功度过一个阶段为我们应对下一阶段的危机做好了准备。因此，埃里克森认为，同一性发展（identity development）是一个全生命周期的过程，在这个过程中"**各项能力**利用**不同的机会**发展为全新结构（即成长中的人格）的成熟的组成部分"。[11]

从婴儿期到30多岁的前六次危机集中在与信任、自主、主动、勤奋、同一性和亲密体验相关的斗争中。不管这些危机是如何解决的，40岁、50岁和60岁出头的成年人，接下来会转而思考如何回报他人和培养下一代。埃里克森将这种斗争定义为"繁殖"（generativity）和"停滞"（stagnation）之间的斗争。虽然通常是通过养育孩子以及父母、祖父母给予指导来体现，但这一阶段的目标也可以从更为宽泛的角度来审视。基于这一点，无论男女都开始思考余下的人生，会重新评估目前的生活方向。有些人可能会重拾之前设定的目标，并在实现这些目标的过程中找到新的力量和活力。其他人可能会作出改变，开启生活的新方向。

对大多数人来说，将这种评估称为中年危机可能有点夸大其词。但可以确定的是，这种重新审视很可能会发生在人到中年的时候。如果没能给下一代建立积极的"繁殖"（generativity）观，很可能就树立了贪婪和自私的"榜样"。[12] 而语言则是实现这一繁殖过程的关键，通过语言，人们可以对他人进行辅导、指导、养育和教育，当然可做的事远非只有这些。

一个人弄清楚如何繁殖后，就开始更多地思考自己的死亡。这个新阶段通常从 65 岁左右退休时开始。一个能完整看待自己生命的人，会充分利用人生所剩时光，最终平静地面对死亡；如果一个人只会回顾过往，觉得自己没有完成任何有价值、有意义的事情，就会变得沮丧失望，并对最终来临的死亡感到绝望。基于埃里克森关于"整合"（integrity）与"失望"（despair）之间存在危机的理论，精神病学家罗伯特·巴特勒（Robert Butler）创立了生命回顾疗法（life review therapy），[13] 帮助成年人进行反思，逐渐实现和解、走向平静，实现对生活的满足感[14]和掌控感。[15]

生命回顾疗法不是帮助人们认识到生命是一种整合过程的唯一手段。还有一种称为引导性自传（guided

autobiography，简称 GAB）的方法，这是一个基于群体环境的、结构化的生命回顾过程。[16] 运用这种方法，人们写下与特定主题有关的事件记忆，然后在一个小群体中与他人分享。通过这种回忆，人可以对"我是谁、我从哪里来、我要去哪里等问题有更深刻的理解"。[17]

但并非所有对逝去时间的寻找都是对过往事物的有效回忆。为了区分适应性回忆和非适应性回忆，保罗·王（Paul Wong）和丽莎·瓦特（Lisa Watt）对回忆进行了分类。[18] 当然，他们的分类并不是细化回忆类型的唯一方法，[19] 但考虑到我们的研究目的，他们的分类可以用来说明描述过往语言对现在产生影响的一些重要方式。

在他们讨论的六种回忆类型中，"整合回忆"（integrative reminiscence）这一类别与埃里克森的研究目的、生命回顾疗法和引导性自传关系最为紧密。整合回忆包括接受失败和失望，以了解一个人的总体生活轨迹。"在某种程度上，如果一个人能够解决过去的这些消极情绪，那么生命回顾（法）就应该有助于（实现）成功老龄化。"[20] 整合回忆还可以让人们了解他们如何按照自己的价值体系生活。即使事情并不总是按计划进行，但一个人如果看到自己的生活是如何具有连贯性、有意义的和有目的，这也会赋予个体力量。

第二种有帮助的回忆是工具性回忆（instrumental reminiscence），它让人们利用过去的经验来应对当下的境遇。回忆一段特别困难的时期，然后想想当时是如何克服这个困难的，这样能够建立起修复力。因此，将工具性回忆作为一种应对策略是一项值得在 60 多岁之前开发的技能。

与具有实际目标的工具性回忆不同，传递性回忆（transmissive reminiscence）通常发生在老年人向年轻人讲述自己的生活和吸取的教训时。这种回忆的目的是用来指导和引导他人的。用埃里克森的话说，传递性回忆具有繁殖的特性。导师经常用这种回忆来帮助他们的学生。当一个人知道自己过去的经历会在将来帮助到他人，会产生一种极大的满足感。

当有人讲述过去的事件时，也会发生叙事性回忆（narrative reminiscence），但这里没有试图整合事件、解决问题或进行指导。即便如此，这种回忆也并非毫无用处。孩子们爱听他们父母和祖父母的故事，他们也很享受给孩子们讲故事。这些故事可能只是用来消遣，但也可以使人们从共同的经历中产生心理共鸣。然而虽说是没有什么害处，但仅仅叙述过去的事件并不会让人从中获得结束或了断的感觉。

但当回忆以美化过去的方式来否定现在的时候，它就会变成逃避现实的回忆。也许有时候，逃避到过去的回忆中会让人从当前的负担中解脱。但是过多的逃避可能会让一个人无法有效应对现实。想想比利·怀尔德（Billy Wilder）执导的《日落大道》(Sunset Boulevard) 中的诺玛·德斯蒙德（Norma Desmond）。①

更为糟糕的是，对过去的消极事件进行反思、而不做任何尝试去弄清楚它们，可能会让人感到绝望。这种强迫性回忆只是在重复那些让人感到内疚和无力的记忆。它们最终会"具有破坏性，如果得不到解决的话"。[21]

有效的生命回顾技巧教会个人如何将过去的经历用语言表达出来，从而整合为一个有意义的实体。它帮助人们与尚未解决的问题达成和解，并与过去重新建立联系。但生命回顾不一定就是故事的终点。

20世纪90年代，埃里克森逝世后，他的妻子琼（Joan）又为这一理论增添了一个阶段，可简单称为第九阶段，这是前八个阶段的每一个危机同时重新经历的时期。八九十岁的人可能不再相信自己的能力：他们可能会感到失去了用一生培养的自主权、使命感和个人能力。经历这样的逆转可能会导致同一性进一步丧失，并产生孤独感、无用感和绝望感。因此，第九阶段的危机本质上是存在的。实事求是地说，成功解决这个阶段的危机需要跨越生理，进入超验境界。[22]

143

---

① 诺玛是一位过气明星，她沉溺于往日的辉煌，期待所爱之人助她重返银幕，因无法接受爱人的"背叛"而企图谋杀他。——译注

大器晚成

> 我们的一致意见是完全反对这本书的出版。这是一本又冗长又老旧的书……为什么必须是一头鲸呢？
>
> ——出版商给美国著名作家赫尔曼·梅尔维尔（Herman Melville）《白鲸》（Moby-Dick）的退稿信

> 坚持写作！会有美好的事情发生的。
>
> ——美国作家弗兰克·迈考特（Frank McCourt，1930—2009）

文坛上有在年轻时就因为广受好评的处女作而一举成名的作家。例如，布莱特·伊斯顿·埃利斯（Bret Easton Ellis）1985 年发表《比零还少》（Less Than Zero）时只有21 岁；1920 年《人间天堂》（This Side of Paradise）出版时，弗朗西斯·斯科特·菲茨杰拉德（F. Scott Fitzgerald）只有 23 岁。其他年少成名的小说家包括：杜鲁门·卡波特（Truman Capote）出版《别的声音，别的房间》（Other Voices, Other Rooms）时 23 岁，查蒂·史密斯（Zadie Smith）出版《白牙》（White Teeth）时 24 岁，诺曼·梅勒（Norman Mailer）出版《裸者与死者》（The Naked and *the Dead*）时 25 岁。天才作家也不是一个现代现象：在菲茨杰拉德之前的一个世纪，1818 年《弗兰肯斯坦》（*Frankenstein*）问世时，作者玛丽·雪莱（Mary Shelley）才 20 岁，而在这之前的一个世纪，1712 年第一版《夺发记》（*The Rape of the Lock*）引起轰动时，作者亚历山大·蒲柏（Alexander Pope）才 24 岁。

基于这些例子，人们可能认为文学能力只是一个人与生俱来的东西。斯蒂芬·克莱恩（Stephen Crane）这样的神童可能会进一步增强人们这样的观点。他 14 岁时开始写小说，22 岁时就自行出版了《街头女郎玛吉》（*Maggie: A Girl of the Streets*）。也许更令人印象深刻的是，仅仅两年后，他就写下了《红色英勇勋章》（*The Red Badge of Courage*），尽管他从未在军队服过役，却在书中令人信服地描绘了美国内战的一场战斗。尽管海伦·凯勒（Helen Keller）从小就耳聋失明，她在 22 岁时就写下了自传《我的生活》（*The Story of My Life*）。她一生中还陆续撰写了 11 本书。

144

这些年轻作家的成就令人印象深刻，但这种早慧是典型的吗？ 2010 年，多伦多的亨伯创意与表演艺术学院做了一项调查，以确定作者出版第一本书时的平均年龄。这项调查不包括学者，只包括了与传统出版商（相对于自主或在线出版）合作出版第一部作品的散文作家。问卷分发给 1500 名作者，收到 475 人的回复。统计后，他们发现作者们第一次出版作品的平均年龄是 42 岁。[23] 换言之，无论是全职还是兼职，第一次取得图书合同的作者可能在出版之前已经写作了 20 年或更长时间。这表明，成功的作家不需要在出生时就被缪斯亲吻。这也与目前对专业技能发展的研究相符合，它表明成功不是天赋的问题，而是多年刻意练习的结果。[24]

事实上，我们可以援引许多年龄段在另一端的作家取得成功的例子。"late bloomer"（大器晚成）常用于形容这种"反天才"现象，它反映了一种文化期望，即在职业生涯早期取得显著成就比后期更为常见。根据《牛津英语词典》（*Oxford English Dictionary*），"late bloomer"最初用于植物，如黑眼苏珊（black-eyed Susan），它们在夏末或初秋相对较晚时才开花。早在 1921 年，英国心理学家查尔斯·斯皮尔曼（Charles Spearman）就用"late bloomer"来比喻儿童的智力。对于看似没有方向的后代，大器晚成一直是许多父母的秘密希望。

许多作家则是在从事了各种职业之后，晚年才开始投入写作的。还有一些人是在创作了一系列不太成功的作品后才进入到自己的领域的。比如布莱姆·斯托克（Bram Stoker）以戏剧评论家的身份开始写作，在都柏林担任公务员期间创作了短篇小说和非虚构类作品，四十多岁时，他出版了几部不太成功的小说，如：《蛇的足迹》

（*The Snake's Pass* 1890）、《沙斯塔之肩》（*The Shoulders of Shasta* 1895）。令他一举成名的哥特式恐怖小说《德古拉》（*Dracula*），直到 1897 年才问世，那一年他已经 50 岁了。安娜·休厄尔（Anna Sewell）在 50 多岁时写了她人生中第一部也是唯一一部小说《黑骏马》（*Black Beauty*），这部小说于 1877 年出版，就在她 58 岁去世前的几个月。

令人印象深刻的大器晚成型作家还包括英国公务员理查德·亚当斯（Richard Adams），他在一次汽车旅行中，给孩子们讲述了一个关于一群会说话的兔子的故事。孩子们鼓励他把故事写下来，1972 年《兔子共和国》（*Watership Down*，也译作"沃特希普荒原"）出版，亚当斯时年 52 岁。爱尔兰裔美国作家弗兰克·迈考特曾是一名教师，后来在妻子的鼓励下，迈考特把自己在利默里克度过的贫困童年写成了故事——《安琪拉的灰烬》（*Angela's Ashes*），并在 66 岁时出版，[①]1997 年这本回忆录让迈考特获得了普利策奖。

历史上许多畅销作家尽管遭到了多次拒绝，但都坚持下来了。《兔子共和国》后来成为史上最畅销的书之一，在最终被接受前，它曾被四家出版商和三家作家代理公司拒绝。J. K. 罗琳（J. K. Rowling）的经纪人收到了十二家出版商的退稿信，因为他们不愿意冒险出版一本关于小

---

① 《安琪拉的灰烬》首次出版于 1996 年。——译注

巫师哈利·波特的书。斯蒂芬·金（Stephen King）和约翰·格里森姆（John Grisham）的处女作都遭到了数十家出版商和文学经纪人的拒绝。还有报道称，失意的牙医赞恩·格雷（Zane Grey）开始写作时，曾一度被告知："你没资格当作家，放弃吧。"另一位美国西部小说代表作家路易斯·拉摩（Louis L'Amour）在找到出版商之前被退稿多达 200 次。最终格雷和拉摩都写了几十本关于美国旧西部的小说，两人的书都获得了数亿册的销量。阿加莎·克里斯蒂（Agatha Christie）忍受了 5 年作品被退稿后才第一次体验到成功，并最终成为有史以来最畅销的小说家。但就纯粹的决心而言，杰克·伦敦（Jack London）是难以超越的，他在发表第一篇小说之前收到了 600 封退稿信，其中有许多都保存在他的庄园中。[25]

最后，一些作家虽大器晚成，但也非常高产。英国作家特德·奥尔布里（Ted Allbeury 1917—2005）就是一个很好的例证。他的一生就像一本小说，甚至像多本小说。他是一名情报官，"二战"期间空降纳粹德国（据说他是当时唯一的英国特工）。冷战期间，他在东德和西德的边境上派遣特工，曾被克格勃逮捕并施以酷刑。冷战结束后，他经营自己的广告公司，后来成了一家"海盗"电台的经理。[26]因此当他在 50 岁出头转向写作时，他有很多素材可以借鉴。尽管他不像同时代的约翰·勒卡雷（John le Carré）或杰克·希金斯（Jack Higgins）那样闻名，但奥尔布里多年来一直是英国最受欢迎的间谍作家之一。他的第一部小说《敌人的选择》（*A Choice of Enemies*）于 1972 年出版。在接下来的 21 年里，他写了 41 部小说，其中许多是以真名署名的，还有一些则用到了两个笔名。在他最多产的时候，20 世纪 80 年代初期，他每年出版多达 4 部小说，并且持续写作到 80 岁出头。他最后一部作品 2000 年问世。似乎147可以说如果奥尔布里在他 20 岁出头的时候就开始写作，他在所选的题材中不可能如此高产。他开始写作的时间相对较晚，所以能够把自己丰富的人生经历带入到小说创作中。多产当然是获得文学成就的一个重要部分，不过如果是作者有话想说，这对获得文学成就也是有帮助的。

写作障碍

> 写作容易至极，只需坐在那里目不转睛地瞪着一张白纸，直至鲜血在你的额头凝结。[1]
> ——美国作家吉恩·福勒（Gene Fowler，1890—1960）

---

[1] 译文参考了刘绯译《艺术与恐惧》（中信出版社，2019）一书。——译注

正如福勒所说的，许多作家在竭尽全力地把他们的想法付诸文字。无法轻松或连贯地写作通常被称为"写作障碍"（writer's block），它是由奥地利精神病学家埃德蒙·伯格勒（Edmund Bergler）1947 年创造的一个术语。伯格勒对该问题根源于"口头受虐倾向和超我对惩罚的需求"的弗洛伊德式解释，在思想市场上表现不佳。[27] 然而到 20 世纪 70 年代这个术语本身已牢固扎根于大众想象之中了，并且可以找到许多声称可以"征服、治愈或突破"写作障碍的心理自助书籍。

这个词可能是众所周知的，但它也是很不精确的，因为作者在写作过程中会在很多不同的地方陷入困境。在某些情况下，文字或思想的阻塞似乎确实会出现。不过无法

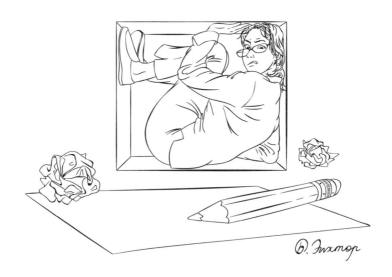

写作还可能有许多其他原因，比如：拖延症、完美主义，害怕批评或普通的抑郁情绪。还有一些情况是，作家可能有太多想法却无法从中作出选择。因此，一些研究人员用"写作焦虑"这个术语来替代。似乎没有人能幸免：在一项针对成功的学术作者的研究中，最常用于描述写作过程的词是"沮丧"。[28]那些声称自己患有这种疾病的作家，其作品仍然是惊人地多产：即便是前面提到的福勒，在他的职业生涯中也成功创作了几十本小说、传记和好莱坞电影剧本。

初次获得成功的小说家可能尤其容易陷入困境。这种现象很普遍，它有时也被称为"二年级生症候群"（sophomore slump）。这种问题可能会影响到最初表现十分优秀、前途光明的大学生（通常发生在大学第二年，由此得名）、运动员以及音乐家。在一部充满希望的处女作之后，许多作者会担心他们的第二部作品无法达到第一部的水准，而这种焦虑可能会导致他们失去信心并推迟创作后续作品。实际上，这种焦虑是有道理的，因为根据概率论的预测，一场不寻常的表演（例如一场备受赞誉的首秀）之后往往是不太精彩的表演。

某些情况下，这种障碍会变成永久性的。遭遇这种命运的作者其名单又长又具有多样化。塞缪尔·泰勒·柯勒律治（Samuel Taylor Coleridge）在他的职业生涯初期创作了许多著名的严肃诗歌，尽管之后他继续以新闻记者和文学评论家的身份写作，但未能重获他早年的成功。[29] 最近的例子包括拉尔夫·艾里森（Ralph Ellison）和哈珀·李（Harper Lee），他们分别在第一部作品《看不见的人》（*Invisible Man*）和《杀死一只知更鸟》（*Kill a Mockingbird*）获得成功之后就再没有出版过小说，尽管两位作者遗留的手稿在去世后得以发表。在人生的最后 20 年里，杜鲁门·卡波特（Truman Capote）无法创造出另一部堪比《冷血》（*Cold Blood*）的作品。[30] 也许最极端的例子是《纽约客》著名撰稿人约瑟夫·米歇尔（Joseph Mitchell）。1965 年，56 岁的米歇尔出版了《乔·古尔德的秘密》（*Joe Gould's Secret*），此后，在剩下的三十年生命里，他每天都去办公室，但再也没有写出过任何重要的东西。[31]

思考一下专业作者设计的解决障碍的方案可能是有帮助的。英国小说家格雷厄姆·格林（Graham Greene）在写了十几本书之后，50 多岁时陷入了困境。他发现写"梦境日志"是有帮助的，因为写的都是除了他自己不给任何人读的东西。[32] 在休整一段时间后，格林又继续写出了十几本书，其中包括他最著名的一些作品。80 岁出头时，他出版了自己最后一部小说。

美国神经病学家爱丽丝·韦弗·弗莱厄蒂（Alice Weaver Flaherty）提出，我们可以将写作障碍视为大脑的一种状态，从而更好地理解它。她把它与一种鲜为人知的综合征——"强迫书写症"（hypergraphia），或强烈的写作冲动——进行了对比。弗莱厄蒂认为，这两种情况都可能由潜在的临床综合征（如躁狂和癫痫）触发；关于写作障碍，她认为罪魁祸首可能是大脑额叶活动的减少，这可能会被用于治疗抑郁和焦虑的药物所抵消。[33] 但众所周知，因果很难厘清，因为焦虑和沮丧可能会**引起**写作障碍，但陷入困境的状态也有可能**导致**焦虑和沮丧。

我们应该注意，并非所有作者都相信会有写作障碍。艾伦·古尔格努斯（Allan Gurganus）和马克·赫普林（Mark Helprin）等作家指出，在其他行业中不会发生这种障碍。他们对写作障碍这种观念嗤之以鼻，认为这可能纯粹只是偷懒的借口。毕竟，水管工和电工不会突然失去修理管道和铺设电线的能力。[34]

事实证明，要对写作障碍现象进行研究和收集数据相当困难。许多作家都不愿意与研究人员讨论他们的创作活动。[35] 还有一些人担心，单纯地承认有写作障碍会把暂时的困扰变成一个更加严重的问题——一种自我实现的预言（自验预言）。[36] 因此，对写作障碍的研究往往会涉及大学生：这个群体为研究者提供了一个便利样本，但他们必须也是经常在任务的截止日之前写作，因此符合研究的需要。

美国教育学研究员迈克·罗斯（Mike Rose）是最早研

究大学生写作障碍的学者之一，他认为学生们常常被教导"应该"如何写作的僵化规则过度束缚。他还指出构思不成熟、写作计划和写作策略的问题，以及有问题的写作态度和对写作过程本身的假设等。尽管这些结论来自少数参与者样本，并且是基于访谈的数据，但它们为之后的调查提供了一个重要的起点。[37]

大学生还参加了目的在于缓解写作焦虑的研究。在一项研究中，第一组接受了旨在减轻压力的认知-行为联合治疗和关于如何更好地写作的指导，该组与只接受了写作指导的第二组进行比较。结果发现，两组受试者对写作的焦虑均有所减轻，但只有同时接受治疗和指导的小组才展现出写作质量的改善。[38]这项研究的结果表明，焦虑在写作障碍中起主要作用。

成年后，写作障碍的发生率是会增加还是减少？这很难说。因为正如我们所看到的，该词可以用来指称许多不同类型的写作困难。它也可能涉及选择性偏差，即经常受此困扰的人可能倾向于选择不需要大量写作的职业。另外，年长的作者可能会面临内心动力和自身精力的变化。作者可能会因为写作障碍而选择放弃，但原因也可能是缺乏写作所需的持续性认知努力。当菲利普·罗斯（Philip Roth）被问到他是否曾留恋写作时，他回答说："到了这个时候（大约77岁），我已不再拥有以往那样的精神活力、语言力量及健康状况

了，无法再支撑像小说这样需要投入持久而大规模的创造性
工作了……不是每个人都能永远硕果累累。"[39]

头脑的毁灭

请思考下列 20 世纪晚期的小说作品片段：

Benet had taken a taxi from his house to Anna's
house near Sloane Square. From here he had taken a
taxi to Owen's house. Now he was taking another taxi to
Rosalind's little flat off Victoria Street. He rarely drove
his car in London. As he sat in the taxi he felt a pang of
painful miserable guilt.[①]

虽然这段摘录只有 5 句话，共计 58 个单词[②]，但它充
满了重复。短语"taken a taxi"（乘坐出租车）在前两句中

---

① 贝尼特从他家乘坐出租车到了靠近斯隆广场的安娜家。他从这里乘坐出租车去
了欧文家。现在他要乘坐另一辆出租车去维多利亚街罗莎琳德的小公寓。他
很少在伦敦开车。当他坐在出租车里时，他感到一种痛苦、悲惨般内疚的剧
痛。——译注

② "只有 5 句话，共计 58 个单词"，这是对英文原文的统计。

出现了两次；第三句中出现了"taking another taxi"（乘坐另一辆出租车）；第五句中出现了"in the taxi"（在出租车里）。在前两句中，"house"（家）这个词用了三次。毫无疑问，英语老师会迫不及待地拿起一支红笔在这样的文字上删除重复的内容，或者至少给出一些替换词的选择。

因此，当得知这段选文的作者是英国著名小说家和哲学家艾丽丝·默多克（Iris Murdoch, 1919—1999），我们可能会感到惊讶。从 20 世纪 50 年代中期开始，在 40 年的职业生涯中，默多克出版了 26 部小说，上文引用的段落摘自她最后的小说作品《杰克逊的困境》（*Jackson's Dilemma*）。[40] 在默多克写作生涯的早期，她的作品就已获奖，其中包括令人梦寐以求的曼布克小说奖（Man Booker Prize for Fiction）。1987 年，她被授予大英帝国女勋爵头衔。事实上默多克被认为是战后英国最重要的作家之一。

但是，当《杰克逊的困境》出版时，评论意见显然是毁誉参半的。例如，《纽约时报》称赞这部作品"刻画了丰富细腻的心理"，但也指出它"充满了明显的错误和冗余"，并且"散布在全书的口头禅表达就像是阅读道路上的钉子"。简言之，评论家称这本书"写得一团糟"。[41]

这些评论家不知道的是，那时的默多克已经在与认知障碍作斗争了。1997 年，她被诊断为阿尔茨海默病。两年后，她去世了，享年 79 岁。[42] 默多克与疾病的抗争得以广为人知，主要源于默多克丈夫写的回忆录和 2001 年上映的电影《长路将尽》(*Iris*)，电影中的默多克由凯特·温丝莱特（Kate Winslet）和朱迪·丹奇（Judi Dench）扮演。[43]

　　如前所述，阿尔茨海默病无法在一个人在世时得以完全确诊，默多克这一病例是在她逝世后确认的。对默多克进行初步诊断并进行尸检的神经学家彼得·加拉德（Peter Garrard），后来与别人合写了一篇论文研究她的文学作品。研究者们将默多克《杰克逊的困境》中的叙事片段，与其第一部小说《在网下》(*Under the Net*, 1954)以及职业生涯中期获得曼布克奖的作品《大海，大海》(*The Sea*, *the Sea*, 1978)的片段进行比较。虽然这三本书中使用的语法没有很大的变化，但她最后一部小说的词汇量减少了，且使用的词更为普通。[44]

　　多伦多大学的研究团队以加拉德的研究成果为基础，对默多克所有小说的全文进行了计算分析，并考察了更广泛的语言标记。他们发现，与其他小说相比，默多克在《杰克逊的困境》中使用的词汇丰富度急剧下降；短语重复和单词重复情况增加（如本小节开头引用段落中的"taxi"和"house"）；使用填充词的情况增多（如"um"和"ah"）。值得注意的是，在她 50 多岁时，也就是在她去世前 20 多年时，她写作中的这些变化已经开始出现。[45]　　154

　　诚然，从单个案例中归纳普遍结论并不明智。为此，多伦多大学的研究人员还分析了英国非常成功的犯罪小说家阿加莎·克里斯蒂（1890—1976）和另一位英国犯罪小说家 P. D. 詹姆斯（P. D. James，1920—2014）的作品。研究人员选择克里斯蒂是因为她被怀疑在生命的最后几年中患上了痴呆症，尽管没有进行尸检确认；而詹姆斯则作为对照组，因为她一生中没有表现出任何认知障碍的迹象。和默多克的情况一样，研究人员发现，克里斯蒂的词汇量在她后期的小说中突然减少，同时，单词重复和填充词的使用也大大增加；而詹姆斯没有表现出这些趋势，在她的写作生涯中，词汇或语法的变化在统计学上都不显著。[46]

机器可读文本技术与复杂语言分析工具的发展使得这类研究相对地普遍一些。多伦多大学研究小组的伊恩·兰开夏（Ian Lancashire）继续分析了默多克和其他两位患有痴呆症的作家的作品，即犯罪小说作家罗斯·麦克唐纳（Ross Macdonald，1915—1983）和伊妮德·布莱顿（Enid Blyton，1897—1968），后者是一位极其高产的英国作家，写了数百本儿童读物。兰开夏将他们与一生中都没有出现认知障碍的作家莱曼·弗兰克·鲍姆（L. Frank Baum）、詹姆斯·希尔顿（James Hilton）和 R. 奥斯汀·弗里曼（R. A. Freeman）进行了比较。这些认知未受损的作者的词汇量要么保持不变，要么随着写作生涯而有所增加，使用短语重复的频率也没有变化；而在麦克唐纳和布莱顿的作品中，随着时间的推移，单词的重复使用次数上升。同时，麦克唐纳的词汇量还大幅下降了。[47]

不幸的是，许多作家痛苦地意识到自己的思维能力有很大问题。例如，默多克在《杰克逊的困境》出版一年后接受的一次采访中谈到她感觉自己好像跌倒了，正处于"一个非常非常糟糕的、无声的阶段"。[48] 特里·普拉切特（Terry Pratchett，1948—2015），这位广受欢迎的英国幻想小说家，2007年将其患上早发型阿尔茨海默病的情况公之于众，那时他才59岁。在剩余的生命时光里，他都在为获得更多医学研究资金而奔走，并且努力"克服阿尔茨海默病的阴霾"，完成了不少小说。[49] 可惜的是，他最后没能完成自传。

在政界，包括美国总统罗纳德·里根和英国首相玛格丽特·撒切尔在内的几位著名政治家都被诊断患有痴呆症，这引发了人们对他们是否在执政期间就开始出现认知障碍而产生疑问。大多数政客不是小说家，但他们确实会在新闻发布会这样的场合进行语言交际活动。和能够代笔的演讲不同，与媒体打交道时通常是没有文本的，这为评估政治领导人的语言能力提供了一种手段。维萨尔·贝里沙（Visar Berisha）和他的同事们分析了里根总统和健康地老去的老布什总统各自的新闻发布会记录。正如所预料的那样，研究人员发现，随着时间的推移，里根的词汇量在减少，同时填充词（well, uh）和具体程度较低的词（we, they，something，anything）的使用却在增加；研究者们在老布什的新闻发布会上没有发现类似的趋势。[50]

甚至那些已经去世了几个世纪的历史人物，研究人员也对他们的文字做了仔细的研究，以寻找认知障碍的迹象。包括国王詹姆斯一世 / 詹姆斯六世（King James Ⅵ / Ⅰ，1566—1625）也被研究过。詹姆斯在漫长的统治期间统一了苏格兰和英格兰，并资助了以他名字命名的《圣经》的翻译，使之成为钦定版《圣经》。他还留下了 57 封信，涵盖了他 20 年的生活。这些信件显示，随着时间的推移，其中的语法复杂性不断降低，但词汇量在增加。如我们所见，这种变化并不罕见，由于詹姆斯有血液循环系统方面的问题，因此研究者推测他患有血管性痴呆。[51]

当然，大多数作家不会患上痴呆症。但马丁·埃米斯（Martin Amis）的话提醒人们，写作生涯中确实存在才华削弱的情况："作家会死两次，一次是身体的死亡，一次是才华的消亡。"[52]

修女的启示

在 20 世纪 30 年代早期，明尼苏达州曼卡托（Mankato）的两名年轻女性被要求写一些她们生活方面的短篇叙述。

她们是罗马天主教圣母学校修女会的见习修女。女修道院院长规定所有见习修女在宣誓前都必须写一个简短的自传。

这两名修女所采用的方法非常不同。以第一句话为例，"海伦修女"（笔名）的叙述是：

> 1913 年 5 月 24 日，我出生在威斯康星州的奥克莱尔市，在圣詹姆斯教堂接受洗礼。[53]

"艾玛修女"的是：

> 1912 年闰年 2 月 28 日大约午夜前半小时到 29 日，作为我母亲希尔达·霍夫曼（婚前姓名）和父亲奥托·施密特的第三个孩子，我来到了这个世界上。[54]

这些叙述材料和其他许多人的材料一起被归档在曼卡托的修道院，它们本会在那里被安静地保存几十年；但当它们被重新发现时，它们将对认知老化研究领域产生巨大影响。

157

1986 年，当时在明尼苏达大学工作的流行病学家大卫·斯诺登（David Snowdon）联系了这家修道院，为一项衰老研究寻找志愿者。由于修女们在修道院共同生活，吃同样的食物，做同样的工作，她们成了研究衰老的理想群体。同意参加这项研究的修女每年要完成一系列的认知测试。更为重要的是，她们还同意在自己死后接受大脑解剖。正因为如此，我们才有可能确切地知道修女中是否有人患上阿尔茨海默病。后来，这个项目扩展到其他6所圣母修道院，最终有678名成员加入了这项研究。

有一天，斯诺登偶然发现了存放着曼卡托修道院档案的房间。他在档案馆里几个橄榄绿色的金属文件柜中找到了曼卡托修女的誓言记录。他从中发掘了很多信息，包括海伦和艾玛修女及其他几十个修女的自传叙事大纲。有了这些资料，他不再被之前着手研究时的那些材料所限制，仿佛有了"时间机器"。他可以"穿过几十年的历史，回到她们的过去"。具体来说，他可以从半个多世纪以前这些见习修女们对自己的相关写作中寻找线索，并将她们的写作风格与现在的精神状态联系起来。[55]

为了分析这些自传材料，斯诺登开始与詹姆斯·莫蒂默（James Mortimer）、苏珊·坎珀（Susan Kemper）合作。他们最初专注于两种语言学上的测量标准：概念密度（idea density）和语法复杂度（grammatical complexity）。概念密度按每10个单词表示的想法数进行运算。艾玛修女的句子概念密度得分比海伦修女高2倍以上；海伦修女的语法复杂性被编码在最低的类别中，而艾玛修女的语法复杂度则被评为最高的分数。

当斯诺登的研究团队发表第一篇研究语言和衰老的论

文时，有 14 位修女已过世，经过大脑解剖，其中 7 人确诊阿尔茨海默病。在这 7 人中，研究人员发现她们都写过概念密度低的自传，而文章中概念密度高的修女没有一个人患有阿尔茨海默病；另外，语法复杂度较低也与阿尔茨海默病有关，尽管不那么显著。[56] 截止到 2000 年，74 位写过文章的修女已经离世，她们文中的概念密度再次成为阿尔茨海默病尸检诊断的有力预测。[57] 后来的一项研究发现，这些语言因素与包括轻度认知障碍在内的其他认知功能的下降之间也存在关联性。[58]

修女们的这些文章还得到了另一个令人惊讶的发现：积极情绪的表达与长寿相关。参与修女研究的心理学家黛博拉·丹纳（Deborah Danner）领导的小组分析了 180 篇修女的文章，确定了与积极情绪（如快乐、爱、希望等）相关的词汇，以及表示消极情绪（如悲伤、恐惧、焦虑等）的词汇。研究人员发现，使用积极情绪词最多的和使用积极情绪词最少的修女之间，她们的预期寿命相差 7 年。[59]

这项开创性的工作表明了语言因素与痴呆症之间的联系，激发了其他人进行类似的研究。美国犹他州立大学的一个团队对个人日记和信件进行了研究，这是卡什县记忆研究 ① 项目的一部分。有趣的是，仅仅是写日记就能把所有类型的痴呆症风险降低 53%。但是，日记内容中与痴呆

159

---

① 又称"卡什县痴呆进展研究"。——译注

症相关的唯一语言变量是长单词（六个字母或更多）的比例。长单词的使用与降低阿尔茨海默病患病风险有关。[60]

那么前面提到过的海伦和艾玛两位修女呢？1992年，当斯诺登团队对她们进行标准认知测试时，海伦修女得分最低：0分（满分30分）。一年后她去世，享年80岁，对其大脑的解剖证实，她患有阿尔茨海默病。比海伦修女大15个月的艾玛修女在测试中得满分，海伦修女去世时，艾玛修女依旧思路清晰。[61]事实上，尽管大脑解剖发现，部分修女的大脑存在典型的阿尔茨海默病淀粉样斑块与神经原纤维缠结，但她们在90多岁甚至更老的时候仍然保持高水平的认知能力。[62]这些发现证实了我们在第一章讨论的认知储备的有效性。截至2016年，参与该项研究的678名修女中只有8人还在世，最年轻的100岁。[63]这些献身教育事业的女性，在她们去世后很长一段时间，还在继续教导和激励着人们，真是了不起！

小说胜于事实

> 小说是我们透过谎言来说明真相。
>
> ——法国小说家阿尔贝·加缪（Albert Camus，1913—1960）

好小说的职责在于使不安的人得到安慰，使舒服的人感到不安。

——美国小说家大卫·福斯特·华莱士（David Foster Wallace，1962—2008）与美国文学杂志《国际小说》主编拉里·迈卡弗里（Larry McCaffery）的一次访谈

没有人会否认阅读的益处，毕竟，它是人们了解这个世界最好的方式之一。我们通过书面文字获得的信息量绝对是巨大的。不仅如此，某些特定类型的阅读可能会带来更多心理益处，它让人受益的程度远超了解历史知识或当日新闻所带来的好处。具体而言，阅读虚构作品也许会使我们成为更好的人。

乍一看，这种说法似乎有些牵强。相比对事件或思想的非虚构描述，长篇小说或短篇小说如何能告诉我们更伟大的真理呢？虚构作品的特别就在于它让我们看到了每个人的内心深处。通过解读虚构的人物，人们对他人的观点有了更好的理解，进而使阅读虚构作品的人更具有社会洞察力。[64]有人认为，阅读小说会增加我们对他人的同理心。此外，阅读虚构作品还可以增强心理学家所说的心智能力（theory of mind，简称 ToM[①]），这是指一个人理解他人的

①　"ToM"，也译为心智理论、心理理论、心灵理论等。——译注

意图、信念和需求的能力。通过精神上接触虚构作品中具有复杂动机和行为的人物，我们可以磨炼从不同于自己的角度看待世界的能力。

为了研究阅读虚构作品所能够带来的益处，研究人员必须找到量化这些概念的方法。要衡量同理心和心智能力的组成部分，可以通过几种测试来完成，但要确定一个人读过多少虚构作品却可能是棘手的。直接询问人们的阅读习惯是有问题的，因为社会期望的一个重要组成部分可能会影响答案：每个人都希望自己在他人眼中是博览群书的。因此，研究阅读的心理学家创造了一种"阅读量"的测试方法。该方法要求参与者从一个包含非作家名字的列表中挑选出虚构类和非虚构类创作者的名字。[65] 数项研究已经发现，同理心、心智能力和"阅读量"之间存在正关联。心理学家迈卡·芒珀（Micah Mumper）和理查德·杰瑞格（Richard Gerrig）最近对这些研究进行了再次分析，进一步证实了这一发现，尽管这种联系的影响并不大。[66] 这些发现也与扎齐·托德（Zazie Todd）的研究一致，他招募参与者来阅读小说，并以小组的形式进行讨论。在讨论中，共同的主题是表达对小说人物的同情心和同理心。[67]

如果长期接触书面文字对更全面的认知和社交有可衡量的影响，那么我们也许会期待看到阅读的其他具体优势，结果也确实如我们所想。当受试者在三周内阅读完一部历史类虚构作品时，研究人员观察到了受试者大脑连接的变化。在研究期间以及阅读结束后的几天内，这种有益的短期变化依然存在。[68]

心理学家连美青（Mei-Ching Lien）和她的同事们对比了大学生和一群 60～70 岁老年人的字词辨识能力。研究人员要求受试者在识别单词时，同时对相互竞争的视觉和听觉任务作出回应。我们知道，一次做两件事通常需要额外的认知资源，而这对于老年人而言可能是个问题。但是，在这项研究中，老年受试者在竞争任务上比年轻受试者完成得好。研究人员认为，长期接触书面文字可能会降低获取记忆中的单词所需的认知资源消耗，而对大学生而言，这可能是他们尚未获得的一种能力。[69]其他研究人员还发现，老年人阅读纸质书还有其他好处，例如减少阅读时工作记忆的限制。这些都是重要的发现，因为它表明成为一个读书成癖的人可以弥补其他认知过程的衰退。[70]因此，显而易见，阅读虚构作品可以在多个方面使成年人受益。

令人惊讶的是，阅读虚构作品还与长寿有关。由耶鲁大学公共卫生学院研究人员发起的一项大规模研究表明，与没有阅读习惯的人相比，爱读书的人拥有 23 个月的相对"生存优势"。换句话说，研究发现，爱读书的人其死

162

亡率在 12 年内降低了 20%。但需要注意的是，这项研究的结果只是说爱读书与长寿有相关性，两者并不是因果关系，毕竟研究人员不能将人们一次性地分为阅读者和非阅读者两种极端情况。因此，我们无法区分两种相互对立的假设：更多的阅读带来更长的寿命，还是更长的寿命允许我们进行更多的阅读。此外，尽管研究人员控制了许多潜在的变量，如年龄、性别、教育程度、婚姻状况、健康状况及经济状况，阅读的正面效应依然存在，而其他许多因素无疑与这种相关性有关。这种有益的效果主要由阅读书籍促发，而不是报纸杂志。由于大多数读者都读虚构作品，这与前面提到的其他优点又关联了起来。这项研究表明，每天只要花 30 分钟在读书上就会有所受益。与阅读期刊相比，阅读书籍所需更多的认知参与到其中，这可能是长寿现象的缘由所在。[71]

注　释

1. James W. Pennebaker, Janice K. Kiecolt-Glaser, and Ronald Glaser, "Disclosure of Traumas and Immune Function: Health Implications for Psychotherapy," *Journal of Consulting and Clinical Psychology* 56, no. 2 (1988): 239–245.
2. James W. Pennebaker, "Writing about Emotional Experiences as a Therapeutic Process," *Psychological Science* 8, no. 3 (1997): 162–166.
3. Joshua M. Smyth et al., "Effects of Writing about Stressful Experiences on Symptom Reduction in Patients with Asthma or Rheumatoid Arthritis: A

Randomized Trial," *JAMA* 281, no. 14 (1999): 1304–1309.

4. James W. Pennebaker, *Opening Up: The Healing Power of Expressing Emotions*, 2nd ed. (New York: Guilford Press, 1997); James W. Pennebaker, Steven D. Barger, and John Tiebout, "Disclosure of Traumas and Health among Holocaust Survivors," *Psychosomatic Medicine* 51, no. 5 (1989): 577–589.

5. James W. Pennebaker, Tracy J. Mayne, and Martha E. Francis, "Linguistic Predictors of Adaptive Bereavement," *Journal of Personality and Social Psychology* 72, no. 4 (1997): 863–871.

6. Joshua Smyth, Nicole True, and Joy Souto, "Effects of Writing about Traumatic Experiences: The Necessity for Narrative Structuring," *Journal of Social and Clinical Psychology* 20, no. 2 (2001): 161–172.

7. Timothy D. Wilson, *Strangers to Ourselves: Discovering the Adaptive Unconscious* (Cambridge, MA: Belknap Press, 2002).

8. James W. Pennebaker, *The Secret Life of Pronouns: What Our Words Say about Us* (New York: Bloomsbury Press, 2011).

9. Stanford News, "'You've Got to Find What You Love,' Jobs Says," June 14, 2005, https://news.stanford.edu/2005/06/14/jobs-061505.

10. 请注意有研究者对该假设表示怀疑, 参见: Sharan B. Merriam, "Butler's Life Review: How Universal Is It?" *International Journal of Aging and Human Development* 37, no. 3 (1993): 163–175。

11. Erik H. Erikson, "The Problem of Ego Identity," in *Identity and the Life Cycle*, by Erik H. Erikson (New York: Norton, 1959/1980), 57; italics in original.

12. Erikson, in Daniel Goleman, "Erikson, in His Own Old Age, Expands His View of Life," *New York Times*, June 14, 1988, C1–C14.

13. Robert N. Butler, "The Life Review: An Interpretation of Reminiscence in the Aged," *Psychiatry* 26, no. 1 (1963): 65–76.

14. Ernst Bohlmeijer et al., "The Effects of Reminiscence on Psychological Well-Being in Older Adults: A Meta-analysis," *Aging and Mental Health* 11, no. 3 (2007): 291–300.

15. Graham J. McDougall, Carol E. Blixen, and Lee-Jen Suen, "The Process and Outcome of Life Review Psychotherapy with Depressed Homebound Older Adults," *Nursing Research* 46, no. 5 (1997): 277–283.

16. James E. Birren and Betty A. Birren, "Autobiography: Exploring the Self and Encouraging Development," in *Aging and Biography: Explorations in Adult Development*, ed. James E. Birren et al. (New York: Springer,

1996), 283–299.

17. Gary T. Reker, James E. Birren, and Cheryl Svensson, "Self-Aspect Reconstruction through Guided Autobiography: Exploring Underlying Processes," International Journal of Reminiscence and Life Review 2, no. 1 (2014): 10.

18. Lisa M. Watt and Paul T. Wong, "A Taxonomy of Reminiscence and Therapeutic Implications," *Journal of Gerontological Social Work* 16, nos. 1–2 (1991): 37–57; Paul T. Wong and Lisa M. Watt, "What Types of Reminiscence Are Associated with Successful Aging?" *Psychology and Aging* 6, no. 2 (1991): 272–279.

19. See Gerben J. Westerhof, Ernst Bohlmeijer, and Jeffrey Dean Webster, "Reminiscence and Mental Health: A Review of Recent Progress in Theory, Research and Interventions," *Ageing and Society* 30, no. 4 (2010): 697–721.

20. Watt and Wong, "A Taxonomy of Reminiscence," 44.

21. Watt and Wong, "A Taxonomy of Reminiscence,", 51.

22. Erik H. Erikson and Joan M. Erikson, *The Life Cycle Completed* (*Extended Version*)(New York: Norton, 1997).

23. Debra P. Kong, "How Old Are Traditionally Published First-Time Authors?" The Write Type: Multi-author Musings, December 5, 2010, http://writetype.blogspot.com/2010/12/how-old-are-traditionally-published.html.

24. Anders Ericsson and Robert Pool, *Peak: Secrets from the New Science of Expertise* (Boston: Houghton Mifflin Harcourt, 2016).

25. Lit Rejections, "Best-Sellers Initially Rejected," http://www.litrejections.com/best-sellers-initially-rejected.

26. Michael Johnson, "Ted Allbeury: Respected Spy Writer Who Had Served as a Secret Agent in the War and the Cold War," *Guardian*, January 2, 2006, https://www.theguardian.com/news/2006/jan/03/guardianobituaries.booksobituaries.

27. Salman Akhtar, *Comprehensive Dictionary of Psychoanalysis* (London: Karnac Books, 2009), 310.

28. Helen Sword, *Air and Light and Time and Space: How Successful Academics Write* (Cambridge, MA: Harvard University Press, 2017).

29. "Blocked: Why Do Writers Stop Writing?" *New Yorker*, June 14, 2004.

30. Azeen Ghorayshi, "A Trip around the Writer's Block," *Full Stop*, May 29, 2012, http://www.full-stop.net/2012/05/29/blog/azeen/a-trip-around-the-

writers-block.

31. Thomas Kunkel, "What Exactly Was Joseph Mitchell Doing All Those Years at the *New Yorker?*" *Publishers Weekly*, April 3, 2015, http://www.publishersweekly.com/pw/by-topic/industry-news/tip-sheet/article/66086-what-exactly-was-joseph-mitchell-doing-all-those-years-at-the-new-yorker.html; Ben Lazarus, "Why Joseph Mitchell Stopped Writing," *New Republic*, May 1, 2015, https://newrepublic.com/article/121690/thomas-kunkels-man-profile-joseph-mitchell-new-yorker.

32. Maria Konnikova, "How to Beat Writer's Block," *New Yorker*, March 11, 2016.

33. Alice W. Flaherty, *The Midnight Disease: The Drive to Write, Writer's Block, and the Creative Brain* (Boston: Houghton Mifflin, 2004).

34. Harry Bruce, *Page Fright: Foibles and Fetishes of Famous Writers* (Toronto: McClelland & Stewart, 2009).

35. Mihaly Csikszentmihalyi, "Review of 'The Midnight Disease,' " *Perspectives in Biology and Medicine* 48, no. 1 (2005): 148–150.

36. Andra L. Cole, "Writer's Block, Procrastination, and the Creative Process: It's All a Matter of Perspective," in *The Art of Writing Inquiry*, ed. Lorri Neilsen, Ardra L. Cole, and J. Gary Knowles(Halifax, Nova Scotia: Backalong Books, 2001), 292–301.

37. Mike Rose, *Writer's Block: The Cognitive Dimension* (Carbondale: Southern Illinois University Press, 1984).

38. Peter Salovey and Matthew D. Haar, "The Efficacy of Cognitive-Behavior Therapy and Writing Process Training for Alleviating Writing Anxiety," *Cognitive Therapy and Research* 14, no. 5(1990): 515–528.

39. Charles McGrath, "No Longer Writing, Philip Roth Still Has Plenty to Say," *New York Times*, January 16, 2018.

40. Iris Murdoch, *Jackson's Dilemma* (London: Penguin Books, 1995), 58.

41. Brad Leithauser, "The Good Servant," *New York Times*, January 7, 1996, http://www.nytimes.com/books/98/12/20/specials/murdoch-dilemma.html.

42. Richard Nichols, "Iris Murdoch, Novelist and Philosopher, Is Dead," *New York Times*, February 9, 1999, http://www.nytimes.com/learning/general/onthisday/bday/0715.html.

43. Adrienne Day, "Alzheimer's Early Tell: The Language of Authors Who Suffered from Dementia Has a Story for the Rest of Us," *Nautilus*, September 29, 2016, http://nautil.us/issue/40/learning/alzheimers-early-

tell.

44. Peter Garrard et al., "The Effects of Very Early Alzheimer's Disease on the Characteristics of Writing by a Renowned Author," *Brain* 128, no. 2 (2005): 250–260.

45. Xuan Le et al., "Longitudinal Detection of Dementia through Lexical and Syntactic Changes in Writing: A Case Study of Three British Novelists," *Literary and Linguistic Computing* 26, no. 4 (2011): 435–461.

46. Le et al., "Longitudinal Detection of Dementia."

47. Ian Lancashire, "Vocabulary and Dementia in Six Novelists," in *Language Development: The Lifespan Perspective*, ed. Annette Gerstenberg and Anja Voeste (Amsterdam: John Benjamins, 2015), 77–107.

48. Joanna Coles, "Duet in Perfect Harmony," *Guardian*, September 21, 1996, https://www.theguardian.com/books/1996/sep/21/fiction.joannacoles.

49. Martin Robinson, "'The Moment I Died': Discworld Author Terry Pratchett Revealed His Struggles with a 'Haze of Alzheimer's' in His Unfinished Autobiography," *Daily Mail*, February 3, 2017, http://www.dailymail.co.uk/news/article-4187146/Terry-Pratchett-reveals-struggles-haze-Alzheimer-s.html.

50. Visar Berisha et al., "Tracking Discourse Complexity Preceding Alzheimer's Disease Diagnosis: A Case Study Comparing the Press Conferences of Presidents Ronald Reagan and George Herbert Walker Bush," *Journal of Alzheimer's Disease* 45, no. 3 (2015): 959–963.

51. Kristine Williams et al., "Written Language Clues to Cognitive Changes of Aging: An Analysis of the Letters of King James Ⅵ / Ⅰ ," *Journals of Gerontology Series B: Psychological Sciences and Social Sciences* 58, no. 1 (2003): 42–44.

52. Quoted in Camilla Long, "Martin Amis and the Sex War," *Sunday Times*, January 24, 2010.

53. David Snowdon, *Aging with Grace: What the Nun Study Teaches Us about Leading Longer, Healthier, and More Meaningful Lives* (New York: Bantam Books, 2001), 110.

54. Snowdon, *Aging with Grace*, 110.

55. Michael D. Lemonick and Alice Park, "The Nun Study: How One Scientist and 678 Sisters Are Helping Unlock the Secrets of Alzheimer's," *Time*, May 14, 2001, 54–59, 62, 64.

56. David A. Snowdon et al., "Linguistic Ability in Early Life and Cognitive

Function and Alzheimer's Disease in Late Life: Findings from the Nun Study," *JAMA* 275, no. 7 (1996): 528–532.

57. David A. Snowdon, Lydia H. Greiner, and William R. Markesbery, "Linguistic Ability in Early Life and the Neuropathology of Alzheimer's Disease and Cerebrovascular Disease: Findings from the Nun Study," *Annals of the New York Academy of Sciences* 903, no. 1 (2000): 34–38.

58. Kathryn P. Riley et al., "Early Life Linguistic Ability, Late Life Cognitive Function, and Neuropathology: Findings from the Nun Study," *Neurobiology of Aging* 26, no. 3 (2005): 341–347.

59. Deborah D. Danner, David A. Snowdon, and Wallace V. Friesen, "Positive Emotions in Early Life and Longevity: Findings from the Nun Study," *Journal of Personality and Social Psychology* 80, no. 5 (2001): 804–813.

60. Jessica J. Weyerman, Cassidy Rose, and Maria C. Norton, "Personal Journal Keeping and Linguistic Complexity Predict Late-Life Dementia Risk: The Cache County Journal Pilot Study," *Journals of Gerontology Series B: Psychological Sciences and Social Sciences* 72, no. 6 (2017): 991–995.

61. Snowdon *Aging with Grace.*

62. David A. Snowdon, "Aging and Alzheimer's Disease: Lessons from the Nun Study," *Gerontologist* 37, no. 2 (1997): 150–156.

63. Natalie Zarrelli, "The Neurologists Who Fought Alzheimer's by Studying Nuns' Brains," Atlas *Obscura*, March 24, 2016, http://www.atlasobscura.com/articles/the-neurologists-who-fought-alzheimers-by-studying-nuns-brains.

64. Raymond A. Mar and Keith Oatley, "The Function of Fiction Is the Abstraction and Simulation of Social Experience," *Perspectives on Psychological Science* 3, no. 3 (2008): 173–192.

65. Raymond A. Mar et al., "Bookworms versus Nerds: Exposure to Fiction versus Non-fiction, Divergent Associations with Social Ability, and the Simulation of Fictional Social Worlds," *Journal of Research in Personality* 40, no. 5 (2006): 694–712.

66. Micah L. Mumper and Richard J. Gerrig, "Leisure Reading and Social Cognition: A Meta-analysis," *Psychology of Aesthetics, Creativity, and the Arts* 11, no. 1 (2017): 109–120.

67. Zazie Todd, "Talking about Books: A Reading Group Study," *Psychology of Aesthetics, Creativity, and the Arts* 2, no. 4 (2008): 256–263.

68. Gregory S. Berns et al., "Short- and Long-Term Effects of a Novel on Connectivity in the Brain," *Brain Connectivity* 3, no. 6 (2013): 590–600.

69. Mei-Ching Lien et al., "Visual Word Recognition without Central Attention: Evidence for Greater Automaticity with Advancing Age," *Psychology and Aging* 21, no. 3 (2006): 431–447.

70. Brennan R. Payne et al., "The Effects of Print Exposure on Sentence Processing and Memory in Older Adults: Evidence for Efficiency and Reserve," *Aging, Neuropsychology, and Cognition* 19, nos. 1–2 (2012): 122–149.

71. Avni Bavishi, Martin D. Slade, and Becca R. Levy, "A Chapter a Day: Association of Book Reading with Longevity," *Social Science and Medicine* 164 (2016): 44–48.

尾　声

如果猎人年事已高，无法外出打猎，他一定会满足于讲述自己过往的"功绩"。

——西非班巴拉族谚语

在本书的开篇中，我们讨论了衰老是如何影响语言的。尽管我们发现一些特定的语言能力在正常衰老的过程中确实会下降，但在大多数情况下并不是由语言本身的衰退造成的。相反，它们主要是由认知处理的减缓、工作记忆的限制、抑制控制能力的减弱以及听力和视觉的衰退造成的。

事实上，即使发生了这些衰退，也可能并不像它们表面看起来的那样。正如我们所看到的，尽管一些老年人更啰唆、讲话跑题，但这可能是因为他们的话语目标发生了变化；言语流畅性和找词困难可能是因为老年人比年轻人拥有更多的知识。

我们希望，我们试图将记忆、感知和其他认知过程的变化同语言本身的变化分开的做法，不会被视为试图将与年龄有关的功能衰退的影响降到最低。这些衰退确实给老年人及其家庭带来了真正的负担。我们的观点是，了解语言能力变化的根源，有助于我们更有效地应对这些变化。

同样，通过将认知能力的得失相加，然后权衡利弊来得出所有有关衰老的结论都是过于简单化的。正义的天平也许是这样工作的，但衰老可不是这样。

尽管如此，从本书中我们可以看到，老年人在某些领域的功能损失可以从其他领域的收益中得到补偿。这可能是无意识的，例如当更大的词汇量弥补了找词的困难时。但有时这种补偿也可能是有意识的结果，例如当一个人为自己设定有意义的目标，优化个人能力并找到补偿的方法时。[1]

在本书的最后几章，我们探讨了语言如何影响衰老，我们发现有不少好消息要报道。正如医生可能建议你要"保持运动"一样，我们建议你继续保持听、说、读、写。事实证明，锻炼我们的语言能力是优化认知功能、对抗认知衰退的一个很好的方法。也许梅根·勒内汉（Megan Lenehan）和她同事所言极是："把你的祖父母送进大学可以增加他们的认知储备。"[2]

年轻时，我们用语言来了解周围的世界，明白我们是谁以及如何融入这个世界。语言为我们提供了一扇通往内心世界的窗户，一面反映自身的镜子。没有了语言，我们怎么交友、娱乐或相爱呢？为什么这些事情都要随着年龄增长发生变化呢？正如书中我们所看到的，这当然不是必须的。

166

注 释

1. Baltes and Baltes, "Psychological Perspectives on Successful Aging".
2. Megan E. Lenehan et al., "Sending Your Grandparents to University Increases Cognitive Reserve: The Tasmanian Healthy Brain Project," *Neuropsychology* 30, no. 5（2016）: 525.

参考文献

Abrams, Lise, Meagan T. Farrell, and Sara J. Margolin. 2010. Older adults'
detection of misspellings during reading. *Journals of Gerontology Series B:
Psychological Sciences and Social Sciences* 65B（6）: 680–683.

Acton, Eric K. 2011. On gender differences in the distribution of um and uh.
University of Pennsylvania Working Papers in Linguistics 17（2）: 1–9.

Adams, Cynthia, Gisela Labouvie-Vief, Cathy J. Hobart, and Mary Dorosz.
1990. Adult age group differences in story recall style. *Journal of Gerontology*
45（1）: 17–27.

Adams, Tony. 2013. Multiple presbyopic corrections across multiple centuries.
Optometry and Vision Science 90（5）: 409–410.

Akhtar, Salman. 2009. *Comprehensive Dictionary of Psychoanalysis.* London:
Karnac Books.

Albert, Martin L., Avron Spiro, Keely J. Sayers, Jason A. Cohen, Christopher
B. Brady, Mira Goral, and Loraine K. Obler. 2009. Effects of health status
on word finding in aging. *Journal of the American Geriatrics Society* 57
（12）: 2300–2305.

Altman, Lawrence K. 1971. A tube implant corrected Shepard's ear disease.
New York Times, February 2, 1971. https://www.nytimes.com/1971/02/02/
archives/a-tube-implant-corrected-shepards-ear-disease.html.

Amlen, Deb. n.d. How to solve the New *York Times crossword. New York Times.*
https://www.nytimes.com/guides/crosswords/how-to-solve-a-crossword-
puzzle.

Andrews, Travis M. 2016. Annie Glenn: "When I called John, he cried.
People just couldn't believe that I could really talk." *Washington Post,*

December 9, 2016. https: //www.washingtonpost.com/news/morning-mix/ wp/2016/12/09/to-john-glenn-the-real-hero-was-his-wife-annie-conqueror-of- disability/?noredirect=on&utm_term=.c02f21305c42.

Aramaki, Eiji, Shuko Shikata, Mai Miyabe, and Ayae Kinoshita. 2016. Vocabulary size in speech may be an early indicator of cognitive impairment. *PloS One* 11 (5): 1–13.

Arbuckle, Tannis Y., and Dolores Pushkar Gold. 1993. Aging, inhibition, and verbosity. *Journal of Gerontology* 48 (5): 225–232.

Ardila, Alfredo, and Monica Rosselli. 1996. Spontaneous language production and aging: Sex and educational effects. *International Journal of Neuroscience* 87 (1–2): 71–78.

Arenberg, I. Kaufman, Lynn Flieger Countryman, Lawrence H. Bernstein, and George E. Shambaugh. 1990. Van Gogh had Meniere's disease and not epilepsy. *JAMA* 264 (4): 491–493.

Ascaso, F. J., and V. Huerva. 2013. The history of cataract surgery. In *Cataract Surgery*, ed. Farhan Zaidi, 75–90. Rijeka, Croatia: InTech.

Atkinson, Joanna, Tanya Lyons, David Eagleman, Bencie Woll, and Jamie Ward. 2016. Synesthesia for manual alphabet letters and numeral signs in second-language users of signed languages. *Neurocase* 22 (4): 379–386.

Au, Rhoda, Philip Joung, Marjorie Nicholas, Loraine K. Obler, Robin Kass, and Martin L. Albert. 1995. Naming ability across the adult life span. *Aging, Neuropsychology, and Cognition* 2 (4): 300–311.

Baddeley, A. D., S. Bressi, Sergio Della Sala, Robert Logie, and H. Spinnler. 1991. The decline of working memory in Alzheimer's disease: A longitudinal study. *Brain* 114 (6): 2521–2542.

Baguley, David M. 2003. Hyperacusis. *Journal of the Royal Society of Medicine* 96 (12): 582–585.

Bahrick, Harry P. 1984. Semantic memory content in permastore: Fifty years of memory for Spanish learned in school. *Journal of Experimental Psychology: General* 113 (1): 1–29.

Baltes, Margret M., and Laura L. Carstensen. 1996. The process of successful ageing. *Ageing and Society* 16 (4): 397–422.

Baltes, Paul B., and Margret M. Baltes. 1990. Psychological perspectives on successful aging: The model of selective optimization with compensation. In *Successful Aging: Perspectives from the Behavioral Sciences*, ed. Paul Baltes and Margret Baltes, 1–34. Cambridge: Cambridge University Press.

Bambini, Valentina, Giorgio Arcara, Ilaria Martinelli, Sara Bernini, Elena Alvisi, Andrea Moro, Stefano F. Cappa, and Mauro Ceroni. 2016. Communication and pragmatic breakdowns in amyotrophic lateral sclerosis patients. *Brain and Language* 153: 1–12.

Baron, Jacqueline M., and Susan Bluck. 2011. That was a good story! Preliminary construction of the perceived story quality index. *Discourse Processes* 48 (2): 93–118.

Barry, Danielle, Marsha E. Bates, and Erich Labouvie. 2008. FAS and CFL forms of verbal fluency differ in difficulty: A meta-analytic study. *Applied Neuropsychology* 15 (2): 97–106.

Bavishi, Avni, Martin D. Slade, and Becca R. Levy. 2016. A chapter a day: Association of book reading with longevity. *Social Science and Medicine* 164: 44–48.

BBC News. 2006. Stroke gives woman a foreign accent. July 4, 2006. http://news.bbc.co.uk/2/hi/uk_news/england/tyne/5144300.stm.

Belville, J. Kevin, and Ronald J. Smith, eds. 2006. *Presbyopia Surgery: Pearls and Pitfalls*. Thorofare, NJ: Slack.

Berg, Cynthia A., Timothy W. Smith, Kelly J. Ko, Nancy J. M. Henry, Paul Florsheim, Gale Pearce, Bert N. Uchino, et al. 2007. Task control and cognitive abilities of self and spouse in collaboration in middle-aged and older couples. *Psychology and Aging* 22 (3): 420–427.

Berg, Eric E., Edie Hapner, Adam Klein, and Michael M. Johns. 2008. Voice therapy improves quality of life in age-related dysphonia: A case-control study. *Journal of Voice* 22 (1): 70–74.

Berisha, Visar, Shuai Wang, Amy LaCross, and Julie Liss. 2015. Tracking discourse complexity preceding Alzheimer's disease diagnosis: A case study comparing the press conferences of presidents Ronald Reagan and George Herbert Walker Bush. *Journal of Alzheimer's Disease* 45 (3): 959–963.

Berns, Gregory S., Kristina Blaine, Michael J. Prietula, and Brandon E. Pye. 2013. Short-and long-term effects of a novel on connectivity in the brain. *Brain Connectivity* 3 (6): 590–600.

Bialystok, Ellen. 2011. Reshaping the mind: The benefits of bilingualism. *Canadian Journal of Experimental Psychology* 65 (4): 229–235.

Bialystok, Ellen, Judith F. Kroll, David W. Green, Brian MacWhinney, and Fergus I. M. Craik. 2015. Publication bias and the validity of evidence: What's the connection? *Psychological Science* 26 (6): 944–946.

Birren, James E., and Birren, Betty A. 1996. Autobiography: Exploring the self and encouraging development. In *Aging and Biography: Explorations in Adult Development*, ed. James E. Birren, Gary M. Kenyon, Jan-Erik Ruth, Johannes J. F. Schroots, and Torbjorn Svensson, 283–299. New York: Springer.

Blumstein, Sheila E., and Kathleen Kurowski. 2006. The foreign accent syndrome: A perspective. *Journal of Neurolinguistics* 19 (5): 346–355.

Bohlmeijer, Ernst, Marte Roemer, Pim Cuijpers, and Filip Smit. 2007. The effects of reminiscence on psychological well-being in older adults: A meta-analysis. *Aging and Mental Health* 11 (3): 291–300.

Bolla, Karen I., Karen N. Lindgren, Cathy Bonaccorsy, and Margit L. Bleecker. 1990. Predictors of verbal fluency (FAS) in the healthy elderly. *Journal of Clinical Psychology* 46 (5): 623–628.

Boone, Daniel R., Stephen C. McFarlane, Shelley L. Von Berg, and Richard I. Zraick. 2005. *The Voice and Voice Therapy*. New York: Allyn & Bacon.

Bopp, Kara L., and Paul Verhaeghen. Aging and verbal memory span: A meta-analysis. 2005. *Journals of Gerontology Series B: Psychological Sciences and Social Sciences* 60 (5): 223–233.

Bor, Daniel, Nicolas Rothen, David J. Schwartzman, Stephanie Clayton, and Anil K. Seth. 2014. Adults can be trained to acquire synesthetic experiences. *Scientific Reports* 4 (7089): 1–8.

Bortfeld, Heather, Silvia D. Leon, Jonathan E. Bloom, Michael F. Schober, and Susan E. Brennan. 2001. Disfluency rates in conversation: Effects of age, relationship, topic, role, and gender. *Language and Speech* 44 (2): 123–147.

Bouton, Katherine. 2013. *Shouting Won't Help: Why I—and 50 Million Other Americans—Can't Hear You*. New York: Farrar, Straus and Giroux.

Bowles, Ryan P., and Timothy A. Salthouse. 2008. Vocabulary test format and differential relations to age. *Psychology and Aging* 23 (2): 366–376.

Bradford, Barbara. 1997. Upspeak in British English. *English Today 13* (3): 29–36.

Bradley, Joseph P., Edie Hapner, and Michael M. Johns. 2014. What is the optimal treatment for presbyphonia? *Laryngoscope* 124 (11): 2439–2440.

Brady, Marian C., Helen Kelly, Jon Godwin, Pam Enderby, and Pauline Campbell. 2016. Speech and language therapy for aphasia following stroke. *Cochrane Database of Systematic Reviews* 6 (CD000425) .

Bricker-Katz, Geraldine, Michelle Lincoln, and Patricia McCabe. 2009. A life-time of stuttering: How emotional reactions to stuttering impact activities and participation in older people. *Disability and Rehabilitation* 31 (21): 1742–1752.

Brickman, Adam M., Robert H. Paul, Ronald A. Cohen, Leanne M. Williams, Kristin L. MacGregor, Angela L. Jefferson, David F. Tate, John Gunstad, and Evian Gordon. 2005. Category and letter verbal fluency across the adult lifespan: relationship to EEG theta power. *Archives of Clinical Neuropsychology* 20 (5): 561–573.

Bridges, Kelly Ann, and Diana Van Lancker Sidtis. 2013. Formulaic language in Alzheimer's disease. *Aphasiology* 27 (7): 799–810.

Brimacombe, C. A., Sandy Jung, Lynn Garrioch, and Meredith Allison. 2003. Perceptions of older adult eyewitnesses: Will you believe me when I'm 64? *Law and Human Behavior* 27 (5): 507–522.

Brimacombe, C. A., Nyla Quinton, Natalie Nance, and Lynn Garrioch. 1997. Is age irrelevant? Perceptions of young and old adult eyewitnesses. *Law and Human Behavior* 21 (6): 619–634.

Brown, Alan S. 2012. *The Tip of the Tongue State.* New York: Psychology Press.

Brown, Alan S., and Lori A. Nix. 1996. Age-related changes in the tip-of-the-tongue experience. *American Journal of Psychology* 109 (1): 79–91.

Brown, Andy, Caroline Jay, Alex Q. Chen, and Simon Harper. 2012. The uptake of Web 2.0 technologies, and its impact on visually disabled users. *Universal Access in the Information Society* 11 (2): 185–199.

Brown, Roger, and David McNeill. 1966. The "tip of the tongue" phenomenon. *Journal of Verbal Learning and Verbal Behavior* 5 (4): 325–337.

Bruce, Harry. 2009. *Page Fright: Foibles and Fetishes of Famous Writers.* Toronto: McClelland & Stewart.

Bucks, Romola S., and Shirley A. Radford. 2004. Emotion processing in Alzheimer's disease. *Aging and Mental Health* 8 (3): 222–232.

Burda, Angela N., Carlin F. Hageman, Julie A. Scherz, and Harold T. Edwards. 2003. Age and understanding speakers with Spanish or Taiwanese accents. *Perceptual and Motor Skills* 97 (1): 11–20.

Burke, Deborah M., and Meredith A. Shafto. 2004. Aging and language production. *Current Directions in Psychological Science* 13 (1): 21–24.

Burke, Deborah M., and Meredith A. Shafto. 2008. Language and aging. In *The Handbook of Aging and Cognition*, 3rd ed., ed. Fergus I. Craik and Timothy

A. Salthouse, 373–443. New York: Psychology Press.

Butler, Robert N. 1963. The life review: An interpretation of reminiscence in the aged. *Psychiatry* 26 (1): 65–76.

Calabria, Marco, Gabriele Cattaneo, Paula Marne, Mireia Hernández, Montserrat Juncadella, Jordi Gascón-Bayarri, Isabel Sala, et al. 2017. Language deterioration in bilingual Alzheimer's disease patients: A longitudinal study. *Journal of Neurolinguistics* 43: 59–74.

Callahan, Rebecca M., and Patricia C. Gándara, eds. 2014. *The Bilingual Advantage: Language, Literacy and the US Labor Market*. Bristol, UK: Multilingual Matters.

Campbell, Ruth, Mairéad MacSweeney, and Dafydd Waters. 2008. Sign language and the brain: A review. *Journal of Deaf Studies and Deaf Education* 13 (1): 3–20.

Caporael, Linnda R. 1981. The paralanguage of caregiving: Baby talk to the institutionalized aged. *Journal of Personality and Social Psychology* 40 (5): 876–884.

Carlson, Stephanie M., and Andrew N. Meltzoff. 2008. Bilingual experience and executive functioning in young children. *Developmental Science* 11 (2): 282–298.

Carney, Maria T., Janice Fujiwara, Brian E. Emmert, Tara A. Liberman, and Barbara Paris. 2016. Elder orphans hiding in plain sight: A growing vulnerable population. *Current Gerontology and Geriatrics Research*, article ID 4723250.

Carotenuto, Antonio, Giorgio Arcara, Giuseppe Orefice, Ilaria Cerillo, Valentina Giannino, Mario Rasulo, Rosa Iodice, and Valentina Bambini. 2018. Communication in multiple sclerosis: Pragmatic deficit and its relation with cognition and social cognition. *Archives of Clinical Neuropsychology* 33 (2): 1–12.

Carretti, Barbara, Erika Borella, Michela Zavagnin, and Rossana Beni. 2013. Gains in language comprehension relating to working memory training in healthy older adults. *International Journal of Geriatric Psychiatry* 28 (5): 539–546.

Castel, Alan D., Meenely Nazarian, and Adam B. Blake. 2015. Attention and incidental memory in everyday settings. In *The Handbook of Attention*, ed. Jonathan M. Fawcett, Evan F. Risko, and Alan Kingstone, 463–483. Cambridge, MA: MIT Press.

Castro, Nichol, and Lori E. James. 2014. Differences between young and older adults' spoken language production in descriptions of negative versus neutral pictures. *Aging, Neuropsychology, and Cognition* 21 (2): 222–238.

Cavalli, Eddy, Séverine Casalis, Abdessadek El Ahmadi, Melody Zira, Florence Poracchia-George, and Pascale Cole. 2016. Vocabulary skills are well developed in university students with dyslexia: Evidence from multiple case studies. *Research in Developmental Disabilities* 51: 89–102.

Charman, W. Neil. 2014. Developments in the correction of presbyopia I: Spectacle and contact lenses. *Ophthalmic and Physiological Optics* 34 (1): 8–29.

Chasteen, Alison L., Sudipa Bhattacharyya, Michelle Horhota, Raymond Tam, and Lynn Hasher. 2005. How feelings of stereotype threat influence older adults' memory performance. *Experimental Aging Research* 31 (3): 235–260.

Chicago Tribune. 1987. How Reagan copes with 1930s ear injury. November 9, 1987, sec. 1, 16.

Ciorba, Andrea, Chiara Bianchini, Stefano Pelucchi, and Antonio Pastore. 2012. The impact of hearing loss on the quality of life of elderly adults. *Clinical Interventions in Aging* 7 (6): 159–163.

Clark, Herbert H., and Jean E. Fox Tree. 2002. Using *uh* and *um* in spontaneous speaking. *Cognition* 84 (1): 73–111.

Cleary, Anne M., and Alexander B. Claxton. 2015. The tip-of-the-tongue heuristic: How tip-of-the-tongue states confer perceptibility on inaccessible words. *Journal of Experimental Psychology: Learning, Memory, and Cognition* 41 (5): 1533–1539.

Cocks, Naomi, Gary Morgan, and Sotaro Kita. 2011. Iconic gesture and speech integration in younger and older adults. *Gesture* 11 (1): 24–39.

Cohen, Andrew. 2000. Bush's mangling of language points to dyslexia: Writer. *Globe and Mail*, September 13, 2000.

Cohen, Gillian, and Dorothy Faulkner. 1986. Does "elderspeak" work? The effect of intonation and stress on comprehension and recall of spoken discourse in old age. *Language and Communication* 6 (1–2): 91–98.

Cole, Ardra L. 2001. Writer's block, procrastination, and the creative process: It's all a matter of perspective. In *The Art of Writing Inquiry*, ed. Lorri Neilsen, Ardra L. Cole, and J. Gary Knowles, 292–301. Halifax, Nova

Scotia: Backalong Books.

Cole, Thomas R. 1992. *The Journey of Life: A Cultural History of Aging in America*. Cambridge: Cambridge University Press.

Coles, Joanna. 1996. Duet in perfect harmony. *Guardian*, September 21, 1996. https://www.theguardian.com/books/1996/sep/21/fiction.joannacoles.

Connor, Lisa Tabor, Avron Spiro Ⅲ, Loraine K. Obler, and Martin L. Albert. 2004. Change in object naming ability during adulthood. *Journals of Gerontology Series B: Psychological Sciences and Social Sciences* 59 (5): 203–209.

Constantino, Christopher D., Paula Leslie, Robert W. Quesal, and J. Scott Yaruss. 2016. A preliminary investigation of daily variability of stuttering in adults. *Journal of Communication Disorders* 60: 39–50.

Cooper, Patricia V. 1990. Discourse production and normal aging: Performance on oral picture description tasks. *Journal of Gerontology* 45 (5): 210–214.

Corwin, Anna I. 2018. Overcoming elderspeak: A qualitative study of three alternatives. *Gerontologist* 58 (4): 724–729.

Cosco, Theodore D., A. Matthew Prina, Jaime Perales, Blossom C. M. Stephan, and Carol Brayne. 2014. Operational definitions of successful aging: A systematic review. *International Psychogeriatrics* 26 (3): 373–381.

Coupland, Nikolas, Justine Coupland, Howard Giles, and Karen Henwood. 1988. Accommodating the elderly: Invoking and extending a theory. *Language in Society* 17 (1): 1–41.

Craig, Ashley, and Yvonne Tran. 2014. Trait and social anxiety in adults with chronic stuttering: Conclusions following meta-analysis. *Journal of Fluency Disorders* 40: 35–43.

Cristia, Alejandrina, Amanda Seidl, Charlotte Vaughn, Rachel Schmale, Ann Bradlow, and Caroline Floccia. 2012. Linguistic processing of accented speech across the lifespan. *Frontiers in Psychology* 3: 479.

Cruickshanks, Karen J., Terry L. Wiley, Theodore S. Tweed, Barbara E. K. Klein, Ronald Klein, Julie A. Mares-Perlman, and David M. Nondahl. 1998. Prevalence of hearing loss in older adults in Beaver Dam, Wisconsin: The epidemiology of hearing loss study. *American Journal of Epidemiology* 148 (9): 879–886.

Csikszentmihalyi, Mihaly. 2005. Review of "The Midnight Disease." *Perspectives in Biology and Medicine* 48 (1): 148–150.

Curhan, Sharon G., Roland Eavey, Molin Wang, Meir J. Stampfer, and Gary C. Curhan. 2013. Body mass index, waist circumference, physical activity, and risk of hearing loss in women. *American Journal of Medicine* 126 (12): 1142.e1–1142.e8.

Czaja, Sara J., Joseph Sharit, Raymond Ownby, David L. Roth, and Sankaran Nair. 2001. Examining age differences in performance of a complex information search and retrieval task. *Psychology and Aging* 16 (4): 564–579.

Dahlgren, Donna J. 1998. Impact of knowledge and age on tip-of-the-tongue rates. *Experimental Aging Research* 24 (2): 139–153.

Daley, Tamara C., Shannon E. Whaley, Marian D. Sigman, Michael P. Espinosa, and Charlotte Neumann. 2003. IQ on the rise: The Flynn effect in rural Kenyan children. *Psychological Science* 14 (3): 215–219.

Danner, Deborah D., David A. Snowdon, and Wallace V. Friesen. 2001. Positive emotions in early life and longevity: Findings from the Nun Study. *Journal of Personality and Social Psychology* 80 (5): 804–813.

Davis, Boyd H., and Margaret Maclagan. 2010. Pauses, fillers, placeholders, and formulaicity in Alzheimer's discourse. In *Fillers, Pauses and Placeholders*, ed. Nino Amiridze, Boyd H. Davis, and Margaret Maclagan, 189–216. Amsterdam: John Benjamins.

Davis, Danielle K., Nicole Alea, and Susan Bluck. 2015. The difference between right and wrong: Accuracy of older and younger adults' story recall. *International Journal of Environmental Research and Public Health* 12 (9): 10861–10885.

Day, Adrienne. 2016. Alzheimer's early tell: The language of authors who suffered from dementia has a story for the rest of us. *Nautilus*, September 29, 2016. http://nautil.us/issue/40/learning/alzheimers-early-tell.

De Bruin, Angela, Barbara Treccani, and Sergio Della Sala. 2015. Cognitive advantage in bilingualism: An example of publication bias? *Psychological Science* 26 (1): 99–107.

DeLoss, Denton J., Takeo Watanabe, and George J. Andersen. 2015. Improving vision among older adults: Behavioral training to improve sight. *Psychological Science* 26 (4): 456–466.

Di Dio, Cinzia, Joerg Schulz, and Jennifer Gurd. 2006. Foreign accent syndrome: In the ear of the beholder? *Aphasiology* 20 (9): 951–962.

Dijkstra, Katinka, Michelle S. Bourgeois, Rebecca S. Allen, and Louis D.

Burgio. 2004. Conversational coherence: Discourse analysis of older adults with and without dementia. *Journal of Neurolinguistics* 17 (4): 263–283.

DiLollo, Anthony, Julie Scherz, and Robert A. Neimeyer. 2014. Psychosocial implications of foreign accent syndrome: Two case examples. *Journal of Constructivist Psychology* 27 (1): 14–30.

Dixon, Roger A., and Odette N. Gould. 1996. Adults telling and retelling stories collaboratively. In *Interactive Minds: Life-Span Perspectives on the Social Foundation of Cognition*, ed. Paul B. Baltes and Ursula M. Staudinger, 221–241. Cambridge: Cambridge University Press.

Duchin, Sandra W., and Edward D. Mysak. 1987. Disfluency and rate characteristics of young adult, middle-aged, and older males. *Journal of Communication Disorders* 20 (3): 245–257.

Dupuis, Kate, and M. Kathleen Pichora-Fuller. 2010. Use of affective prosody by young and older adults. *Psychology and Aging* 25 (1): 16–29.

Durso, Francis T., and Wendelyn J. Shore. 1991. Partial knowledge of word meanings. *Journal of Experimental Psychology: General* 120 (2): 190–202.

Edwards, Helen, and Patricia Noller. 1993. Perceptions of overaccommodation used by nurses in communication with the elderly. *Journal of Language and Social Psychology* 12 (3): 207–223.

Eide, Brock L., and Fernette F. Eide. 2012. *The Dyslexic Advantage: Unlocking the Hidden Potential of the Dyslexic Brain*. New York: Plume.

Erard, Michael. 2012. *Babel No More: The Search for the World's Most Extraordinary Language Learners*. New York: Free Press.

Erber, Joan T., and Lenore T. Szuchman. 2015. *Great Myths of Aging*. Malden, MA: John Wiley & Sons.

Ericsson, Anders, and Robert Pool. 2016. *Peak: Secrets from the New Science of Expertise*. Boston: Houghton Mifflin Harcourt.

Erikson, Erik H. 1959/1980. The problem of ego identity. In *Identity and the Life Cycle*, by Erik H. Erikson. New York: Norton.

Erikson, Erik H., and Joan M. Erikson. 1997. *The Life Cycle Completed (Extended Version)*. New York: Norton.

Etter, Nicole M., Joseph C. Stemple, and Dana M. Howell. 2013. Defining the lived experience of older adults with voice disorders. *Journal of Voice* 27 (1): 61–67.

Evans, Sarah, Nick Neave, Delia Wakelin, and Colin Hamilton. 2008. The relationship between testosterone and vocal frequencies in human males. *Physiology and Behavior* 93 (4): 783–788.

Fagnani, Corrado, Steen Fibiger, Axel Skytthe, and Jacob V. B. Hjelmborg. 2011. Heritability and environmental effects for self-reported periods with stuttering: A twin study from Denmark. *Logopedics Phoniatrics Vocology* 36 (3): 114–120.

Fan, Samantha P., Zoe Liberman, Boaz Keysar, and Katherine D. Kinzler. 2015. The exposure advantage: Early exposure to a multilingual environment promotes effective communication. *Psychological Science* 26 (7): 1090–1097.

Feyereisen, Pierre. 1997. A meta-analytic procedure shows an age-related decline in picture naming: Comments on Goulet, Ska, and Kahn (1994). *Journal of Speech, Language, and Hearing Research* 40 (6): 1328–1333.

Flaherty, Alice W. 2004. *The Midnight Disease: The Drive to Write, Writer's Block, and the Creative Brain*. Boston: Houghton Mifflin.

Floccia, Caroline, Claire Delle Luche, Samantha Durrant, Joseph Butler, and Jeremy Goslin. 2012. Parent or community: Where do 20-month-olds exposed to two accents acquire their representation of words? *Cognition* 124 (1): 95–100.

Flynn, James R. 1984. The mean IQ of Americans: Massive gains 1932 to 1978. *Psychological Bulletin* 95 (1): 29–51.

Flynn, James R. 1987. Massive IQ gains in 14 nations: What IQ tests really measure. *Psychological Bulletin* 101 (2): 171–191.

Fox Tree, Jean E. 2007. Folk notions of *um* and *uh*, you *know*, and like. *Text and Talk* 27 (3): 297–314.

Frakt, Austin. 2017. Training your brain so that you don't need reading glasses. *New York Times*, March 27, 2017. https://nyti.ms/2nEi3iR.

Freud, Debora, Marina Kichin-Brin, Ruth Ezrati-Vinacour, Ilan Roziner, and Ofer Amir. 2017. The relationship between the experience of stuttering and demographic characteristics of adults who stutter. *Journal of Fluency Disorders* 52: 53–63.

Frigerio-Domingues, Carlos, and Dennis Drayna. 2017. Genetic contributions to stuttering: The current evidence. *Molecular Genetics and Genomic Medicine* 5 (2): 95–102.

Gardner, Howard. 1975. *The Shattered Mind: The Person after Brain Damage*. New York: Knopf.

Garrard, Peter, Lisa M. Maloney, John R. Hodges, and Karalyn Patterson. 2005. The effects of very early Alzheimer's disease on the characteristics of writing by a renowned author. *Brain* 128 (2): 250–260.

Gaudreau, G., L. Monetta, J. Macoir, S. Poulin, R. Laforce Jr., and C. Hudon. 2015. Mental state inferences abilities contribution to verbal irony comprehension in older adults with mild cognitive impairment. *Behavioural Neurology*, article ID 685613.

Gayraud, Frederique, Hye-Ran Lee, and Melissa Barkat-Defradas. 2011. Syntactic and lexical context of pauses and hesitations in the discourse of Alzheimer patients and healthy elderly subjects. *Clinical Linguistics and Phonetics* 25 (3): 198–209.

Geber, Sara Z. 2017. Are you ready for solo agers and elder orphans? *American Society on Aging*, December 27, 2017. http: //www.asaging.org/blog/are-you-ready-solo-agers-and-elder-orphans.

Geschwind, Norman. 1970. The organization of language and the brain. *Science* 170 (3961): 940–944.

Ghorayshi, Azeen. 2012. A trip around the writer's block. *Full Stop*, May 29, 2012. http: //www.full-stop.net/2012/05/29/blog/azeen/a-trip-around-the-writers-block.

Glicksman, Jordan T., Sharon G. Curhan, and Gary C. Curhan. 2014. A prospective study of caffeine intake and risk of incident tinnitus. *American Journal of Medicine* 127 (8): 739–743.

Glosser, Guila, and Toni Deser. 1992. A comparison of changes in macrolinguistic and microlinguistic aspects of discourse production in normal aging. *Journal of Gerontology* 47 (4): 266–272.

Gold, Dolores, David Andres, Tannis Arbuckle, and Alex Schwartzman. 1988. Measurement and correlates of verbosity in elderly people. *Journal of Gerontology: Psychological Sciences* 43 (2): 27–33.

Goleman, Daniel. 1988. Erikson, in his own old age, expands his view of life. *New York Times*, June 14, 1988, C1, C14.

Gordon-Salant, Sandra, Grace H. Yeni-Komshian, Erin J. Pickett, and Peter J. Fitzgibbons. 2016. Perception of contrastive bi-syllabic lexical stress in unaccented and accented words by younger and older listeners. *Journal of the Acoustical Society of America* 139 (3): 1132–1148.

Gould, Odette N., and Roger A. Dixon. 1993. How we spent our vacation: Collaborative storytelling by young and old adults. *Psychology and Aging* 8 (1): 10–17.

Gould, Odette N., Christopher Osborn, Heather Krein, and Michelle

Mortenson. 2002. Collaborative recall in married and unacquainted dyads. *International Journal of Behavioral Development* 26 (1)： 36–44.

Gould, Odette N., Cybil Saum, and Jennifer Belter. 2002. Recall and subjective reactions to speaking styles： Does age matter? *Experimental Aging Research* 28 (2)： 199–213.

Goulden, Robin, Paul Nation, and John Read. 1990. How large can a receptive vocabulary be? *Applied Linguistics* 11 (4)： 341–363.

Goulet, Pierre, Bernadette Ska, and Helen J. Kahn. 1994. Is there a decline in picture naming with advancing age? *Journal of Speech, Language, and Hearing Research* 37 (3)： 629–644.

Grant, Patricia, and Rich Hogle. 2017. *Safety and Efficacy of the BrainPort V100 Device in Individuals Blinded by Traumatic Injury.* December 2017. Middleton, WI： WICAB, Inc.

Greenwood, Pamela, and Raja Parasuraman. 2012. *Nurturing the Older Brain and Mind.* Cambridge, MA： MIT Press.

Grosjean, François. 1982. *Life with Two Languages： An Introduction to Bilingualism.* Cambridge, MA： Harvard University Press.

Hargreaves, Ian S., Penny M. Pexman, Lenka Zdrazilova, and Peter Sargious. 2012. How a hobby can shape cognition： Visual word recognition in competitive Scrabble players. *Memory and Cognition* 40 (1)： 1–7.

Harnick, Chris. 2013. Liza Minnelli on *Cabaret* memories, *Arrested Development* return and more. *Huffpost*, January 29, 2013. http：//www. huffingtonpost.com/2013/01/28/liza-minnelli-cabaret-arrested-development_ n_2566747.html.

Harris, Judith Rich. 1998. *The Nurture Assumption： Why Children Turn Out the Way They Do.* New York： Free Press.

Hartshorne, Joshua K., and Laura T. Germine. 2015. When does cognitive functioning peak? The asynchronous rise and fall of different cognitive abilities across the life span. *Psychological Science* 26 (4)： 433–443.

Harvard Health Publishing. 2017. Tinnitus： Ringing in the ears and what to do about it. August 16, 2017. http：//www.health.harvard.edu/diseases-and-conditions/tinnitus-ringing-in-the-ears-and-what-to-do-about-it.

Hearing Solution Centers. 2015. Tinnitus and *Star Trek.* https：//www.heartulsa. com/blog/tinnitus-star-trek.

Heine, Marilyn K., Beth A. Ober, and Gregory K. Shenaut. 1999. Naturally occurring and experimentally induced tip-of-the-tongue experiences in three adult age groups. *Psychology and Aging* 14（3）：445–457.

Henry, Julie D., and John R. Crawford. 2004. A meta-analytic review of verbal fluency performance following focal cortical lesions. *Neuropsychology* 18 （2）：284–295.

Hess, Thomas M., Joey T. Hinson, and Elizabeth A. Hodges. 2009. Moderators of and mechanisms underlying stereotype threat effects on older adults' memory performance. *Experimental Aging Research* 35（2）：153–177.

Hindle, John V., Catherine S. Hurt, David J. Burn, Richard G. Brown, Mike Samuel, Kenneth C. Wilson, and Linda Clare. 2016. The effects of cognitive reserve and lifestyle on cognition and dementia in Parkinson's disease—a longitudinal cohort study. *International Journal of Geriatric Psychiatry* 31 （1）：13–23.

Hoffman, Howard J., and George W. Reed. 2004. Epidemiology of tinnitus. In *Tinnitus：Theory and Management*, ed. James B. Snow, 16–41. Hamilton, Ontario：B. C. Decker.

Holtgraves, Thomas, and Patrick McNamara. 2010. Parkinson's disease and politeness. *Journal of Language and Social Psychology* 29（2）：178–193.

Hoyte, Ken J., Hiram Brownell, and Arthur Wingfield. 2009. Components of speech prosody and their use in detection of syntactic structure by older adults. *Experimental Aging Research* 35（1）：129–151.

Huang, Qi, and Jianguo Tang. 2010. Age-related hearing loss or presbycusis. *European Archives of Oto-rhino-laryngology* 267（8）：1179–1191.

Hughes, Chrissy. 2015. Celebrities with tinnitus. Restored hearing, July 1, 2015. https：//restoredhearing.com/2015/07/01/celebrities-with-tinnitus.

Hultsch, David F., Christopher Hertzog, Roger A. Dixon, and Brent J. Small. 1998. *Memory Change in the Aged.* Cambridge：Cambridge University Press.

Hummert, Mary Lee, Jaye L. Shaner, Teri A. Garstka, and Clark Henry. 1988. Communication with older adults：The influence of age stereotypes, context, and communicator age. *Human Communication Research* 25（1）：124–151.

Hung, Pei-Fang, and Marilyn A. Nippold. 2014. Idiom understanding in adulthood：Examining age-related differences. *Clinical Linguistics and Phonetics* 28（3）：208–221.

Ianzito, Christina. n.d. Elder orphans：How to plan for aging without a family caregiver. AARP. https：//www.aarp.org/caregiving/basics/info-2017/tips-aging-alone.html.

Ingham, Roger J., Janis C. Ingham, Harald A. Euler, and Katrin Neumann.

2018. Stuttering treatment and brain research in adults: A still unfolding relationship. *Journal of Fluency Disorders* 55: 106–119.

Jackson, Eric S., J. Scott Yaruss, Robert W. Quesal, Valerie Terranova, and D. H. Whalen. 2015. Responses of adults who stutter to the anticipation of stuttering. *Journal of Fluency Disorders* 45: 38–51.

Jacoby, Larry L. 1988. Memory observed and memory unobserved. In *Remembering Reconsidered: Ecological and Traditional Approaches to the Study of Memory*, ed. Ulric Neisser and Eugene Winograd, 145–192. Cambridge: Cambridge University Press.

Jacoby, Larry L., and Ann Hollingshead. 1990. Reading student essays may be hazardous to your spelling: Effects of reading incorrectly and correctly spelled words. *Canadian Journal of Psychology* 44 (3): 345–358.

James, Lori E., Deborah M. Burke, Ayda Austin, and Erika Hulme. 1998. Production and perception of "verbosity" in younger and older adults. *Psychology and Aging* 13 (3): 355–367.

Jaslow, Ryan. 2012. George Michael wakes from coma with new accent: What's foreign accent syndrome? CBS News, July 19, 2012. https://www.cbsnews.com/news/george-michael-wakes-from-coma-with-new-accent-whats-foreign-accent-syndrome.

Jesse, Alexandra, and Esther Janse. 2012. Audiovisual benefit for recognition of speech presented with single-talker noise in older listeners. *Language and Cognitive Processes* 27 (7–8): 1167–1191.

Johnson, Gordon J., Darwin C. Minassian, Robert Alexander Weale, and Sheila K. West. 2003. *The Epidemiology of Eye Disease*. 2nd ed. London: Taylor & Francis.

Johnson, Jeffrey K. 2008. The visualization of the twisted tongue: Portrayals of stuttering in film, television, and comic books. *Journal of Popular Culture* 41 (2): 245–261.

Johnson, Michael. 2006. Ted Allbeury: Respected spy writer who had served as a secret agent in the war and the cold war. *Guardian*, January 2, 2006. https://www.theguardian.com/news/2006/jan/03/guardianobituaries.booksobituaries.

Johnson, Wendy, Matt McGue, and Ian J. Deary. 2014. Normative cognitive aging. In *Behavior Genetics of Cognition across the Lifespan*, ed. Deborah Finkel and Chandra A. Reynolds, 135–167. New York: Springer.

Kaplan, Edith, Harold Goodglass, and Sandra Weintraub. 1983. *Boston Naming Test*. Philadelphia: Lea & Febiger.

Katz, Stephen, and Toni Calasanti. 2014. Critical perspectives on successful aging: Does it "appeal more than it illuminates"? *Gerontologist* 55 (1): 26–33.

Kaushanskaya, Margarita, and Viorica Marian. 2009. The bilingual advantage in novel word learning. *Psychonomic Bulletin and Review* 16 (4): 705–710.

Kavé, Gitit, and Vered Halamish. 2015. Doubly blessed: Older adults know more vocabulary and know better what they know. *Psychology and Aging* 30 (1): 68–73.

Kemper, Susan. 2015. Memory and executive function: Language production in late life. In *Language Development: The Lifespan Perspective*, ed. Annette Gerstenberg and Anja Voeste, 59–76. Amsterdam: John Benjamins.

Kemper, Susan, and Tamara Harden. 1999. Experimentally disentangling what's beneficial about elderspeak from what's not. *Psychology and Aging* 14 (4): 656–670.

Kemper, Susan, Ruth E. Herman, and Chiung-Ju Liu. 2004. Sentence production by young and older adults in controlled contexts. *Journals of Gerontology Series B: Psychological Sciences and Social Sciences* 59 (5): 220–224.

Kemper, Susan, Donna Kynette, Shannon Rash, Kevin O'Brien, and Richard Sprott. 1989. Life-span changes to adults' language: Effects of memory and genre. *Applied Psycholinguistics* 10 (1): 49–66.

Kemper, Susan, Emily LaBarge, F. Richard Ferraro, Hintat Cheung, Him Cheung, and Martha Storandt. 1993. On the preservation of syntax in Alzheimer's disease: Evidence from written sentences. *Archives of Neurology* 50 (1): 81–86.

Kemper, Susan, Shannon Rash, Donna Kynette, and Suzanne Norman. 1991. Telling stories: The structure of adults' narratives. *European Journal of Cognitive Psychology* 2 (3): 205–228.

Kemper, Susan, and Aaron Sumner. 2001. The structure of verbal abilities in young and older adults. *Psychology and Aging* 16 (2): 312–322.

Kemper, Susan, Marilyn Thompson, and Janet Marquis. 2001. Longitudinal change in language production: Effects of aging and dementia on grammatical complexity and semantic content. *Psychology and Aging* 16 (4): 600–614.

Kern, Margaret L., Johannes C. Eichstaedt, H. Andrew Schwartz, Gregory Park, Lyle H. Ungar, David J. Stillwell, Michal Kosinski, Lukasz

Dziurzynski, and Martin E. P. Seligman. 2013. From "Sooo excited!!!" to "So proud": Using language to study development. *Developmental Psychology* 50 (1): 178–188.

Keulen, Stefanie, Jo Verhoeven, Elke De Witte, Louis De Page, Roelien Bastiaanse, and Peter Mariën. 2016. Foreign accent syndrome as a psychogenic disorder: A review. *Frontiers in Human Neuroscience* 10 (168).

Kiziltan, G., and M. A. Akalin. 1996. Stuttering may be a type of action dystonia. *Movement Disorders* 11 (3): 278–282.

Kjelgaard, Margaret M., Debra A. Titone, and Arthur Wingfield. 1999. The influence of prosodic structure on the interpretation of temporary syntactic ambiguity by young and elderly listeners. *Experimental Aging Research* 25 (3): 187–207.

Klinka, Karen. 1994. High-pitched ringing in ears may be wake-up call. *Oklahoman*, August 9, 1994. http://newsok.com/article/2474010.

Klompas, Michelle, and Eleanor Ross. 2004. Life experiences of people who stutter, and the perceived impact of stuttering on quality of life: Personal accounts of South African individuals. *Journal of Fluency Disorders* 29 (4): 275–305.

Kong, Debra P. 2010. How old are traditionally published first-time authors? *The Write Type: Multi-author Musings*, December 5, 2010. http://writetype.blogspot.com/2010/12/how-old-are-traditionally-published.html.

Konnikova, Maria. 2016. How to beat writer's block. *New Yorker*, March 11, 2016.

Kousaie, Shanna, and Natalie A. Phillips. 2012. Ageing and bilingualism: Absence of a "bilingual advantage" in Stroop interference in a nonimmigrant sample. *Quarterly Journal of Experimental Psychology* 65 (2): 356–369.

Kray, Jutta, and Ulman Lindenberger. Adult age differences in task switching. 2000. *Psychology and Aging* 15 (1): 126–147.

Kreuz, Roger, and Richard Roberts. 2017. *Getting Through: The Pleasures and Perils of Cross-Cultural Communication*. Cambridge, MA: MIT Press.

Kunkel, Thomas. 2015. What exactly was Joseph Mitchell doing all those years at the *New Yorker*? *Publishers Weekly*, April 3, 2015. http://www.publishersweekly.com/pw/by-topic/industry-news/tip-sheet/article/66086-what-exactly-was-joseph-mitchell-doing-all-those-years-at-the-new-yorker.html.

Kwong See, Sheree T., Hunter G. Hoffman, and Tammy L. Wood. 2001. Perceptions of an old female eyewitness: Is the older eyewitness believable? *Psychology and Aging* 16(2): 346–350.

Lacey, E. H., X. Jiang, R. B. Friedman, S. F. Snider, L. C. Parra, Y. Huang, and P. E. Turkeltaub. 2015. Transcranial direct current stimulation for pure alexia: Effects on brain and behavior. *Brain Stimulation: Basic, Translational, and Clinical Research in Neuromodulation* 8(2): 305–307.

Lancashire, Ian. 2015. Vocabulary and dementia in six novelists. In *Language Development: The Lifespan Perspective*, ed. Annette Gerstenberg and Anja Voeste, 7–107. Amsterdam: John Benjamins.

Lane, Zac, Adam Singer, David Roffwarg, and Erick Messias. 2010. Differentiating psychosis versus fluent aphasia. *Clinical Schizophrenia and Related Psychoses* 4(4): 258–261.

Lansberg, Maarten G., Erich Bluhmki, and Vincent N. Thijs. 2009. Efficacy and safety of tissue plasminogen activator 3 to 4.5 hours after acute ischemic stroke: A meta-analysis. *Stroke* 40(7): 2438–2441.

Larson, Eric B., Kristine Yaffe, and Kenneth M. Langa. 2013. New insights into the dementia epidemic. *New England Journal of Medicine* 369(24): 2275–2277.

Lazarus, Ben. 2015. Why Joseph Mitchell stopped writing. *New Republic*, May 1, 2015. https://newrepublic.com/article/121690/thomas-kunkels-man-profile-joseph-mitchell-new-yorker.

Le, Xuan, Ian Lancashire, Graeme Hirst, and Regina Jokel. 2011. Longitudinal detection of dementia through lexical and syntactic changes in writing: A case study of three British novelists. *Literary and Linguistic Computing* 26 (4): 435–461.

Lehmann, Christian. 1985. Grammaticalization: Synchronic variation and diachronic change. Lingua e Stile 20, 303–318.

Leithauser, Brad. 1996. The good servant. *New York Times*, January 7, 1996. http://www.nytimes.com/books/98/12/20/specials/murdoch-dilemma.html.

Leland, John. 2008. In "Sweetie" and "Dear," a hurt for the elderly. *New York Times*, October 6, 2008. http://www.nytimes.com/2008/10/07/us/07aging.html.

Lemonick, Michael D., and Alice Park. 2001. The Nun Study: How one scientist and 678 sisters are helping unlock the secrets of Alzheimer's. *Time* 157(19): 54–59, 62, 64.

Lenehan, Megan E., Mathew J. Summers, Nichole L. Saunders, Jeffery J. Summers, David D. Ward, Karen Ritchie, and James C. Vickers. 2016. Sending your grandparents to university increases cognitive reserve: The Tasmanian Healthy Brain Project. *Neuropsychology* 30 (5): 525–531.

Levene, John R. 1972. Benjamin Franklin, FRS, Sir Joshua Reynolds, FRS, PRA, Benjamin West, PRA, and the invention of bifocals. *Notes and Records of the Royal Society of London* 27 (1): 141–163.

Levy, Becca R. 2003. Mind matters: Cognitive and physical effects of aging self-stereotypes. *Journals of Gerontology Series B: Psychological Sciences and Social Sciences* 58 (4): 203–211.

Levy, Becca R., Martin D. Slade, Suzanne R. Kunkel, and Stanislav V. Kasl. 2002. Longevity increased by positive self-perceptions of aging. *Journal of Personality and Social Psychology* 83 (2): 261–270.

Liberman, Mark. 2005. Young men talk like old women. *Language Log*, November 6, 2005. http://itre.cis.upenn.edu/ ~ myl/languagelog/archives/002629.html.

Lien, Mei-Ching, Philip A. Allen, Eric Ruthruff, Jeremy Grabbe, Robert S. McCann, and Roger W. Remington. 2006. Visual word recognition without central attention: Evidence for greater automaticity with advancing age. *Psychology and Aging* 21 (3): 431–447.

Lima, César F., Tiago Alves, Sophie K. Scott, and São Luís Castro. 2014. In the ear of the beholder: How age shapes emotion processing in nonverbal vocalizations. *Emotion* 14 (1): 145–160.

Linetsky, Mikhail, Cibin T. Raghavan, Kaid Johar, Xingjun Fan, Vincent M. Monnier, Abhay R. Vasavada, and Ram H. Nagaraj. 2014. UVA light-excited kynurenines oxidize ascorbate and modify lens proteins through the formation of advanced glycation end products: Implications for human lens aging and cataract formation. Journal of Biological Chemistry 289 (24): 17111–17123.

LitRejections. n.d. Best-sellers initially rejected. http://www.litrejections.com/best-sellers-initially-rejected.

Long, Camilla. 2010. Martin Amis and the sex war. *Sunday Times*, January 24, 2010.

Lundy, Donna S., Carlos Silva, Roy R. Casiano, F. Ling Lu, and Jun Wu Xue. 1998. Cause of hoarseness in elderly patients. *Otolaryngology—Head and Neck Surgery* 118 (4): 481–485.

Lust, Barbara, Suzanne Flynn, Janet Cohen Sherman, James Gair, Charles R. Henderson, Claire Cordella, Jordan Whitlock, et al. 2015. Reversing Ribot:

Does regression hold in language of prodromal Alzheimer's disease? *Brain and Language* 143: 1–10.

Luxemberg, Steve. 2011. "The King's Speech": Brilliant filmmaking, less-than-brilliant history. *Washington Post*, January 28, 2011.

Lyons, Kelly, Susan Kemper, Emily LaBarge, F. Richard Ferraro, David Balota, and Martha Storandt. 1994. Oral language and Alzheimer's disease: A reduction in syntactic complexity. *Aging, Neuropsychology, and Cognition* 1(4): 271–281.

MacKay, Donald G., Lise Abrams, and Manissa J. Pedroza. 1999. Aging on the input versus output side: Theoretical implications of age-linked asymmetries between detecting versus retrieving orthographic information. *Psychology and Aging* 14(1): 3–17.

Macnamara, Brooke N., and Andrew R. A. Conway. 2014. Novel evidence in support of the bilingual advantage: Influences of task demands and experience on cognitive control and working memory. *Psychonomic Bulletin and Review* 21(2): 520–525.

Maltin, Leonard. 2010. *Leonard Maltin's Classic Movie Guide: From the Silent Era through 1965*. 2nd ed. New York: Random House.

Manning, Walter H., Deborah Daily, and Sue Wallace. 1984. Attitude and personality characteristics of older stutterers. *Journal of Fluency Disorders* 9: 207–215.

Mar, Raymond A., and Keith Oatley. 2008. The function of fiction is the abstraction and simulation of social experience. *Perspectives on Psychological Science* 3(3): 173–192.

Mar, Raymond A., Keith Oatley, Jacob Hirsh, Jennifer dela Paz, and Jordan B. Peterson. 2006. Bookworms versus nerds: Exposure to fiction versus non-fiction, divergent associations with social ability, and the simulation of fictional social worlds. *Journal of Research in Personality* 40(5): 694–712.

Marinus, Eva, Michelle Mostard, Eliane Segers, Teresa M. Schubert, Alison Madelaine, and Kevin Wheldall. 2016. A special font for people with dyslexia: Does it work and, if so, why? *Dyslexia* 22(3): 233–244.

Martins, Regina Helena Garcia, Tatiana Maria Gonçalvez, Adriana Bueno Benito Pessin, and Anete Branco. 2014. Aging voice: Presbyphonia. *Aging Clinical and Experimental Research* 26(1): 1–5.

Mather, Mara, and Laura L. Carstensen. 2003. Aging and attentional biases for emotional faces. *Psychological Science* 14(5): 409–415.

McDougall, Graham J., Carol E. Blixen, and Lee-Jen Suen. 1997. The process and outcome of life review psychotherapy with depressed homebound older adults. *Nursing Research* 46 (5): 277–283.

McDowd, Joan, Lesa Hoffman, Ellen Rozek, Kelly E. Lyons, Rajesh Pahwa, Jeffrey Burns, and Susan Kemper. 2011. Understanding verbal fluency in healthy aging, Alzheimer's disease, and Parkinson's disease. *Neuropsychology* 25 (2): 210–225.

McGrath, Charles. 2018. No longer writing, Philip Roth still has plenty to say. *New York Times*, January 16, 2018.

McLellan, Dennis. 1989. Stutter group pickets over "Wanda" role. *Los Angeles Times*, March 29, 1989. http: //articles.latimes.com/1989-03-29/entertainment/ca-716_1_wanda-insults-people.

Mehta, Sonia. Age-related macular degeneration. 2015. *Primary Care: Clinics in Office Practice* 42 (3): 377–391.

Mergler, Nancy L., Marion Faust, and Michael D. Goldstein. 1985. Storytelling as an age-dependent skill: Oral recall of orally presented stories. *International Journal of Aging and Human Development* 20 (3): 205–228.

Merriam, Sharan B. 1993. Butler's life review: How universal is it? *International Journal of Aging and Human Development* 37 (3): 163–175.

Messer, Rachel H. 2015. Pragmatic language changes during normal aging: Implications for health care. *Healthy Aging and Clinical Care in the Elderly* 7: 1–7.

Metzler-Baddeley, Claudia, Amanda Salter, and Roy W. Jones. 2008. The significance of dyslexia screening for the assessment of dementia in older people. *International Journal of Geriatric Psychiatry* 23 (7): 766–768.

Moen, Inger. 1996. Monrad-Krohn's foreign accent syndrome case. In *Classic Cases in Neuropsychology*, ed. Chris Code, Claus-W. Wallesch, Yves Joanette, and André Roch Lecours, 145–156. Hove, UK: Psychology Press.

Monrad-Krohn, Georg Herman. 1947. Dysprosody or altered "melody of language." *Brain* 70: 405–415.

Montayre, Jed, Jasmine Montayre, and Sandra Thaggard. 2018. The elder orphan in healthcare settings: An integrative review. *Journal of Population Ageing*. https: //doi.org/10.1007/s12062-018-9222-x.

Montepare, Joann, Elissa Koff, Deborah Zaitchik, and Marilyn Albert. 1999. The use of body movements and gestures as cues to emotions in younger and older adults. *Journal of Nonverbal Behavior* 23 (2): 133–152.

Morin, Olivier, and Alberto Acerbi. 2017. Birth of the cool: A two-centuries decline in emotional expression in Anglophone fiction. *Cognition and Emotion* 8: 1663–1675.

Morrone, Isabella, Christelle Declercq, Jean-Luc Novella, and Chrystel Besche. 2010. Aging and inhibition processes: The case of metaphor treatment. *Psychology and Aging* 25 (3): 697–701.

Mortensen, Linda, Antje S. Meyer, and Glyn W. Humphreys. 2006. Age-related effects on speech production: A review. *Language and Cognitive Processes* 21 (1–3): 238–290.

Morton, J. Bruce, and Sarah N. Harper. 2007. What did Simon say? Revisiting the bilingual advantage. *Developmental Science* 10 (6): 719–726.

Moscoso del Prado Martín, Fermín. 2017. Vocabulary, grammar, sex, and aging. *Cognitive Science* 41 (4): 950–975.

Mueller, Peter B. 1998. Voice ageism. *Contemporary Issues in Communication Science and Disorders* 25: 62–64.

Mumper, Micah L., and Richard J. Gerrig. 2017. Leisure reading and social cognition: A meta-analysis. *Psychology of Aesthetics, Creativity, and the Arts* 11 (1): 109–120.

Murdoch, Iris. 1995. *Jackson's Dilemma*. London: Penguin Books.

Murphy, Dana R., Meredyth Daneman, and Bruce A. Schneider. 2006. Why do older adults have difficulty following conversations? *Psychology and Aging* 21 (1): 49–61.

Nabokov, Vladimir. 1966. *Speak, Memory: An Autobiography Revisited*. New York: Putnam.

Nau, Amy C., Christine Pintar, Aimee Arnoldussen, and Christopher Fisher. 2015. Acquisition of visual perception in blind adults using the BrainPort artificial vision device. *American Journal of Occupational Therapy* 69 (1): 1–8.

NBC News. 2009. Fewer blind Americans learning to use Braille. March 26, 2009. http://www.nbcnews.com/id/29882719/ns/us_news-life/t/fewer-blind-americans-learning-use-braille/#.W0DZuC3GzOY.

Nergård-Nilssen, Trude, and Charles Hulme. 2014. Developmental dyslexia in adults: Behavioural manifestations and cognitive correlates. *Dyslexia* 20 (3): 191–207.

Newsome, Mary R., and Sam Glucksberg. 2002. Older adults filter irrelevant information during metaphor comprehension. *Experimental Aging Research* 28 (3): 253–267.

New Yorker. 2004. Blocked: Why do writers stop writing? June 14, 2004.

Ng, Sik Hung. 1996. Power: An essay in honour of Henri Tajfel. In *Social Groups and Identities: Developing the Legacy of Henri Tajfel*, ed. W. Peter Robinson, 191–214. Oxford: Butterworth-Heinemann.

Nichols, Richard. 1999. Iris Murdoch, novelist and philosopher, is dead. *New York Times*, February 9, 1999. http://www.nytimes.com/learning/general/onthisday/bday/0715.html.

Nicholson, Nicholas R. 2012. A review of social isolation: An important but underassessed condition in older adults. *Journal of Primary Prevention* 33 (2–3): 137–152.

Nickerson, Raymond S., and Marilyn Jager Adams. 1979. Long-term memory for a common object. *Cognitive Psychology* 11 (3): 287–307.

Nippold, Marilyn A., Paige M. Cramond, and Christine Hayward-Mayhew. 2014. Spoken language production in adults: Examining age-related differences in syntactic complexity. *Clinical Linguistics and Phonetics* 28 (3): 195–207.

Nippold, Marilyn A., Linda D. Uhden, and Ilsa E. Schwarz. 1997. Proverb explanation through the lifespan: A developmental study of adolescents and adults. *Journal of Speech, Language, and Hearing Research* 40 (2): 245–253.

Nondahl, David M., Karen J. Cruickshanks, Dayna S. Dalton, Barbara E. K. Klein, Ronald Klein, Carla R. Schubert, Ted S. Tweed, and Terry L. Wiley. 2007. The impact of tinnitus on quality of life in older adults. *Journal of the American Academy of Audiology* 18 (3): 257–266.

Nondahl, David M., Karen J. Cruickshanks, Terry L. Wiley, Ronald Klein, Barbara E. K. Klein, and Ted S. Tweed. 2002. Prevalence and 5-year incidence of tinnitus among older adults: The epidemiology of hearing loss study. *Journal of the American Academy of Audiology* 13 (6): 323–331.

O'Caoimh, Rónán, Suzanne Timmons, and D. William Molloy. 2016. Screening for mild cognitive impairment: Comparison of "MCI specific" screening instruments. *Journal of Alzheimer's Disease* 51 (2): 619–629.

Oller, D. Kimbrough, and Rebecca E. Eilers, eds. 2002. *Language and Literacy in Bilingual Children.* Vol. 2. Clevedon, UK: Multilingual Matters.

Omori, Koichi, David H. Slavit, Ashutosh Kacker, and Stanley M. Blaugrund. 1998. Influence of size and etiology of glottal gap in glottic incompetence dysphonia. *Laryngoscope* 108 (4): 514–518.

Owens, David. 2014. The yips: What's behind the condition that every golfer dreads? *New Yorker*, May 26, 2014. https://www.newyorker.com/magazine/2014/05/26/the-yips.

Owsley, Cynthia, Robert Sekuler, and Dennis Siemsen. 1983. Contrast sensitivity throughout adulthood. *Vision Research* 23 (7): 689–699.

Paap, Kenneth R., and Zachary I. Greenberg. 2013. There is no coherent evidence for a bilingual advantage in executive processing. *Cognitive Psychology* 66 (2): 232–258.

Paap, Kenneth R., Hunter A. Johnson, and Oliver Sawi. 2015. Bilingual advantages in executive functioning either do not exist or are restricted to very specific and undetermined circumstances. *Cortex* 69: 265–278.

Patterson, Janet. 2011. Verbal fluency. In *Encyclopedia of Clinical Neuropsychology*, vol. 4, ed. Jeffrey S. Kreutzer, John DeLuca, and Bruce Caplan, 2603–2605. New York: Springer.

Payne, Brennan R., Xuefei Gao, Soo Rim Noh, Carolyn J. Anderson, and Elizabeth A. L. Stine-Morrow. 2012. The effects of print exposure on sentence processing and memory in older adults: Evidence for efficiency and reserve. *Aging, Neuropsychology, and Cognition* 19 (1–2): 122–149.

Pennebaker, James W. 1997a. *Opening Up: The Healing Power of Expressing Emotions.* 2nd ed. New York: Guilford Press.

Pennebaker, James W. 1997b. Writing about emotional experiences as a therapeutic process. *Psychological Science* 8 (3): 162–166.

Pennebaker, James W. 2011. *The Secret Life of Pronouns: What Our Words Say about Us.* New York: Bloomsbury Press.

Pennebaker, James W., Steven D. Barger, and John Tiebout. 1989. Disclosure of traumas and health among Holocaust survivors. *Psychosomatic Medicine* 51 (5): 577–589.

Pennebaker, James W., Janice K. Kiecolt-Glaser, and Ronald Glaser. 1988. Disclosure of traumas and immune function: Health implications for psychotherapy. *Journal of Consulting and Clinical Psychology* 56 (2): 239–245.

Pennebaker, James W., Tracy J. Mayne, and Martha E. Francis. 1997. Linguistic predictors of adaptive bereavement. *Journal of Personality and Social Psychology* 72 (4): 863–871.

Pennebaker, James W., and Lori D. Stone. 2003. Words of wisdom: Language use over the life span. *Journal of Personality and Social Psychology* 85 (2):

291–301.

Peterson, Robin L., and Bruce F. Pennington. 2015. Developmental dyslexia. *Annual Review of Clinical Psychology* 11: 283–307.

Phillips, Louise H., Roy Allen, Rebecca Bull, Alexandra Hering, Matthias Kliegel, and Shelley Channon. 2015. Older adults have difficulty in decoding sarcasm. *Developmental Psychology* 51(12): 1840–1852.

Phillips, Susan L., Sandra Gordon-Salant, Peter J. Fitzgibbons, and Grace Yeni-Komshian. 2000. Frequency and temporal resolution in elderly listeners with good and poor word recognition. *Journal of Speech, Language, and Hearing Research* 43(1): 217–228.

Pichora-Fuller, M. Kathleen, and Harry Levitt. 2012. Speech comprehension training and auditory and cognitive processing in older adults. *American Journal of Audiology* 21(2): 351–357.

Pichora-Fuller, M. Kathleen, Bruce A. Schneider, and Meredyth Daneman. 1995. How young and old adults listen to and remember speech in noise. *Journal of the Acoustical Society of America* 97(1): 593–608.

Polat, Uri, Clifton Schor, Jian-Liang Tong, Ativ Zomet, Maria Lev, Oren Yehezkel, Anna Sterkin, and Dennis M. Levi. 2012. Training the brain to overcome the effect of aging on the human eye. *Scientific Reports* 2: 1–6.

Pratt, Michael W., and Susan L. Robins. 1991. That's the way it was: Age differences in the structure and quality of adults' personal narratives. *Discourse Processes* 14(1): 73–85.

Prensky, Marc. 2001. Digital natives, digital immigrants, part 1. *On the Horizon* 9(5): 1–6.

Pugliese, Michael, Tim Ramsay, Dylan Johnson, and Dar Dowlatshahi. 2018. Mobile tablet-based therapies following stroke: A systematic scoping review of administrative methods and patient experiences. *PloS One* 13(1): e0191566.

Pushkar Gold, Dolores, David Andres, Tannis Arbuckle, and Connie Zieren. 1993. Off-target verbosity and talkativeness in elderly people. *Canadian Journal on Aging* 12(1): 67–77.

Pushkar Gold, Dolores, and Tannis Y. Arbuckle. 1995. A longitudinal study of off-target verbosity. *Journals of Gerontology Series B: Psychological Sciences and Social Sciences* 50(6): 307–315.

Ramscar, Michael, Peter Hendrix, Cyrus Shaoul, Petar Milin, and Harald Baayen. 2014. The myth of cognitive decline: Non-linear dynamics of lifelong learning. *Topics in Cognitive Science* 6 (1): 5–42.

Randolph, Christopher, Amy E. Lansing, Robert J. Ivnik, C. Munro Cullum, and Bruce P. Hermann. 1999. Determinants of confrontation naming performance. *Archives of Clinical Neuropsychology* 14 (6): 489–496.

Rao, Gullapalli N., Rohit Khanna, and Abhishek Payal. 2011. The global burden of cataract. *Current Opinion in Ophthalmology* 22 (1): 4–9.

Reed, Andrew E., Larry Chan, and Joseph A. Mikels. 2014. Meta-analysis of the age-related positivity effect: Age differences in preferences for positive over negative information. *Psychology and Aging* 29 (1): 1–15.

Reker, Gary T., James E. Birren, and Cheryl Svensson. 2014. Self-aspect reconstruction through guided autobiography: Exploring underlying processes. *International Journal of Reminiscence and Life Review* 2 (1): 1–15.

Riley, Kathryn P., David A. Snowdon, Mark F. Desrosiers, and William R. Markesbery. 2005. Early life linguistic ability, late life cognitive function, and neuropathology: Findings from the Nun Study. *Neurobiology of Aging* 26 (3): 341–347.

Roberts, Richard M., and Roger J. Kreuz. 1993. Nonstandard discourse and its coherence. *Discourse Processes* 16 (4): 451–464.

Roberts, Richard M., and Roger J. Kreuz. 1994. Why do people use figurative language? *Psychological Science* 5 (3): 159–163.

Roberts, Richard, and Roger Kreuz. 2015. *Becoming Fluent: How Cognitive Science Can Help Adults Learn a Foreign Language.* Cambridge, MA: MIT Press.

Robinson, Martin. 2017. "The moment I died": Discworld author Terry Pratchett revealed his struggles with a "haze of Alzheimer's" in his unfinished autobiography. *Daily Mail*, February 3, 2017. http://www.dailymail.co.uk/news/article-4187146/Terry-Pratchett-reveals-struggles-haze-Alzheimer-s.html.

Rohrer, Jonathan D., Martin N. Rossor, and Jason D. Warren. 2009. Neologistic jargon aphasia and agraphia in primary progressive aphasia. *Journal of the Neurological Sciences* 277 (1): 155–159.

Rose, Mike. 1984. *Writer's Block: The Cognitive Dimension.* Carbondale, IL: Southern Illinois University Press.

Ruffman, Ted, Julie D. Henry, Vicki Livingstone, and Louise H. Phillips. 2008. A meta-analytic review of emotion recognition and aging: Implications for neuropsychological models of aging. *Neuroscience and Biobehavioral Reviews* 32 (4): 863–881.

Ruscher, Janet B., and Megan M. Hurley. 2000. Off-target verbosity evokes negative stereotypes of older adults. *Journal of Language and Social Psychology* 19 (1): 141–149.

Russell, Alex, Richard J. Stevenson, and Anina N. Rich. 2015. Chocolate smells pink and stripy: Exploring olfactory-visual synesthesia. *Cognitive Neuroscience* 6 (2–3): 77–88.

Ryalls, J., and I. Reinvang. 1985. Some further notes on Monrad-Krohn's case study of foreign accent syndrome. *Folia Phoniatrica et Logopaedica* 37 (3–4): 160–162.

Ryan, Camille L., and Kurt Bauman. 2016. Educational attainment in the United States: 2015. United States Census, Current Population Reports, March 2016. https: //www.census.gov/content/dam/Census/library/pub lications/2016/demo/p20-578.pdf.

Ryu, Chang Hwan, Seungbong Han, Moo-Song Lee, Sang Yoon Kim, Soon Yuhl Nam, Jong-Lyel Roh, Junsun Ryu, Yuh-S. Jung, and Seung-Ho Choi. 2015. Voice changes in elderly adults: Prevalence and the effect of social, behavioral, and health status on voice quality. *Journal of the American Geriatrics Society* 63 (8): 1608–1614.

Salovey, Peter, and Matthew D. Haar. 1990. The efficacy of cognitive-behavior therapy and writing process training for alleviating writing anxiety. *Cognitive Therapy and Research* 14 (5): 515–528.

Salovey, Peter, and John D. Mayer. 1990. Emotional intelligence. *Imagination, Cognition and Personality* 9 (3): 185–211.

Salthouse, Timothy A. 1996. The processing-speed theory of adult age differences in cognition. *Psychological Review* 103 (3): 403–428.

Sankoff, Gillian. Language change across the lifespan. 2018. *Annual Review of Linguistics* 4 (1): 297–316.

Sarabia-Cobo, Carmen María, María José Navas, Heiner Ellgring, and Beatriz García-Rodríguez. 2016. Skilful communication: Emotional facial expressions recognition in very old adults. *International Journal of Nursing Studies* 54: 104–111.

Schachter, Stanley, Nicholas Christenfeld, Bernard Ravina, and Frances Bilous. 1991. Speech disfluency and the structure of knowledge. *Journal of Personality and Social Psychology* 60 (3): 362–367.

Schjetnan, Andrea Gomez Palacio, Jamshid Faraji, Gerlinde A. Metz, Masami Tatsuno, and Artur Luczak. 2013. Transcranial direct current stimulation in stroke rehabilitation: A review of recent advancements. *Stroke Research and Treatment*, article ID 170256.

Schmiedt, Richard A. 2010. The physiology of cochlear presbycusis. In *The Aging Auditory System*, ed. Sandra Gordon-Salant, Robert D. Frisina, Arthur N. Popper, and Richard R. Fay, 9–38. New York: Springer.

Schmitter-Edgecombe, Maureen, M. Vesneski, and D. W. R. Jones. 2000. Aging and word-finding: A comparison of spontaneous and constrained naming tests. *Archives of Clinical Neuropsychology* 15(6): 479–493.

Schubotz, Louise, Judith Holler, and Asli Özyürek. September 2015. Age-related differences in multi-modal audience design: Young, but not old speakers, adapt speech and gestures to their addressee's knowledge. In *Proceedings of the 4th GESPIN—Gesture and Speech in Interaction*, 211–216. Nantes, France.

Schwartz, Bennett L. 2002. *Tip-of-the-Tongue States: Phenomenology, Mechanism, and Lexical Retrieval*. Mahwah, NJ: Erlbaum.

Schwartz, Bennett L., and Leslie D. Frazier. 2005. Tip-of-the-tongue states and aging: Contrasting psycholinguistic and metacognitive perspectives. *Journal of General Psychology* 132(4): 377–391.

Schwartz, Bennett L., and Janet Metcalfe. 2011. Tip-of-the-tongue (TOT) states: Retrieval, behavior, and experience. *Memory and Cognition* 39(5): 737–749.

Searl, Jeffrey P., Rodney M. Gabel, and J. Steven Fulks. 2002. Speech disfluency in centenarians. *Journal of Communication Disorders* 35 (5): 383–392.

Segaert, Katrien, S. J. E. Lucas, C. V. Burley, Pieter Segaert, A. E. Milner, M. Ryan, and L. Wheeldon. 2018. Higher physical fitness levels are associated with less language decline in healthy ageing. *Scientific Reports* 8 (6715): 1–10.

Shadden, Barbara B. 1997. Discourse behaviors in older adults. *Seminars in Speech and Language* 18(2): 143–157.

Shafto, Meredith A., Lori E. James, Lise Abrams, and Lorraine K. Tyler. 2018. Age-related increases in verbal knowledge are not associated with word finding problems in the Cam-CAN cohort: What you know won't hurt you. *Journals of Gerontology Series B: Psychological Sciences and Social*

Sciences 72（1）: 100–106.

Shafto, Meredith A., and Lorraine K. Tyler. 2014. Language in the aging brain: The network dynamics of cognitive decline and preservation. *Science* 346（6209）: 583–587.

Sheehy, Gail. 2000. The accidental candidate. *Vanity Fair*, October 2000.

Simner, Julia. 2007. Beyond perception: Synaesthesia as a psycholinguistic phenomenon. *Trends in Cognitive Sciences* 11（1）: 23–29.

Simner, Julia. 2012. Defining synaesthesia. *British Journal of Psychology* 103（1）: 1–15.

Simner, Julia, Alberta Ipser, Rebecca Smees, and James Alvarez. Does synaesthesia age? Changes in the quality and consistency of synaesthetic associations. *Neuropsychologia* 106: 407–416.

Simner, Julia, Catherine Mulvenna, Noam Sagiv, Elias Tsakanikos, Sarah A. Witherby, Christine Fraser, Kirsten Scott, and Jamie Ward. 2006. Synaesthesia: The prevalence of atypical crossmodal experiences. *Perception* 35（8）: 1024–1033.

Simons, Daniel J., Walter R. Boot, Neil Charness, Susan E. Gathercole, Christopher F. Chabris, David Z. Hambrick, and Elizabeth A. L. Stine-Morrow. 2016. Do "brain-training" programs work? *Psychological Science in the Public Interest* 17（3）: 103–186.

Slessor, Gillian, Louise H. Phillips, and Rebecca Bull. 2008. Age-related declines in basic social perception: Evidence from tasks assessing eyegaze processing. *Psychology and Aging* 23（4）: 812–842.

Small, Brent J., Roger A. Dixon, and John J. McArdle. 2011. Tracking cognition-health changes from 55 to 95 years of age. *Journals of Gerontology Series B: Psychological Sciences and Social Sciences* 66（suppl. 1）: i153–i161.

Smith-Spark, James H., Adam P. Zięcik, and Christopher Sterling. 2016. Self-reports of increased prospective and retrospective memory problems in adults with developmental dyslexia. *Dyslexia* 22（3）: 245–262.

Smyth, Joshua M., Arthur A. Stone, Adam Hurewitz, and Alan Kaell. 1999. Effects of writing about stressful experiences on symptom reduction in patients with asthma or rheumatoid arthritis: A randomized trial. *JAMA* 281（14）: 1304–1309.

Smyth, Joshua M., Nicole True, and Joy Souto. 2001. Effects of writing about traumatic experiences: The necessity for narrative structuring. *Journal of*

Social and Clinical Psychology 20（2）：161–172.

Snowdon, David A. 1997. Aging and Alzheimer's disease：Lessons from the Nun Study. *Gerontologist* 37（2）：150–156.

Snowdon, David. 2001. *Aging with Grace：What the Nun Study Teaches Us about Leading Longer, Healthier, and More Meaningful Lives.* New York：Bantam Books.

Snowdon, David A., Lydia H. Greiner, and William R. Markesbery. 2000. Linguistic ability in early life and the neuropathology of Alzheimer's disease and cerebrovascular disease：Findings from the Nun Study. *Annals of the New York Academy of Sciences* 903（1）：34–38.

Snowdon, David A., Susan J. Kemper, James A. Mortimer, Lydia H. Greiner, David R. Wekstein, and William R. Markesbery. 1996. Linguistic ability in early life and cognitive function and Alzheimer's disease in late life：Findings from the Nun Study. *JAMA* 275（7）：528–532.

Stanford News. 2005. "You've got to find what you love," Jobs says. June 14, 2005. https：//news.stanford.edu/2005/06/14/jobs-061505.

Stanley, Jennifer Tehan, and Fredda Blanchard-Fields. 2008. Challenges older adults face in detecting deceit：The role of emotion recognition. *Psychology and Aging* 23（1）：24–32.

Starrfelt, Randi, and Marlene Behrmann. 2011. Number reading in pure alexia—a review. *Neuropsychologia* 49（9）：2283–2298.

Steele, Claude M., and Joshua Aronson. 1995. Stereotype threat and the intellectual test performance of African Americans. *Journal of Personality and Social Psychology* 69（5）：797–811.

Stern, Yaakov. 2012. Cognitive reserve in ageing and Alzheimer's disease. *Lancet Neurology* 11（11）：1006–1012.

Sterrett, David, Jennifer Titus, Jennifer K. Benz, and Liz Kantor. 2017. Perceptions of aging during each decade of life after 30. West Health Institute/NORC Survey on Aging in America.

Stilwell, Becca L., Rebecca M. Dow, Carolien Lamers, and Robert T. Woods. 2016. Language changes in bilingual individuals with Alzheimer's disease. *International Journal of Language and Communication Disorders* 51（2）：113–127.

Stine-Morrow, Elizabeth A. L., Matthew C. Shake, and Soo Rim Noh. 2010. Language and communication. In *Aging in America*, vol. 1, ed. John C. Cavanaugh and Christine K. Cavanaugh, 56–78. Santa Barbara, CA：

Praeger Perspectives.

STR Staff. 2018. Fame won't stop the ringing—20 celebrities with tinnitus. January 28, 2018. http: //www.stoptheringing.org/fame-wont-stop-the-ringing-20-celebrities-with-tinnitus.

Strenk, Susan A., Lawrence M. Strenk, and Jane F. Koretz. 2005. The mechanism of presbyopia. *Progress in Retinal and Eye Research* 24 (3): 379–393.

Stuttering Foundation. 2015. Annie Glenn. June 17, 2015. https: //www. stutteringhelp.org/content/annie-glenn.

Sundet, Jon Martin, Dag G. Barlaug, and Tore M. Torjussen. 2004. The end of the Flynn effect? A study of secular trends in mean intelligence test scores of Norwegian conscripts during half a century. *Intelligence* 32 (4): 349–362.

Suzuki, Atsunobu, Takahiro Hoshino, Kazuo Shigemasu, and Mitsuru Kawamura. 2007. Decline or improvement? Age-related differences in facial expression recognition. *Biological Psychology* 74 (1): 75–84.

Swagerman, Suzanne C., Elsje Van Bergen, Conor Dolan, Eco J. C. de Geus, Marinka M. G. Koenis, Hilleke E. Hulshoff Pol, and Dorret I. Boomsma. 2015. Genetic transmission of reading ability. *Brain and Language* 172: 3–8.

Sword, Helen. 2017. *Air and Light and Time and Space: How Successful Academics Write*. Cambridge, MA: Harvard University Press.

Tanner, Kathleen. 2009. Adult dyslexia and the "conundrum of failure." *Disability and Society* 24 (6): 785–797.

Teasdale, Thomas W., and David R. Owen. 2008. Secular declines in cognitive test scores: A reversal of the Flynn effect. *Intelligence* 36 (2): 121–126.

Theodoroff, Sarah M., M. Samantha Lewis, Robert L. Folmer, James A. Henry, and Kathleen F. Carlson. 2015. Hearing impairment and tinnitus: Prevalence, risk factors, and outcomes in US service members and veterans deployed to the Iraq and Afghanistan wars. *Epidemiologic Reviews* 37 (1): 71–85.

Todd, Zazie. 2008. Talking about books: A reading group study. *Psychology of Aesthetics, Creativity, and the Arts* 2 (4): 256–263.

Tombaugh, Tom N., Jean Kozak, and Laura Rees. 1999. Normative data stratified by age and education for two measures of verbal fluency: FAS and animal naming. *Archives of Clinical Neuropsychology* 14 (2): 167–177.

Trahan, Lisa H., Karla K. Stuebing, Jack M. Fletcher, and Merrill Hiscock. 2014. The Flynn effect: A meta-analysis. *Psychological Bulletin* 140 (5):

1332–1360.

Trunk, Dunja L., and Lise Abrams. 2009. Do younger and older adults' communicative goals influence off-topic speech in autobiographical narratives? *Psychology and Aging* 24 (2): 324–377.

Truscott, Roger J. W., and Xiangjia Zhu. 2010. Presbyopia and cataract: A question of heat and time. *Progress in Retinal and Eye Research* 29 (6): 487–499.

Tumanova, Victoria, Edward G. Conture, E. Warren Lambert, and Tedra A. Walden. 2014. Speech disfluencies of preschool-age children who do and do not stutter. *Journal of Communication Disorders* 49: 25–41.

Uekermann, Jennifer, Patrizia Thoma, and Irene Daum. 2008. Proverb interpretation changes in aging. *Brain and Cognition* 67 (1): 51–57.

Ulatowska, Hanna K., Sandra Bond Chapman, Amy Peterson Highley, and Jacqueline Prince. 1998. Discourse in healthy old-elderly adults: A longitudinal study. *Aphasiology* 12 (7–8): 619–633.

US Census Bureau. 2011. *Statistical Abstract of the United States.* Table 53: Languages spoken at home by language, 2008. https://www2.census.gov/ library/publications/2010/compendia/statab/130ed/tables/11s0053.pdf.

Van Lancker-Sidtis, Diana, and Gail Rallon. 2004. Tracking the incidence of formulaic expressions in everyday speech: Methods for classification and verification. *Language and Communication* 24 (3): 207–240.

Van Vuuren, Sarel, and Leora R. Cherney. 2014. A virtual therapist for speech and language therapy. In *Intelligent Virtual Agents*, ed. Timothy Bickmore, Stacy Marsella, and Candace Sidner, 438–448. New York: Springer.

Veiel, Lori L., Martha Storandt, and Richard A. Abrams. 2006. Visual search for change in older adults. *Psychology and Aging* 21 (4): 754–762.

Verdonck–de Leeuw, Irma M., and Hans F. Mahieu. 2004. Vocal aging and the impact on daily life: A longitudinal study. *Journal of Voice* 18 (2): 193–202.

Verhoeven, Jo, Guy De Pauw, Michèle Pettinato, Allen Hirson, John Van Borsel, and Peter Mariën. 2013. Accent attribution in speakers with foreign accent syndrome. *Journal of Communication Disorders* 46 (2): 156–168.

Vogel, Ineke, Hans Verschuure, Catharina P. B. van der Ploeg, Johannes Brug, and Hein Raat. 2009. Adolescents and MP3 players: Too many risks, too few precautions. *Pediatrics* 123 (6): e953–e958.

Watila, M. M., and S. A. Balarabe. 2015. Factors predicting post-stroke aphasia recovery. *Journal of the Neurological Sciences* 352 (1): 12–18.

Watson, Marcus R., Kathleen Akins, Chris Spiker, Lyle Crawford, and James T. Enns. 2014. Synesthesia and learning: A critical review and novel theory. *Frontiers in Human Neuroscience* 8 (98): 1–15.

Watson, Marcus R., Jan Chromý, Lyle Crawford, David M. Eagleman, James T. Enns, and Kathleen A. Akins. 2017. The prevalence of synaesthesia depends on early language learning. *Consciousness and Cognition* 48: 212–231.

Watt, Lisa M., and Paul T. P. Wong. 1991. A taxonomy of reminiscence and therapeutic implications. *Journal of Gerontological Social Work* 16 (1–2): 37–57.

Weisman, Steven R. 1983. Reagan begins to wear a hearing aid in public. *New York Times*, September 8, 1983. http://www.nytimes.com/1983/09/08/ us/ reagan-begins-to-wear-a-hearing-aid-in-public.html.

Wery, Jessica J., and Jennifer A. Diliberto. 2017. The effect of a specialized dyslexia font, OpenDyslexic, on reading rate and accuracy. *Annals of Dyslexia* 67 (2): 114–127.

West, Robert, and Claude Alain. 2000. Age-related decline in inhibitory control contributes to the increased Stroop effect observed in older adults. *Psychophysiology* 37 (2): 179–189.

Westbury, Chris, and Debra Titone. 2011. Idiom literality judgments in younger and older adults: Age-related effects in resolving semantic interference. *Psychology and Aging* 26 (2): 467–474.

Westerhof, Gerben J., Ernst Bohlmeijer, and Jeffrey Dean Webster. 2010. Reminiscence and mental health: A review of recent progress in theory, research and interventions. *Ageing and Society* 30 (4): 697–721.

Weyerman, Jessica J., Cassidy Rose, and Maria C. Norton. 2017. Personal journal keeping and linguistic complexity predict late-life dementia risk: The Cache County journal pilot study. *Journals of Gerontology Series B: Psychological Sciences and Social Sciences* 72 (6): 991–995.

White, Anne, Gert Storms, Barbara C. Malt, and Steven Verheyen. 2018. Mind the generation gap: Differences between young and old in everyday lexical categories. *Journal of Memory and Language* 98: 12–25.

Whiteside, Douglas M., Tammy Kealey, Matthew Semla, Hien Luu, Linda Rice, Michael R. Basso, and Brad Roper. 2016. Verbal fluency: Language or executive function measure? *Applied Neuropsychology: Adult* 23 (1): 29–34.

Williams, Angie, and Howard Giles. 1996. Intergenerational conversations: Young adults' retrospective accounts. *Human Communication Research* 23 (2): 220–250.

Williams, Kristine N., Ruth Herman, Byron Gajewski, and Kristel Wilson. 2009. Elderspeak communication: Impact on dementia care. *American Journal of Alzheimer's Disease and Other Dementias* 24 (1): 11–20.

Williams, Kristine, Frederick Holmes, Susan Kemper, and Janet Marquis. 2003. Written language clues to cognitive changes of aging: An analysis of the letters of King James VI/I. *Journals of Gerontology Series B: Psychological Sciences and Social Sciences* 58 (1): 42–44.

Williams, Kristine N., and Susan Kemper. 2010. Interventions to reduce cognitive decline in aging. *Journal of Psychosocial Nursing and Mental Health Services* 48 (5): 42–51.

Williams, Kristine, Susan Kemper, and Mary L. Hummert. 2003. Improving nursing home communication: An intervention to reduce elder-speak. *Gerontologist* 43 (2): 242–247.

Wilson, Anna J., Stuart G. Andrewes, Helena Struthers, Victoria M. Rowe, Rajna Bogdanovic, and Karen E. Waldie. 2015. Dyscalculia and dyslexia in adults: Cognitive bases of comorbidity. *Learning and Individual Differences* 37: 118–132.

Wilson, Timothy D. 2002. *Strangers to Ourselves: Discovering the Adaptive Unconscious.* Cambridge, MA: Belknap Press.

Wingfield, Arthur A., and Elizabeth A. L. Stine-Morrow. 2000. Language and speech. In *Handbook of Cognitive Aging*, 2nd ed., ed. Fergus I. M. Craik and Timothy A. Salthouse, 359–416. Mahwah, NJ: Erlbaum.

Wong, Paul T., and Lisa M. Watt. 1991. What types of reminiscence are associated with successful aging? *Psychology and Aging* 6 (2): 272–279.

Wray, Allison. 2002. *Formulaic Language and the Lexicon.* Cambridge: Cambridge University Press.

Zarrelli, Natalie. 2016. The neurologists who fought Alzheimer's by studying nuns' brains. *Atlas Obscura*, March 24, 2016. http://www.atlasobscura. com/articles/the-neurologists-who-fought-alzheimers-by-studying-nuns-brains.

Zec, Ronald F., Nicole R. Burkett, Stephen J. Markwell, and Deb L. Larsen. 2007. A cross-sectional study of the effects of age, education, and gender on the Boston Naming Test. *Clinical Neuropsychologist* 21 (4): 587–616.

Zechmeister, Eugene B., Andrea M. Chronis, William L. Cull, Catherine A. D'Anna, and Noreen A. Healy. 1995. Growth of a functionally important lexicon. *Journal of Reading Behavior* 27 (2): 201–212.

Zhan, Weihai, Karen J. Cruickshanks, Barbara E. K. Klein, Ronald Klein, Guan-Hua Huang, James S. Pankow, Ronald E. Gangnon, and Theodore S. Tweed. 2009. Generational differences in the prevalence of hearing impairment in older adults. *American Journal of Epidemiology* 171 (2): 260–266.

Zickuhr, Kathryn, Lee Rainie, Kristen Purcell, Mary Madden, and Joanna Brenner. 2012. Younger Americans' reading and library habits. *Pew Internet and American Life Project*, October 23, 2012. http: //libraries.pewinternet. org/2012/10/23/younger-americans-reading-and-library-habits.

Ziegler, Johannes C., Conrad Perry, Anna Ma-Wyatt, Diana Ladner, and Gerd Schulte-Körne. 2013. Developmental dyslexia in different languages: Language-specific or universal? *Journal of Experimental Child Psychology* 86 (3): 169–193.

Zielinski, David, ed. 2013. *Master Presenter: Lessons from the World's Top Experts on Becoming a More Influential Speaker*. San Francisco: Wiley.

accented speech　77–81，86，120
　口音
accommodation（linguistic）
　111–112，121–124，126 调节
　（语言学上的）
accommodation（vision）　44，45，46
　调节（视觉上的）
acoustic trauma　33–36 听觉创伤，
　见第二章的"耳鸣"一节
acting　67 表演
ADHD　73 注意缺陷多动障碍
aerobic fitness　57 有氧运动
ageism　4，39 年龄歧视
alcohol consumption，effects
　of　18，38 饮酒的影响
alexia　72，73 失读症
Alzheimer's disease　17–18，

51，63，95，100–101，129，
　153–160 阿尔茨海默病
Amelia Bedelia　118 糊涂女佣
American Tinnitus Association　36
　美国耳鸣协会
amnesia，retrograde　129 逆行性失
　忆症
amyotrophic lateral sclerosis
　（ALS）　113 肌萎缩侧索硬化症
Angela's Ashes（McCourt）　146《安
　琪拉的灰烬》（弗兰克·迈考特）
animal-naming test　95，96 动物命
　名测验
anomia　69 命名障碍
anticipation（stuttering）　66 预期
　（口吃）
anti-inflammatory drugs　34 消炎药

---

①　中译本对索引中的人名类条目等作了删减，正文中均已随文括注原文。本索引
　　中，索引主题后面的数字为英文版页码，现为中译本的页边码。

anxiety 13，65，130，138，149，151，152 焦虑

aphasia 68–72，78，129 失语症

Apollo 14 35 阿波罗 14 号

Apple（company） 139 苹果（公司）

apraxia 78 失用症

Armenian language 83 亚美尼亚语

arthritis 37，136 关节炎

articulators 37 发音器官

artificial vision device（AVD） 28–29 人工视觉设备（AVD）

Aspirin 34 阿司匹林

asthma 38，136 哮喘

astigmatism 42 散光

As You Like It 115《皆大欢喜》（莎士比亚）

attention 15–16，31，48，50，113，131 注意力

attention deficit/hyperactivity disorder（ADHD） 73 注意缺陷多动障碍

autobiographical stories 104，141，157–159 自传性自述

baby boomers 32 婴儿潮一代

baby talk 123 幼儿语

Bambara 165（西非）班巴拉族

Beatles, the 89 披头士

Bible, the 119–156 圣经

bilingual advantage 130–133 双语优势

bilingualism 27，126–133 双语

Black Beauty（Sewell） 146《黑骏马》（安娜·休厄尔）

blindness/low vision 3，27，29，41–44 失明 / 视力低下

blood-brain barrier 68 血脑屏障

blood pressure, high 30，41，60，68 高血压

body mass index（BMI） 30，38 体重指数

Boston Naming Test（BNT） 58–60 波士顿命名测验

Braille 43–44 布莱叶盲文

brain injury 3–4，57，17–18，57，68–72，73，78–79，95 脑损伤

BrainPort 28 一种让盲人用舌头"看世界"的科技装置

brain training 47，133 大脑训练

Cabaret 35 电影《歌厅》

Cache County Memory Study 159–160（美国）卡什县记忆研究（又称"卡什县痴呆进展研究"）

caffeine 36，38 咖啡因

Canterbury Tales, The（Chaucer） 119《坎特伯雷故事集》（杰弗里·乔叟）

Catalan language 129 加泰罗尼亚语

cataracts 41，43，44 白内障

causation words 138 因果词

Chaucer, Geoffrey 119 杰弗里·乔叟

Chick—fil—A 89 福乐鸡（美国快餐连锁品牌）

Choice of Enemies，*A*（Allbeury） 147《敌人的选择》（特德·奥尔布里）

circumlocutions 58–59 迂回曲折的说法

city versus urban living 38 城市与城市生活

clauses（grammar） 84，98 从句（语法）

cochlea 25，28，30，31，34 耳蜗

cochlear implant 28 人工耳蜗植入

Code of the Secret Service（film） 32–34 电影《特勤代码》

code switching 131 语码切换

cognitive activity，benefits of 17 认知活动的益处

cognitive-behavioral therapy 152 认知行为疗法

cognitive decline 12–17，21，23，133，166 认知衰退

cognitive impairment 12，63，154–156 认知障碍

cognitive load 105 认知负荷

cognitive perspective 3，4 认知的视角

cognitive reserve 18，160，166 认知储备

coherence，narrative 104，106 叙述连贯 / 一致

collaboration 107–109 合作

common ground 111–112 共同点

complicated grief disorder（CGD） 135，137 复杂性哀伤障碍

confrontation naming 57–60 对证命名

consonants 30 辅音

contact lenses 46 隐形眼镜

contrast sensitivity 46–47 对比敏感度

convenience samples 16，151 便利样本

COPD 38 慢性阻塞性肺病

Corps of Discovery 7（19 世纪美国）发现军团

credibility 103–104 可信度

crisis（Erikson on） 140–141，143 "危机"（埃里克森）

cross-sectional studies 8，10，11 横断面研究

cross—sequential design 10 交叉序列设计

crossword puzzles 21–22 填字游戏

cued recall 57–60 线索回忆

czech language 83 捷克语

Darconville's Cat（Theroux） 90《达尔科维尔的猫》（亚历山大·泰鲁）

dartitis 66 飞镖易普症

deafness/hearing loss 30–32 耳聋

deceit 49，113 欺骗

decision making 15 决策

Def Leppard 89 威豹乐队

dementia 12–13，17–18，29，

51，63，71，75，95，100–101，
104，113，124，129，133，
153–160 痴呆症

depression 18，69，148，151 抑郁症

development, stages of 8，139–141
发展的不同阶段

developmental perspective 3 发展的
视角

developmental psychology 129 发展
心理学

diabetes 30，41，42 糖尿病

diabetic retinopathy 41 糖尿病视网
膜病变

dialect 84，120 方言

diary studies 55 日记研究

dictionary 91 词典

digital natives and immigrants 11 数
字原生代和数字移民

disclosure, levels of 137 披露水平

discourse goals 114，165 话语目标

domains of language 3，4 语言领域

Dracula（Stoker） 146《德古拉》（布
莱姆·斯托克）

drusen 42 玻璃膜疣

dyscalculia 73 计算障碍

dyslexia, developmental 73–77 发
育性阅读障碍

Dyslexic Advantage, The（Eide and
Eide） 76–77《隐形的天才》（艾
德·布鲁克与艾德·费内特）

dyslexie 76 阅读障碍

dysphonia 38 发音困难

dystonias, action 66 运动性肌张
力障碍

education, effects of 11，12，14，
18，59–60，90，95–96，131，163
教育的作用

elder abuse 20 虐待老人

elder orphans 20 孤寡老人

elderspeak 122–126 老年语

emotional intelligence 50 情商

emotion recognition 48–51，63 情
绪识别

emotions 63，69，126，136，
137–138，159 情绪

empathy 50，123，133，161–162
同理心

emphysema 38 肺气肿

English, American 84 美式英语

English, British 62，84 英式英语

English language 21，27，74，79，
80，84，85–86，87，91，95，98，
105，119，127，130，132 英语

epilepsy 71，151 癫痫

exaggeration 114 夸张

executive function 15–16，60，95，
100–101，112，130–132 执行功能

exercise 30，17，57 锻炼

expertise 96–97，145 专业

exposure to print 161–163 接触阅读
文本

extenders 63 填充语

extrasensory perception（ESP） 26 超感官知觉

extreme talkers 102 极端话多者

eye gaze 113 眼神

eyeglasses 27–28，46–47 眼镜

eyewitness testimony 103–104 目击者证词

facial expressions 48–50，51，116 面部表情

family support 72 家庭扶助

farsightedness 42 远视

FAS test（verbal fluency） 94–95，96，97（言语流畅性）字母流畅性测验

fiction，importance of reading 160–163 读小说的重要性

figurative language 114–118 比喻

filler words 60–62，154，155，156 填充词

Finnegans Wake（Joyce） 43《芬尼根守灵夜》（詹姆斯·乔伊斯）

Firth, Colin 64 科林·费尔斯

Fish Called Wanda，A 64–65 电影《一条叫旺达的鱼》

Flynn effect 11–12 弗林效应

folktales 105 民间故事

foreign accent syndrome（FAS） 77–81 外国口音综合征

formulaic language 63 程式化语言

fovea 41，42，45 中央凹

Frankenstein（Shelley） 144《弗兰肯斯坦》（玛丽·雪莱）

French language 84，130 法语

frequencies，sound 29–30 声音频率

frontier words 91 边界词

Froot Loops 89 五彩谷物营养麦圈

gender，effects of 30，36–37，59–60，62，63，65，73，100，108，112 性别效应

generativity versus stagnation 140–141，142 繁殖和停滞

German language 74，84，128 德语

gestures 48，49 手势

gesture salad 71 手势杂拌

Glaucoma 42–44 青光眼

glottic incompetence 37，40 声门功能不全

Good Morning America 74 电视节目《早安美国》

grammar 73，79–80 语法

grammatical complexity 97–101，102，106，154，155，157，158–159 语法复杂度

Greek language 130 希腊语

Grief Cottage（Godwin） 57《悲伤小屋》（盖尔·戈德温）

guided autobiography（GAB） 141 引导性自传

hair cells（cochlea） 25，28，30，31–32，34 毛细胞（耳蜗）

Hamlet 101–102，105《哈姆雷特》

health 12，39，60，124，125，

136，137，138，139 健康

hearing 3，23，25，28，29–30，51，86，165 听力

declines in 29–36，50，86，112，124 听力下降

hearing aids 28，31，36 助听器

heart disease 30 心脏病

heritage language 127 继承语

Holocaust 137 大屠杀

homesickness 136 乡愁

How to Tell a Story（Twain） 101 《讲故事的艺术》（马克·吐温）

Hubble Space Telescope 46 哈勃太空望远镜

Hungarian language 83 匈牙利语

hyperacusis 31，32 听觉过敏

hypergraphia 150–151 强迫书写症

idea density 158–159 概念密度

identity，sense of 67，81，130，139–140，143 同一性

idioms 63，114，115–118，120–121 习语

Iliad（epic poem） 105 史诗《伊利亚特》

immune function 136 免疫功能

In Cold Blood（Capote） 150 《冷血》（杜鲁门·卡波特）

individual differences in aging 16 衰老的个体差异

inhibitory control 15–16，93，94–95，103，104，115，116，117，118，128，131，165 抑制控制

insight words 138 洞察力相关词汇

intelligence 11–12，14，73 智力

interference 16，93 干扰

interjections 60–61 感叹词

Invisible Man（Ellison） 150 《看不见的人》（拉尔夫·艾里森）

Iris（film） 154 电影《长路将尽》

iritis 43 虹膜炎

irony，verbal 114，116–117，118 言语反讽

irregular heartbeat 68 心律不齐

isolation，feelings of 20，32，36，39，43，68，143 孤独感

Jackson's Dilemma（Murdoch） 153–154，156 《杰克逊的困境》（艾丽丝·默多克）

Japanese language 84 日语

JAWS screen reader JAWS 44 JAW 屏幕阅读器

Joe Gould's Secret（Mitchell） 150 《乔·古尔德的秘密》（约瑟夫·米歇尔）

journaling 138，150，159–160 日记、日志

King's Speech，*The*（film） 64 电影《国王的演讲》

Krispy Kreme 89 甜甜圈品牌名

Kurzweil reading machine 44 库兹韦尔阅读机

language acquisition 120，126–128，130，132，133 语言习得

language attrition 129 语言磨蚀

language change 118–122 语言变化

language comprehension 23，29 语言理解

language impairment 73 语言障碍

language processing 95 语言加工

language production 23 语言产出

late bloomers 144–148 大器晚成者

learning strategies 27 学习策略

leisure activities 18 休闲活动

lens, crystalline 40–42，44–45 晶状体

Less Than Zero（Ellis） 144《比零还少》（布莱特·伊斯顿·埃利斯）

letter fluency task 94–95 字母流畅性测验

Lewy body dementia 17 路易体痴呆

life review therapy 141–143 生命回顾疗法

Life with Two Languages（Grosjean） 130《用两种语言生活》（弗朗索瓦·格罗斯让）

listening 3，4 听力

literacy 3，12 读写能力

lobes, frontal 60，151 前额叶

longevity effect 163 长寿现象

longitudinal studies 9，10 纵向研究

macular degeneration 42，44 黄斑变性

Maggie：A Girl of the Streets（Crane） 144《街头女郎玛吉》（斯蒂芬·克莱恩）

Mailer，Norman 144 诺曼·梅勒

malapropisms 74 误用

Man Booker Prize for Fiction 153，154 曼布克小说奖

mandarin 132 普通话

mania 151 躁狂

medications，effects of 34，42，58，68–69，71，151 药物（治疗/效果）

memory 2，5，13，15，27，31，50，56，75，89，94，112，133 记忆

fear of loss 4，14，55 害怕失忆

long-term 15，59，87，105 长期记忆

short-term 15，92，105 短期记忆

working 15，92，98–99，100–101，105–106，115，117，118，130，132，163，165 工作记忆

Ménière's disease 35 梅尼埃病

mentoring 140，142 指导

Merrick（Rice） 77《梅瑞克》（安妮·赖斯）

metabolism 14，31 新陈代谢

metacognition 57，92 元认知

metaphor 114–115，120–121 隐喻

metaphors for aging 1，2 衰老的隐喻

Middle English　119 中世纪英语

midlife crisis　140 中年危机

mild cognitive impairment（MCI）　17，93–94，117，129，159 轻度认知障碍

Mini-mental State Examination（MMSE）　17–18，90 简易精神状态检查

missing middle　16–17 中段缺失

mitochondria　31 线粒体

mnemonic aids　105 助记符号 / 语句

Moby—Dick（Melville）　144《白鲸》（赫尔曼·梅尔维尔）

Monkees，the　89 门基乐队

movement disorders　65–66 运动障碍

Multilingualism　126–133 多语

multiple sclerosis（MS）　113 多发性硬化症

multitasking　16，162 多任务处理

Naked and the Dead，*The*（Mailer）　144《裸者与死者》（诺曼·梅勒）

narratives　104，106，107，138，139 叙述

National Stuttering Association　64 美国口吃协会

National Stuttering Project　65 美国口吃干预计划

neologisms　69 新词症

Ninth Stage　143 第九阶段

noisy environments　2，31 嘈杂环境

nonliteral language　114–118 非字面语言

non sequiturs　74 不合逻辑的推论

nonverbal communication　48–51 非语言（线索的沟通）

Norwegian language　79–80 挪威语

nun study　157–160 修女研究

nutrition　12，17 营养

obesity　30，38，41 肥胖

object permanence　8 客体永久性

object recognition　29 识别物体

occupations，effects of　18，30，32–36，66，89–90 职业（的影响）

Office，*The*　60 电视剧《办公室》

off-topic verbosity（OTV）　101–105，165 偏题赘言

Old English　119 古英语

OpenDyslexic　76（一种为阅读障碍人群设置的特殊字体）

Other Voices，*Other Rooms*（Capote）　144《别的声音，别的房间》（杜鲁门·卡波特）

Paradise Lost（Milton）　43《失乐园》（约翰·弥尔顿）

paraphasias　69 错语症

Parkinson's disease　18，95，113 帕金森病

penny（US coin）　87–88 美分（美国硬币）

perception　2，5，13，15，23，25–28，30–31，34，112，165 知觉

perceptual learning　47 知觉学习

physiological perspective 3–4 生理的视角

picture naming 57–60 图片命名

Polish language 83–84 波兰语

politeness 111，113 礼貌

Porky Pig 64 猪小弟

positivity bias 50–51，63 正性偏差

post—traumatic stress disorder（PTSD）135，137 创伤后应激障碍

pragmatic competence 111–113 语用能力

presbycusis 29，33–34 老年性耳聋

presbyopia 44–47 老花眼

presbyphonia 37–39 老年性语音障碍

problem solving，collaborative 109 合作解决问题

processing speed 14–15，21，58，62，95，165 加工速度

prosody 48–51，79–80，84–85，107，123–124 韵律

proverbs 63，114，117–118 谚语

psychotherapy 135 心理治疗

publication bias 132 发表偏倚

public speaking 61 公共演讲

Pulitzer Prize 146 普利策奖

Pursuit of Happyness，The（film）89 电影《当幸福来敲门》

quality of life 5，32，36，40，66 生活质量

quasi-words 59 准词汇

Rape of the Lock，The（Pope）144 《夺发记》（亚历山大·蒲柏）

reading 3，4，5，42–43，46，71，92，160–163 阅读

reading disability 72，73 阅读困难

Reagan，Ronald 32–36，156 罗纳德·里根

receptive vocabulary 91 接受性词汇

receptors 25，28 受体

recruitment，sensory 32（感官）招募

Red Badge of Courage，The（Crane）144《红色英勇勋章》（斯蒂芬·克莱恩）

regression hypothesis 129 回归假设

reminiscence 5，138–144 回忆

repetitions，word 60，64，71，104，105，123，153，154，155 重复（单词）

resilience 2，142 修复力

retina 25，27，42，43，46 视网膜

Ribot's law 129 里博定律

Rice，Anne 77 安妮·赖斯

Right Stuff，The（film）67 电影《太空先锋》

Rube Goldberg device 28 鲁布·戈德堡装置

rumination 138，143 反刍/沉思

Russian language 130 俄语

sarcasm 48，50，116–117，118 讽刺

schizophrenia 71，79 精神分裂症

School Sisters of Notre Dame　157–160 圣母学校修女会

Scottish　80 苏格兰语

scrabble　96，97 拼字游戏

second language learning　27，119，127，128，132–133 学习第二语言

Seinfeld　37《宋飞正传》

selective optimization with compensation（SOC）20–22，39–40，51，166 带有补偿的选择性优化过程

self-concept　4–5，17，81，120，125，130，166 自我意识

self-fulfilling prophecy　151 自我实现的预言

self-monitoring　95 自我监控

sensation. see perception　25 感觉 参见"知觉"

sentence complexity　63 复杂的句子

sentence fragments　101 句子片段

sentence length　63，98，123，125 句子长度

Shattered Mind，The（Gardner）68《破碎的智慧》（霍华德·加德纳）

Shoulder of Shasta，The（Stoker）146《沙斯塔之肩》（布莱姆·斯托克）

sign languages　3，26，71，132 手语

simile　114，120–121 明喻

Simon Says　128 "西蒙说"小游戏

skin conductance　137 皮肤电传导

slowing. see processing speed　165 减缓。参见"加工速度"

small talk　111–112，125 闲谈

smoking　30，32，38，41，68，118 吸烟

Snake's Pass，The（Stoker）146《蛇的足迹》（布莱姆·斯托克）

social engagement　17 社会参与

social isolation　20，32，36，39，43，68，143 社会孤立

social perspective　3，4 社会的视角

solo agers　20 独居老人

sophomore slump　149 二年级生症候群

sound-spelling correspondence　27，74 发音与拼写的对应

Spanish language　86，129，132 西班牙语

speech disfluency　60–68 言语不流畅

speech language therapy　64，65，67，72 言语治疗

speech rate　69，107，123，124，125 语速

speechreading　31 聋人唇读法（观察口型学语的方法）

speech signal　28，29 语音信号

speech sound disorder　73 言语发音障碍

spelling ability　73–75，86–90 拼写能力

spelling bee　87 拼写比赛

spontaneous recovery　72 自发性恢复

spontaneous speech　66，112 自然口语

stage theories 7–10 阶段性理论

stagnation（identity formation） 140 停滞（同一性形成）

stammering. See Stuttering 64 结巴。见"口吃"一节

Star Trek 35–36《星际旅行》

statins 41 他汀类药物

stereotypes 4，13，39，53，105，123，125，126 刻板印象

stereotype threat 13–14 刻板印象威胁

steroids 41 类固醇

Story of My Life，*The*（Keller） 144–145《我的生活》（海伦·凯勒）

storytelling 104，105–109，111–112，142–143 讲故事

stress，linguistic 83–86 重音

stroke 4，18，27，29，68–73，95 中风

Stroop task 15–16，131 叫色测验

stuttering 61，64–68 口吃

successful aging 19–20，22–23，142 成功老龄

Sunset Boulevard（film） 143 电影《日落大道》

surgery 35，41，42，43，44，46 外科手术

synesthesia 26–27 联觉

tag questions 123 附加疑问句

task switching 16 任务切换

tDCS（transcranial direct—current stimulation） 72 经颅直流电刺激

terms of endearment 124 昵称

testimony，eyewitness 103–104 目击者证词

testosterone 37 睾酮

theory of mind（ToM） 161–162 心智能力

The Sea，*the Sea*（Murdoch） 154《大海，大海》（艾丽丝·默多克）

This Side of Paradise（Fitzgerald） 144《人间天堂》（弗朗西斯·斯科特·菲茨杰拉德）

¡Three Amigos! 35 电影《神勇三蛟龙》

thyroid disease 38 甲状腺疾病

timing，linguistic 85（语言学的）节奏

tinnitus 32–36 耳鸣

tip-of-the-tongue（TOT） 53–57，93 舌尖

tissue plasminogen activator（tPA） 71 组织型纤溶酶原激活剂

To Kill a Mockingbird（Lee） 150《杀死一只知更鸟》（哈珀·李）

tone 50 语气

training programs 17，27，31，46–47，72，133 培训项目

transcranial direct-current stimulation（tDCS） 72 经颅直流电刺激

transduction，sensory 25–26，28–29，46（感官的）传导

trauma 135–138，139 创伤

typeface 76 字体

Under the Net 154《在网下》

upspeak 79 语调上升

UV（ultraviolet radiation） 41 紫外线（辐射）

Vanity Fair（magazine） 74《名利场》杂志

vascular dementia 17 血管性痴呆

verbal fluency 94–97，165 言语流畅性

vertigo 35 眩晕

View from the Top 83《美国空姐》

viral infection 34 病毒感染

vision 3，23，25–27，29，40–51，112，165 视力

visual matching 14–15 视觉匹配

visual search 15 视觉搜索

vocabulary 1，73，76，100，119，120–122，123，128 词汇

vocabulary size 21，90–94，97，101，123，128，154，155，156，157，160，166 词汇量

vocal pitch 36–37，38，48，79，83，85，107，124，126 音高

vocal quality 36–40，51，107 音质

vocal range 38 音域

vocal tract 37，38 声道

vocal tremor 37 声音颤抖

voice therapy 40 声音治疗

vowels 30，80 元音

Watership Down（Adams） 146《兔子共和国》（理查德·亚当斯）

Wechsler Adult Intelligence Scale（WAIS—III） 92 韦克斯勒成人智力量表

Wechsler Intelligence Scale for Children（WISC） 12 韦克斯勒儿童智力量表

Wernicke，Carl 70 卡尔·韦尼克

"When the Ripe Fruit Falls"（Lawrence） 19《当那果子熟落》（戴维·赫伯特·劳伦斯）

White Teeth（Smith） 144《白牙》（查蒂·史密斯）

word choice 120，123，137–138 选词

word finding 4，53–57，69，92–93，94，165，166 找词

word naming 57–60，94 词汇命名

word recognition 29，73，75，162 字词辨识/单词识别

word salad 69–70 词语杂拌

writer's block 148–152 写作障碍

writing 3，4，16，42–43，71，135–139，144–160 写作

writing about trauma 135–139 写下创伤性事件

yips 65 易普症

youngsterspeak 126 青年语

可塑性、学习与衰老
（中译本代跋）

顾日国 [①]

罗杰·克鲁兹（Roger Kreuz）与理查德·罗伯茨（Richard Roberts）合著的 *Changing Minds*: *How Aging Affects Language and How Language Affects Aging*（中译本《变化的头脑：语言如何延缓衰老》），用比较通俗的语言阐释了一个既古老又现代的话题——年龄增长如何作用于语言习得与维护？语言如何影响衰老？要回答这两个问题，自然要深究到这些问题与"心"（mind）的关系。年龄增长、语言和衰老归根结底涉及心脑的变化（changing minds）。通览此书，作者清晰流畅的述说让我折服，但同时也略有遗憾，即书中未提及"可塑性"（plasticity）。作者的论述基本停留在心

[①] 同济大学老龄语言与看护研究中心主任、北京外国语大学人工智能与人类语言重点实验室首席专家。

理认知层面，而可塑性是神经科学的概念，是比心理认知更加底层的东西。作者当然要有所侧重，不可能面面俱到，读者不应苛求。不过，本人想借为中译本作跋的机会做一些补充，与读者分享本人对可塑性的一些读书体会和粗浅思考，为阅读本书提供一个新的视角。可塑性是人类学习与记忆的神经基础，同时也是预防衰老、延缓衰老的神经基础。

一、可塑性概念溯源

关于可塑性的概念，我们可以通过塑泥来理解。塑泥之所以能够被捏成各种形状，是因为塑泥材料本身具备可塑性这个特质。对一个生命体而言，其基本元素是活的细胞。活细胞具有可塑性吗？当今分子细胞学（molecular cell biology）为这个问题提供了科学精准的回答。而实际上，古今中外的先贤早有直观的思考。在我国，先秦名实辩论者就有过如是辩论。人们肉眼观察一只卵，着实看不见毛，然而《庄子·杂篇·天下》叙述惠施"辩者二十一事"，其中第一事为"卵有毛"。辩者持此"怪论"的理由是：有羽或毛之动物既然由卵发育而来，那么卵中必有生毛之要素。这可以说是惠施对动物可塑性所做的原始朴素思考。由于惠施的著作早已佚失，他是如何论证其观点的，我们就无从知晓了。

在古希腊，被后人誉为"西方生物学之父"的亚里士多德（Aristotle，前384—前322）研究过大量的动植物，对类似"卵有毛"的问题做过深入探索。亚里士多德有专论"心灵"（soul）的著作（Aristotle，1984）。他所谓心灵不是宗教意义上的，而是生物学上的。他定义的心灵跟身体一样是有形的。他区分了三种心灵：植物性的（the vegetative soul）、感觉动作性的（the feeling and active soul）和精神性的（the spiritual soul）（Piaget，1971：44）。根据他的理论，受精卵是有生机和心灵的。长出毛来跟动物的生机和心灵有关。亚里士多德之后的西方生物学界出现了一些对立的思潮，如生机主义（vitalism）、天赋论（preformation）、渐成论（epigenesis）等。

天赋论认为，卵里有完整的小生命体，精卵相互结合后，这个小生命体逐渐增大，最后达到成体。1828—1839年，渐成论在冯·贝尔（Von Baer）的推动下成为胚胎学的核心理论（Jacobson，1991：2）。渐成论者否认卵子里有预制好的小生命体，认为受精卵只具有发育的潜在可能性。成熟的生命体的各种器官（如毛）是孵卵过程中卵与环境因素（如温度、时长）不断互动的结果。胚胎发育呈现从先粗犷到精细，最终到最小单元的过程。

二、语言学界的天赋论与渐成论之争

　　根据当今的基因理论，单个生命体的发育与成长的确需要继承遗传基因才能成为某物种的成员。基因中的遗传信息在发育成长过程中并不像天赋论者所论的那样，是决定一切的。如果基因决定一切，单个生命体就失去了适应出生后不断变化的生存环境的能力，同时也就失去了个性特征的发展，单个生命体将无异于按同一张图纸制造出来的规格完全相同的螺丝钉。分子细胞学、遗传学、临床医学对个体生命体的研究表明，不存在完全相同的生命个体。个体行为之间千差万别自不必说，就连个体基因序列（individual genome），也是不同的（这是基因甄别的基础）。

　　渐成论强调发育成长环境的重要作用。受精卵假如没有合适的温度，受精的细胞就不可能根据基因遗传信息做分裂，不断形成新的细胞、组织、器官，直至完整的生命体。合适的发育成长环境的作用不仅限于此，它还可以反作用于基因，使基因发生变异，甚至改变基因原先的"发展蓝图"。

　　在语言学界，天赋论（与"先成论"对应）与渐成论（养育论）之争由来已久。乔姆斯基（Noam Chomsky）和皮亚杰（Jean Piaget）分别是天赋论（innateness）和渐成论最具影响力的学者。人类语言研究首先区分两个基本层次：物种和个体。在物种层面，人类语言是相对于动物语言而言的，人类语言是人类的物种特征。在个体层面，人类语言指人类生命个体出生后自然习得的语言，如汉语、英语、法语、斯瓦希里语等。

探索人类语言时一般不调用"天赋""渐成"这类概念，而是使用达尔文进化论的概念，如人类基因突变，产生人类语言基因（有人提出 FOXP2 假设）（Lai et al.,2001）。天赋论与渐成论之争发生在个体语言层面。人类个体的母语习得是基因决定好的（即先成的），还是靠后天经验学习的（即渐成的）？按照天赋论，个体通过基因遗传，从母体得到语言遗传基因。母语随着幼儿脑器官的成熟自然而然地"长出来"。乔姆斯基认为"语言习得"是个"很糟糕的比喻"，准确的说法应该是"语言成长"（language growth）（Chomsky, 1980: 73）。

乔姆斯基的观点源自莱纳本格（Lenneberg, 1967）关于语言的生物基础的理论，两者有相通之处，但差异也是明显的。莱纳本格认为，人类的认知禀赋自然而然地形成语言潜能。认知禀赋随着婴儿的成熟而达到语言可以呼之欲出的状态。这时，由外部成年人的语言提供原材料，原材料就像是启动阀，激起认知禀赋进行语言合成处理。语言的形成过程严格按照认知的成熟步骤展开，因此可以说，语言呼之欲出的状态是语言潜在结构的状态。语言形成过程是一个把潜在结构转化为实在结构的过程。这个把"潜在"变为"实在"的转化过程，就是一个形态赋予由认知禀赋决定的某个底层类型。这种转化过程在幼儿能够理解语言时就开始了。

莱纳本格的"语言是长出来"的假说有两个非常重要的观点。一是认为语言呼之欲出的状态是一种不平衡的状态，有一定的期限，从 2 岁开始，在 10 岁后随着大脑皮层的成熟而减弱。此时，原先不平衡的开始稳定，认知过程的结构化得以确立，第一语言的合成能力已经失去，大脑皮层的重组功能不能再继续下去。二是认为语言潜能及其潜在结构是人类认知禀赋及其成熟过程的结果，它们在所有正常发育的人群中都可以得到复制。换句话说，共同语法——区别于乔姆斯基的普遍语法，乔姆斯基是作为知识来研究的——是很特别的，人人皆有。此外，复制意味着从"潜在"到"实在"的转化过程也是共同的。共同的是指最基本的一些能力，比如虽然不同的语言有各自的分类范畴，但是确立范畴这个方式本身是共同的，因此是最基本的。

莱纳本格对外部环境的作用做了一个很有启发性的比喻。他认为把社会环境视为触发器以引发一连串的反应是可以的，然而更恰当的比喻恐怕是共振。认知禀赋的成熟过程在达到某种状态时，一旦接触成年人语言，就会激起转化过程的启动并作出回应，就像一个共振器，一旦受到某段频率的刺激即引发共振。莱纳本格强调，语言的传播和维护跟文化传统代代相传是不一样的。个体不是被动的器物或渠道能把信息传递下去。个体是自立的单位，跟其周边的自立单位一样有非常相似的构成要素，行为方式也是一样的。外来的原材料假如不能像吃进去的食物被分解成蛋白质那样来吸收，便是毫无用处的。所以说，个体成员行使其职，靠的是自身提供的能源，即靠自身构建自己的语言。

莱纳本格的理论有天赋论的成分，但更多是渐成论的。皮亚杰是渐成论的主要推动者。莱纳本格关于语言使用者靠自身构建自己的语言，其"构建"的定义跟皮亚杰是不同的。皮亚杰在生物渐成论的基础上提出认知建构主义（cognitive constructivism）。皮亚杰反复强调，他在认识论上不是经验主义者。我们知道，经验主义哲学的始祖洛克（John Locke）是坚决否认有天赋知识的。他把心智比喻为白板，人出生时，上面是一片空白，所有的知识，包括无限的想象和推理，都是从哪里来的？"我只用一个词回答：经验。"洛克的"白板说"是经不住检验的。反证的例子首先来自动物。多数动物就其物种生存而言，是一生下来就什么都会了，不用后天学习，只需很短的学习时间。人跟其他动物一样，也有与生俱来的东西。人跟动物不一样的地方是，人类与生俱来的东西在出生时不一定就完全成熟，而需要一个过程让它们"长出来"。人类的问题是：哪些是天赋的？哪些是后天学习的？天赋与后天经验的互动是什么样子？皮亚杰对这三个问题作出了有证据的回答，集中体现在他的《生物与认知》(*Biology and Knowledge*, 1971）中。天赋包括由遗传决定的本能动作。后天的学习不是在人脑这块白板上拷贝感知到的世界，而是人脑的智力对互动经验不断地进行"同化"处理，日积月累，达到聚沙成塔的效果。

人脑的智力对互动经验进行"同化"处理是皮亚杰的核心思想之一。下面用皮亚杰自己举的例子来说明（Piaget, 1980: 165）。

幼儿见到面前悬挂的物件，伸手想抓，没抓住，结果却使物件摇摆起来。这使他来了兴趣，便继续推物件，让它继续摇摆。自那以后，每当见到悬挂的物件，他总是推它，让它摇摆。

皮亚杰用此例说明下列概念：（1）幼儿做了个"推而广之"的行为，即把从一个具体的个案中获取的知识用到另外一个新的个案情景中去。（2）这个"推而广之"的行为显示了从具体到一般的逻辑推理或智力的雏形，皮亚杰称之为"行动逻辑"（logic in action），以区别于符号逻辑或命题逻辑。幼儿只有行动逻辑。（3）这个行动逻辑反映了一个更底层的东西，皮亚杰称之为"同化"（assimilation），即把新的对象或情景事件融合到先前的"架构"（scheme）中去。

"架构"是皮亚杰的另外一个重要概念。在上面的例子中，"抓"就是一个行为架构。幼儿后来的"推物件"是一个新的情景，它被融合到先前"抓"的行为架构中。同理，"推"对于幼儿后续的经验来说便成为先前的行为架构，如此累积。显然，"同化"是幼儿获取和积累知识非常重要的途径。

皮亚杰指出，用于"同化"的架构，其作用有点像概念，是没有经过语言编码的实用型概念。它涉及"识解"，但缺乏"外延"。幼儿感知到悬挂的物件，说明幼儿已经识解，但由于幼儿缺乏表征手段而无法抓住物件的整一性，即缺乏外延。

"同化"的架构有"协同"（coordination）功能：幼儿见到地毯上放了一个物品，但够不着，于是拖拉地毯而得之。此例中，"放在地毯上"这个关系跟"拖拉"这个行为发生了"协同"关系。检验幼儿是否真正懂这种协同关系的方法很简单，即把物品抬高一点，让它不接触地毯。此时，幼儿如果继续拖拉地毯，表明幼儿还不懂协同关系；如果幼儿不再拖拉地毯，直到物品再放回到地毯上，则表明幼儿的确看到了协同关系。

幼儿形成符号功能是在出生后的第二年。自然语言显然提供了这样的功能，但必须指出的是，仅仅是一个有限的特类。幼儿借助其他东西也可以完成符号功能。皮亚杰以他女儿童年时第一次被发现玩"符号游戏"为例来说明。

> 她需要抓住一个布角、口含拇指才能入睡。一日晨，她在小床上坐起，不想继续睡觉，当看到床单的一个角时便抓起它，口含拇指，低下头，闭上眼睛，面带微笑，假装睡着了。（Piaget, 1980: 385–86）

儿童在成长过程中，通过"同化"，调节自我，适应环境。供自我调节用的信息来自儿童行为的自身反馈、他人对其行为的反馈，以及物件对儿童行为的反馈。在这个调节以适应环境的过程中，儿童按部就班地构筑日益强大的知识结构。这个过程的精髓，就是强调儿童的环境主要是通过儿童自身的行为来构建的，而不是外部预制好一个环境强加在儿童身上。这也是皮亚杰超出前人的地方。需要注意的是，皮亚杰不是否认物理环境和社会环境的独立存在，而是说这些环境要对儿童起作用，就必须通过儿童自身的行为跟这些环境互动，儿童从互动中得到反馈信息，这些反馈信息对儿童的成长真正起作用。

皮亚杰、莱纳本格和乔姆斯基都看到了人类语言是物种特征，即其他动物（包括人类的最近亲）是学不会的。三人都认同一点，即母语习得跟幼儿成熟过程有着紧密的关系。换句话说，对莱纳本格的"语言关键期假说"，皮亚杰和乔姆斯基或多或少都是接受的。皮亚杰跟他们最大的不同是他对婴儿出生时的初始状态（即乔姆斯基的 S_0）的认识。皮亚杰认为初始状态是感知—运动智力（sensorimotor intelligence）。母语习得是以感知—运动智力为支撑，随着智力的全面发展而逐步习得。从出生的初始状态到母语习得完成这个中间过程，莱纳本格和乔姆斯基的观点相近，简单而言，他们认为母语习得是激活和抑制的成熟过程，皮亚杰则提出著名的经验建构理论。

现在回到本节的主要问题上来。婴儿出生时，其父母遗传的语言是什么？有一点可以肯定，遗传的不可能是自然语言（如汉语），自然语言肯定是后天习得的。这一点很容易证明：儿童在哪个自然语言环境里成长，他就会说哪种语言，跟赋予其遗传基因的父母无关。还有一点可以肯定，即遗传基因赋予婴儿学习语言的潜能或"本能"。

个体成员母语习得问题是婴儿天赋的学习语言本能同外部的自然语言环境互动的关系问题（顾日国，2010）。

三、当今的神经可塑性理论

渐成论与胚胎学紧密相关联。随着神经元理论的诞生与发展，可塑性成为神经科学的核心课题。神经可塑性理论（theory of neuronal plasticity）可以视为对渐成论在神经层面的精细化研究。

西班牙解剖学家、诺贝尔医学奖得主圣地亚哥·拉蒙-卡哈尔（Santiago Ramony Cajal）是神经元理论杰出贡献者。神经元在解剖上是独立单元，通过细胞膜与外部隔开。神经元有三个主要构件：细胞体、树突、轴突。每个神经元虽然只有一个轴突，但这个轴突可以有大量的枝节与其他神经元的树突互动，形成神经元之间的联结。谢灵顿（Charles Scott Sherrington）经过精细化研究后，把这种联结称为"突触"（snapse）。突触可以视为神经元的第四个构件。一个神经元通过大量的突触与其他神经元交流信息。神经元之间通过突触交流，在数量和强度上不是固定的，而是可以改变的。卡哈尔称这种可以改变的特征为

"可塑性"（Eichenbaum，2002：9）。

对卡哈尔定义的神经可塑性概念，后来的研究者根据各自的研究有所修订。雅各布森（Jacobson，1991：199）把可塑性定义为神经系统对内部或外部变化作出的某些适应性调整。对外部变化的适应性调整包括感官系统的可塑性、运动系统的可塑性、认知系统的可塑性等。神经可塑性在人的年龄段上可以粗略地分为儿童发育成长脑的可塑性、成年成熟脑的可塑性以及老年脑的可塑性。三个年龄段都包括正常发展状态和脑损伤状态两种情况。当前的主流认识是，儿童脑的可塑性最强，成年脑次之。先前普遍认为老年脑基本失去可塑性，但新近的研究表明，老年脑也有可塑性，只是相对较弱而已。

对可塑性的研究已经深入到细胞的分子层。分子神经学经过长期研究，对突触的分子结构、运作方式等有了全新的认识。神经元信息传导包括细胞内传导和细胞间传导。传导介质分为电位的和化学的。"传导的初始阶段称为电紧张传导（electrotonic conduction），一般从突触后成分开始，并向胞体发展。这一类电传导的速度惊人地快，但在相对较短的距离内就会衰减。第二类电传导即**动作电位**（action potential），由胞体的特定机制引发，并沿着轴突向下传导到突触前成分。这类电传导比起被动传导相对较慢，但具有能使信号在非常远的距离内不衰减的机制。

当动作电位传到突触前成分时，会触发突触传递的分子过程，并传递一个化学信号经突触间隙到达另一个细胞的突触前成分。"（Eichenbaum, 2008；又见中译本第 33—34 页）

神经元信号传导是各种行为的基础。以行走为例。它包括一组肌肉的收缩与另一组肌肉的舒展的协调活动，以及下一步动作中相反的互补动作。肌肉收缩涉及抑制性输入，即输入神经元的冲动能够抑制下一个细胞上产生冲动的可能性。肌肉舒展涉及兴奋性输入，即输入神经元传入的冲动能够增加在下一个细胞上产生神经冲动的可能性。

概言之，可塑性在生命体中是真实存在的，是生命体的特质之一。可塑性的动物实验证据颇多。仅以哺乳动物跨感官模态可塑性（cross-modal plasticity）实验为例。把借主动物的听觉细胞移植到属主动物的视觉细胞位置，结果听觉细胞变为视觉细胞生长（Stiles, 2012）。

作为科学概念，可塑性是关系型概念，与不可塑性对举。基因决定的、终身不变的为不可塑性。现在许多人接受的观点是，生命体从子宫到坟墓（from womb to tomb），没有不受外部环境影响的、终身不变的东西。即使基因也能被环境因素（如放射、毒素等）改变其原来的特性。渐成论与可塑性学说是相辅相成的。出生前发育是不成熟的，出生后的发育成熟过程不是按照基因决定的预制路线图单向发展。出生后的哺育对不成熟的身、脑、心的发育有反作用，逐步塑造出后天的带有个体特征的身、脑、心和谐整一的鲜活生命个体。基因因素与后天经验不断交互作用，贯穿发育成熟的全过程。

四、可塑性与学习

　　古今中外的仁人志士都强调学习的重要性。先秦大儒荀子《荀子》以"劝学"开启首篇。"君子曰：学不可以已。青，取之于蓝，而青于蓝；……君子博学而日参省乎己，则知明而行无过矣。"晚清重臣张之洞所撰《劝学篇》，内容"皆求仁之事"，旨在"务本以正人心"，为"中体西用"的政治纲领服务。与张之洞同时期的日本明治学者福泽谕吉1880年刊发文集，亦冠名《劝学篇》，其引述《实语教》道："……人不学无智，无智者愚人。"

　　心理学、社会学、教育学等无不着力探求学习的本质、规律等。关于学习的理论、实验、技巧、策略等方面的文献浩如烟海。人们要问：神经可塑性学说对认识学习的贡献在何处？本人以为，可塑性揭示了学习内化律的神经系统运作机制，触摸到了学习的最底层的运作机理。我们知道，学习归根结底是学习者个人的事，就像没有人能够替代他人吃饭、睡觉、走路一样。这是学习的不可替代律。既然学习是他人不可替代的，学习者若要真学一些东西，就必须把学习的内容变为自己内在的一部分，这就是内化。要做到内化，就要通过神经系统的可塑性，把学习内容变成由无数个突触连接起来的记忆网络。在西方认知科学界，不少学者把学习和记忆构建视为同一件事的两个界面（Anderson，2000）。

在神经可塑性理论的架构下研究学习，特别强调环境因素（environment）与生命体验（experience）之间的互动关系。简要地说，在各种环境里进行自然多模态感官系统的充盈体验，是有效和高质量学习的秘诀。在20世纪60年代，一些研究者为研究老鼠的学习做过一系列著名的实验。实验室繁殖的老鼠被分成三个对照组，分别关在：（1）铁丝网笼子里；（2）三面不透明、隔音的笼子里；（3）宽敞、光线充足、设施齐全的笼子里，还备有秋千、滑梯、木梯和各种各样的玩具。数月后对实验老鼠的脑解剖发现，第三组老鼠大脑皮质的重量远高于其他两组老鼠，而且大脑皮质中灰质的厚度增加了（唐孝威等，2006：115）。

对长期遭受虐待的儿童研究发现，由于失去与家人的交流与情感互动，受虐儿童的脑发育跟正常发育儿童相比有非常明显的差别，与情绪有关的颞叶部位几乎没有什么发展。后天的生活体验显然能够改变脑的发育发展。"适宜的环境可以促进脑的发展，不良的环境则会损伤我们的脑。"（唐孝威等，2006：115）。

五、表观遗传可塑性与衰老

表观遗传学（epigenetics，不等于上文的 epigenesis）是20世纪80年代后期逐渐兴起的一门新学科，旨在研究在 DNA 序列不变的前提下，引起可遗传的基因表达成细胞表型变化的分子机制。"表观遗传调控机制是生命现象中一种普遍存在的基因表达调控方式，是调控生长、发育、衰老与疾病发生的重要机制之一。"（细胞编程与重编程的表观遗传机制项目组，2018：1）。表观遗传学有如下几个基本命题：

1）发育成长是以基因与环境互助互生为条件的；

2）互助互生发生在各个层面：分子、细胞、组织、器官、生命个体、种群；

3）发育成长环境反作用于基因；

4）环境能够改变个体显性性状（phenotype），如感官模态变换可塑性（modality plasticity）；

5）环境甚至能够改变性格特征，如啮齿动物实验所示；

6）互助互生引发的显性性状有遗传性（epigenetic inheritance）。

以表观遗传学理论研究可塑性，产生表观遗传可塑性（epigenetic plasticity）学说。可塑性有一个重要特征，即时间窗口（time window）。一些神经元的可塑性若要维持，信号刺激要匹配，要适时、适量。格林纳（Greenough et al., 1987）因此提出"体验期盼型可塑性"（experience expectant plasticity，简称EEP）。不适宜的体验会导致不良的后果，如可塑性停止，可塑性扭曲。

表观遗传学对衰老提出新的认识，可归纳如下（Ennis, 2019/2017: 146–7）：

1）表观遗传修饰模式在特定环境因素影响下会发生改变，也会随着时间推移发生缓慢的、随机的变化；

2）修饰模式发生的改变被称为表观遗传漂移（epigenetic drift），学界认为这种观象在人体衰老过程中发挥着重要作用；

3）表观遗传漂移能在每个细胞和个体中引起不同的变化，但都遵循可预测的一般模式；

4）虽然随着时间推移，一些基因的DNA甲基化水平会升高，但普遍规律是，随着人体衰老，DNA甲基化的总体数量会缓慢减少；

5）以小鼠为实验对象的研究发现，这种去甲基化的后果是，沉默基因会逐渐被重新激活，这种变化会改变细胞的行为，有害影响也会随之而来。

六、余言

以上从可塑性的历史渊源谈起，人类对受精卵长出完整的生命体之好奇，可以说跟人类史一样的悠久。受精卵里有个完整小生命体的认知，在人类历史上曾经是主流观念。从现代细胞学、神经元理论，到当今表观遗传学，人类对原先好奇对象的认知达到了空前的高度。行为主义的学习理论、联结主义的学习理论、认知主义的学习理论等由此得到更加科学的经得起检验的基础。研究者可以在这个新的认知高度重新审视先前的理论，去粗取精、去伪存真，从而推进人类知识的进步。

参考文献

［1］Aristotle. 1984. On the Soul. In The Complete Works of Aristotle, the revised Oxford translation edited by Jonathan Barnes.

［2］Anderson, John R. 2000, 2nd edition. Learning and Memory. New

York: John Wiley & Sons, Inc.

[3] Chomsky, Noam. 1980. Discussion. In Piattelli-Palmarini, Massimo, (ed.), Language and Learning: The Debate between Jean Piaget and Noam Chomsky. Cambridge, Massachusetts: Harvard University Press, 73—75.

[4] Eichenbaum, Howard. 2002. The cognitive neuroscience of memory: An introduction. Oxford: Oxford University Press.

[5] Ennis, Cath & Oliver Pugh. 2017. Introducing Epigenetics: A Graphic Guide. London: Icon Books Ltd.

[6] Greenough, William T. and James E. Black. and Christopher S. Wallace, 1987. Experience and brain development. In Child Development, Vol. 58, No. 3 (Jun., 1987), pp. 539—559.

[7] Jacobson, Marcus. 1991, 3rd edition. Developmental Neurobiology. New York: Springer Science+Business Media.

[8] Lai, C. and Fisher, S. and Hurst, J. Vargha-Khadem, F., and Monaco, A., 2001. A forkhead-domain gene is mutated in a severe speech and language disorder. Nature, 413, 519—523.

[9] Lenneberg, Eric H. 1967. Biological Foundations of Language. New York: John Wiley & Sons, Inc.

[10] Leonard, Laurence B. 2nd edition, 2014. Children with Specific Language Impairment. London: The MIT Press.

[11] Locke, John. 1854. Essays Concerning Human Understanding. London: Henry G. Bohn.

[12] Piaget, Jean. 1971. Biology and Knowledge: An Essay on the Relations between Organic Regulations and Cognitive Processes. Chicago: The University of Chicago Press.

[13] Piaget, Jean. 1980. Schemes of action and language learning. In Piattelli-Palmarini, Massimo, (ed.), Language and Learning: The Debate between Jean Piaget and Noam Chomsky. Cambridge, Massachusetts: Harvard University Press, 164—167.

[14] Stiles, Joan & Judy S. Reilly, and Susan C. Levine et al., 2012. Neural Plasticity and Cognitive Development: Insights from Children with

Perinatal Brain Injury. Oxford：Oxford University Press，Inc.

［15］艾肯鲍姆著，周仁来等译，2008，《记忆的认知神经科学——导论》，北京师范大学出版社。

［16］福泽谕吉著，群力译，2012，《汉译世界学术名著丛书：劝学篇》，商务印书馆。

［17］顾曰国，2010，当代语言学的波形发展主题二：语言、人脑与心智，《当代语言学》，第 12 卷，第 4 期，第 289—311 页。

［18］凯丝·恩尼斯著，区颖怡、皮兴灿译，2019《表观遗传学》，重庆大学出版社。

［19］唐孝威、杜继曾、陈学群、魏尔清、徐琴美、秦莉娟，2006，《脑科学导论》，浙江大学出版社。

［20］细胞编程与重编程的表观遗传机制项目组，2018，《细胞编程与重编程的表观遗传机制》，浙江大学出版社。

［21］张之洞，1998，《劝学篇》，中州古籍出版社。

2021 年 1 月于北京琴湖园

译后记

    2021 年 11 月,《中共中央　国务院关于加强新时代老龄工作的意见》发布。意见明确要求,要强化科学研究和国际合作。中国已进入人口老龄化迅速发展期,探究语言与衰老之间的关系,兼具拓展老龄科学研究与服务老年人认知健康等的理论和实践意义,这是在世界老龄化程度不断加剧的背景下需要重点关注的方向之一,也是扎根中国大地,瞄准世界前沿的语言学和认知科学问题。国际社会已认识到这是具备理论价值、临床意义和社会效益的前沿领域,但我国在这方面起步相对较晚。本书视野开阔、内容前沿、可读性强,对语言能力与衰老之间的关系进行了多维度、全方位的介绍,并对诸多前沿性的研究问题进行了论述,对老年阶段如何保持脑认知健康和较好的语言能力也提出了具体建议。

    笔者将这本书译介到国内,是希望引起普通读者和专业读者的双重注意:这本书既可以增进普通读者有关脑健康与语言能力的知识，为老年人及其子女关心的如何保持敏捷思维、提高沟通和交际能力等问题提供建议，同时也可为特定领域提供研究思路和灵感，引起国内相关学者对老年语言学等前沿议题的研究兴趣。因此，本书的目标群体包括：关注老龄化、大脑衰老与语言变化的普通读者（包括中老年人及其子女），从事言语康复、老龄照护的行业人士，以及开展语言教育、老年语言学及脑认知科学研究的专业学者。

近年来，笔者一直从事老年语言学研究，负责国内首家以老龄化与语言衰老研究为己任的专门机构——同济大学老龄语言与看护研究中心的建设，主持了国家和省部级课题，形成了系列研究成果。笔者深感老龄化与语言衰老研究大有可为，正积极倡导重视利用语言资源促进个体健康老龄化。因此，2019 年本书在美国出版之后，笔者立即联系了作者之一罗杰·克鲁兹教授，他欣然同意并授予笔者翻译本书，还专门撰写了中译本的序言。笔者的恩师、著名语言学家顾日国教授为我国老年语言学的发展作出了许多贡献。顾教授与笔者共同编著了《老年语言学与多模态研究》一书。在得知本书由上海教育出版社引进的消息后，顾教授欣然提笔写跋，对大脑衰老与可塑性进行了深入介绍，这是一篇学术含金量很高的文章，与本书的内容相得益彰。我们希望读者能从中了解可塑性、学习与衰老的关系，为实现健康老龄化储备一些知识。

笔者也想借此机会，对在翻译、校稿、出版等各个环节提供帮助的个人和单位表示衷心感谢，尤其是给予了诸多支持的上海教育出版社廖宏艳编辑。

我们希望读者能喜欢这本书，并由此更加关心老年人的语言认知问题。

黄立鹤

2021 年 11 月于同济园